4차
산업혁명과
실감미디어

4차
산업혁명과
실감미디어

노기영 외 지음

한국학술정보

머리말

인류는 증기기관을 통한 산업혁명을 지나 대량생산을 위한 전기혁명 그리고 최근에 인터넷과 커뮤니케이션 기술 및 디지털화를 특징으로 하는 3차 산업혁명을 경험하였다. 현재 진행되고 있는 4차 산업혁명은 실제세계와 기술세계 간의 융합의 개념을 기본으로 하고 있다. 가상현실을 통해 우리는 새로운 세계로 이동할 수 있게 되었고 새로운 방식으로 정보와 상호작용할 수 있게 되었다. ICT와 네트워크 기술은 우리가 생활하는 환경에 자연스럽게 융합되어 우리 일상의 중요한 부분이 되었다.

이 책은 바로 4차 산업혁명의 기축동력인 사이버-물리(cyber-physical) 시스템을 통한 실제와 가상 간의 융합이 미디어에 어떻게 구현되는지에 주목하고 있다. 구체적으로 미디어에 구현되는 가상세계에서 미디어의 존재 자체를 잊게 되는 실재감을 구현하기 위해 실감형 미디어가 무엇이고 어떻게 발전해 가고 있는지를 소개하고 있다. 실감형 미디어는 단순한 선명도나 해상도가 향상되는 차원을 넘어 가상현실과 인공지능 빅데이터가 결합되는 새로운 미래미디어로서 등장하고 있다. 물론 실감형 미디어가 구현하는 실재감이 실제와 가상세계를 넘나들 정도로 경험되기 위해서는 가상현실의 인지기능을 성숙한 인공지능이 담당할 수 있어야 한다. 최근 알파고의 위력을 실감했듯이 딥 러닝이 가상현실의 인지와 지능을 담당하게 되면 4차 산업혁명의 핵심인 실제세계와 기술세계 간의 융합이 현실화될 것으로 보인다.

제1부 4차 산업혁명과 네트워크 사회는 두 개의 장으로 구성되어 있다.

<제1장 커뮤니케이션 기술과 4차 산업혁명>은 ICT 기술 발전에 따른 4차 산업혁명을 소개하고 있다. 인공지능과 로봇기술, 빅데이터, 사물인터넷 기술의 발달과 함께 소유와 공유에 대한 혁명을 불러일으킨 4차 산업혁명은 디지털 생태계의 변화를 가져왔다. 이러한 4차 산업혁명은 패러다임의 변화는 물론 인간 생활의 다양한 변화를 이끌어 가고 있으며 특히 새로운 사회·윤리적 문제도 등장하고 있다.

<제2장 네트워크 사회의 문화 공유와 생산>에서는 문화가 갖는 초연결 사회에서 사물인터넷과 결합하여 문화의 개방성과 공유의 가치에 대해 설명하고 있다. 1인 미디어의 확대와 민족국가적 경계를 넘어 다양한 문화를 향유하고 재생산되는 문화적 혼종화의 현상이 증대되고 있다. 한류 콘텐츠의 유통을 중심으로 콘텐츠의 소비행태를 살펴보았고, 네트워크를 통한 콘텐츠 소비를 통해 문화의 공유 가치를 살펴보았다.

제2부 실감미디어와 가상현실은 세 개의 장으로 구성되어 있다.

<제1장 실감형 미디어의 진화>에서는 컴퓨터와 네트워크의 혁신적인 발전을 이룬 21세기의 디지털미디어와 시대적 특징을 다루고 있다. 실감콘텐츠에 특화되어 산업 생태계를 형성하고 다양한 인터렉션 콘텐츠 생산을 중심으로 발전한 실감미디어 산업은 콘텐츠, 플랫폼, 네트워크, 디바이스로 구성된 가치사슬을 갖고 있다. 실감미디어 산업에서 치열한 경쟁 영역 중 하나가 웨어러블 분야를 향후 발

전 방향의 중심형 미디어로 다루고 있다.

<제2장 빅데이터와 지능정보사회>에서는 빅데이터의 등장배경과 주요 이론 및 이전 기술과의 차별성 등을 소개했다. 이와 함께 빅데이터를 활용한 기업, 정부, 기관 등의 사례를 소개해 활용에 대한 이해를 돕고 빅데이터와 관련한 기술적・정책적・법적・윤리적 이슈들에 대해 설명 및 정책 활용 방향을 제시했다.

<제3장 가상현실과 콘텐츠>에서는 가상현실 정책 동향과 함께 교육, 미디어 산업, 의료, 쇼핑, 게임 등의 분야에서 연계된 가상현실 콘텐츠 유형과 형태를 살펴보았다. 이와 함께 역사적으로 최첨단 미디어의 경연장이라 불리는 올림픽에서 실감형 미디어의 활용을 중심으로 실감형 미디어의 올림픽 행사와의 연계에 대해 살펴보았다.

제3부 실감형 방송과 영상은 세 개의 장으로 구성되어 있다.

<제1장 UHD 실감형 방송>에서는 기존 HD보다 현실감을 극대화시킨 초고화질 UHD 실감형 방송은 미래의 핵심 전략 산업으로 부상하고 있으며, 국내외 UHD 방송 발전을 위한 콘텐츠 및 기술 개발을 지속적으로 추진해 왔다. 실감형 방송 정착을 위한 콘텐츠, 기술, 정책적 측면에 대해 살펴보았다.

<제2장 OTT 사업자 비즈니스 전략>에서는 네트워크나 단말기에 대한 제한 없이 콘텐츠를 제공할 수 있는 OTT 서비스에 대해 기술적・산업적 측면에 대해 살펴보았다. 특히 OTT 서비스 사업자 유형에 대해서 살펴본 후, 사업자별 사업 전략에 대해 정리했다.

<제3장 OTT 콘텐츠와 서비스>에서는 미디어 산업이 모바일 기기와 실감미디어와 접목되면서 콘텐츠 기반으로 하는 미디어 비즈니스 영역이 크게 성장하고 있음에 주목하고 있다. 이용자 및 사업자의 핵심 플랫폼으로 부상하는 OTT 서비스를 중심으로 미디어 산

업 구조의 변화와 향후 영향력에 대해서 살펴보았다.

이 책은 2015년 한림대학교 ICT정책연구센터에서 정부의 지원으로 4차 산업혁명과 실감형 미디어의 미래를 위한 정책연구를 수행했던 8명의 미디어 전문가가 참여하여 집필하였다. 한림ICT정책연구센터는 빅데이터, UHD, 실감미디어와 같은 4차 산업혁명 시대의 미래미디어의 전략적 중요성을 인식하고 새로운 미디어의 산업의 생태계와 미래발전을 위한 지속 가능성을 연구하기 위해 설립되었다. 정책세미나를 통해 여러 분야의 전문가들과 다양한 정책이슈와 미디어의 발전에 대한 논의를 하였고 계간전문지인 정책저널 발간을 통해 정책담론의 공론화를 위해 노력하였다. 이 책의 원고는 연구센터에서 공동으로 수행했던 정책연구보고서를 바탕으로 표지의 저자 순서대로 1장부터 한 분야씩 책임을 맡아 서술하였다. 정책보고서나 학술보고서와 달리 누구나 쉽게 4차 산업혁명 시대의 미디어의 발전을 이해할 수 있도록 서술하려고 노력하였다. 이 책은 ICT정책연구센터에서 공동으로 연구하고 활동했던 시간을 기억하고 그 인연을 계속 지속해 보고자 하는 학문적 우정과 열정의 뜻을 담고 있다.

무엇보다 이 책이 훌륭하게 나올 수 있도록 집필진 간의 조율을 맡아 주었던 김선미 박사의 수고와 부지런함에 감사의 인사를 드린다. 지금은 다른 백년연구원에서 연구활동을 하고 있는 정완규 박사와 성균관대의 김희경 박사, 강원대의 이준복 박사 모두 ICT정책연구센터를 위해 헌신해 준 시간과 노력에 고마움을 표현하고 싶다. 새로운 학술적 아이디어와 정책이슈를 정리해 주었던 한라대 김종하 교수, 빅데이터와 정보학적 관점에서 융합연구를 가능하게 해 주었던 황현석 교수 그리고 방송과 콘텐츠정책을 진단하고 미래방향을 제시해 주었던 강명현 교수 모두에게 진심으로 감사의 인사를 드린다. 또한 집필은 같이 하지 못했지만 ICT정책연구를 법제적 관점에서 보완해 주었던 안정민 교수와 대학원생 연구원들에게도 감사드린다. 마지막으로 이 책이 혁명처럼 밀려오는 실감미디어에 대한 이해에 기여하고 새롭게 우리 사회가 적응하는 데 도움이 될 수 있기를 기대해 본다.

2017년 9월
저자를 대표해서
노기영

목차

01

4차 산업혁명과
네트워크 사회

제1장
커뮤니케이션 기술과 4차 산업혁명

제1절 인공지능에 대한 이해

정보통신기술(Information & Communication Technology: ICT) 기술의 발전은 인간의 생활과 산업 패러다임을 변화시키고 있다. 인공지능이란 기존에 불가능하다고 여겼던 것을 가능케 실현시키는 것이다. 바둑에서 경우의 수가 10^{170}임을 고려할 때, 이는 우주에 존재하는 원자의 수보다 많은 것이다. 그러나 2016년 전 세계 관심의 중심이었던 <알파고와 이세돌의 바둑 대결>은 영화 속의 인공지능이 현실 세계와 가까워졌음을 보여 주었다.

2016년 3월 한국 서울에서 열린 구글의 인공지능 바둑 프로그램 알파고(AlphaGo)와 이세돌 9단의 바둑 결투는 인간과 기계의 대결이었다. 이 경기 이후 인공지능 기술의 급성장을 보여 줬고 제3차 산업혁명에서 O2O(Online to Offline) 세상을 기반으로 인공지능 시대의 초연결 지능 사회인 제4차 산업혁명으로 넘어가고 있음을 실감나게 했다. 2016년 1월에 열린 제46회 다보스포럼에서는 인공지능이 주도하는 제4차 산업혁명이 임박해 있다고 발표했다. 포럼에서 발표된 '일자리의 미래(The Future of Jobs)' 보고서에 따르면, 제4차 산업혁명의 기술 혁신으로 2020년까지 710만 개의 일자리가 사라지고 201만 개의 새로운 직업이 만들어질 것이라고 했다. 시장전문 조사기관인 가트너(Gartner)는 인공지능이 지금과 같은 속도로 발전하면 10년 안에 전체 직업의 3분의 1이 사라질 것이라고 예측했다(안상희·이민화, 2016).

사물인터넷(Internet of Things: IoT)과 인공지능(Artificial Intelligence: AI) 기술의 융합에 따라 지능을 갖춘 사물과 사람이 실시간으로 연결되어 정보를 주고받는 초연결 사회로 이미 도래했다. '융합'과 '연결'이 미래의 화두로 등장했다.

제3차 산업혁명이 '컴퓨터를 이용한 생산 자동화'를 의미한다면, 제4차 산업혁명은 '제3차 산업혁명을 기반으로 한 디지털, 생물학, 물리학 등의 경계가 없어지고 융합되는 기술혁명'을 의미한다(현대경제연구원, 2016). 인터넷 포털과 지도 서비스를 제공하던 구글이 무인자동차 사업에 뛰어들었고, 미국의 대표적인 제조회사인 제너럴 일렉트릭(GE)은 2020년까지 세계 톱 10에 드는 소프트웨어 회사가 되겠다고 선언했다. 제3차 산업혁명의 키워드가 '디지털'이었다면 제4차 산업혁명의 키워드는 '융합'이다. 사물인터넷, 빅데이터, 인공지능, 무인이동체 등이 부각되고 있고, 싱가포르에서는 이미 무인택시 시범서비스가 실시되고 있다. 이용객이 모바일 기기로 무인택시를 호출하여 이용하는 서비스다. 관련 업계에서는 5년 내에 무인택시가 상용화되고 10년 내에 자동차 소유가 없어질 것으로 예측하고 있다(김형석, 2016).

산업혁명 시대의 석유처럼 4차 산업혁명 시대의 미래사회에서는 데이터가 모든 산업의 원동력 역할을 할 것이고, '위치'는 방대한 데이터 세트를 연결해 주는 기준, 허브의 역할을 맡게 될 것이다(김형석, 2016).

인공지능은 기계에 시스템을 적용해 복잡한 업무를 스스로 인식하고 스스로 판단할 수 있게 하는 기술로 정의한다. 인공지능의 역사를 살펴보면 다음과 같다(Tractica, 2015; 김원걸 외, 2016 재인용).

출처: 김원걸 외, "인공지능과 핀테크", 『한국정보기술학회지』, 2016.

<그림 1-1> 인공지능의 발전과정

인공지능의 첫 개념은 1956년에 수학자·과학자 등 약 10명이 모인 다트머스 회의에서 등장했다. 당시 인공지능 개념은 주어진 문제를 해결하기 위해 논리를 기계로 풀어내고자 하는 연산을 가진 컴퓨터 개념으로 정의했었다. 이후 1960년대에 인공지능 기법 연구를 시작했는데, 1970년에 기술적인 한계에 부딪히면서 인공지능 실현 가능성에 대한 의문을 제기하기 시작했다. 1980년대 들어서 데이터를 관리하는 데이터베이스 시스템 개발을 시작하면서 인공지능이 다시 수면 위로 떠오르기 시작했다. 데이터베이스 토대로 기계가 제공하는 해법이 주목받으면서 인공지능을 다시 한번 주목한 것이다. 이후 1990년부터 현재까지 인공지능의 관심이 급증했고 연구가 활발히 진행되고 있다. 특히 현재는 알파고 현상으로 인공지능이 크게 부각

되고 있다. 인공지능에서 가장 중요한 점은 분석한 데이터를 가지고
학습해서 정확한 판단을 내리는 것이다. 분석은 인공지능 외 시스템
들도 할 수 있다. 중요한 것은 데이터 분석의 적절성과 상황에 맞게
판단이 중요하게 된다는 점이다.

이와 함께 앞으로의 AI에 대한 시장 전망도 발전 가능성이 높다.
트랙티카(Tractica, 2015)는 인공지능(AI)의 연간 매출액이 2015년
202.5억 달러에서 2024년에는 1,110억 달러로 늘어날 것으로 예측
하고 있으며 연평균성장률(CAGR) 56.1%를 예측하고 있다. 관련된
데이터를 고려할 때, 인공지능 시스템은 그래픽 처리 장치 칩들이
기존의 그래픽 처리 장치 칩들보다 훨씬 더 높은 비율로 하드웨어
판매량을 앞지르게 될 것으로 전망하였다.

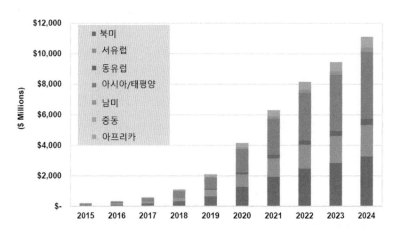

출처: Tracica(2015) 재가공

<그림 1-2> 지역별 AI 매출액 전망: 2015~2024

제2절 4차 산업혁명과 디지털 생태계

1. 산업혁명의 개념

'산업혁명' 개념의 일반화는 영국의 경제사가 아놀드 토인비(Arnold Toynbee)가 1760년부터 1840년의 영국 경제발전을 설명하는 과정에서 시작됐다(Deane Phyllis, 1965; 안상희·이민화, 2016 재인용).

2016년 세계경제포럼(World Economic Forum: WEF)인 다보스포럼의 주요 논의 과제는 '4차 산업혁명'이었다. 다보스포럼에서는 제4차 산업혁명을 3차 산업혁명을 기반으로 한 디지털, 물리학, 바이오 분야의 융합이라고 설명하였다(구철모, 2016). 이러한 4차 산업혁명은 인공지능이 접근할 수 없는 영역인 '바둑 분야'에서 큰 성과를 낸 이세돌과 구글 알파고의 대전이 처음이었다. 알파고 대두는 인공지능과 4차 산업혁명이 큰 주목을 받게 한 계기였다(유성민, 2016).

제1차 산업혁명은 증기기관을 통해 기계적 생산을 이끌어 냈고, 제2차 산업혁명은 대량생산 체제, 제3차 산업혁명은 전자 및 정보기술(Information Technologies: IT)을 이용한 자동화 체제이며 제4차 산업혁명은 제3차 산업혁명을 기반으로 물리적, 디지털, 생물학적 영역의 경계를 허무는 기술들의 디지털 혁명으로써 그 주된 특징인 산업 간의 융합으로 인해 창조된 새로운 결과물이라고 할 수 있다(구철모, 2016; 성혜정, 2016).

<표 1-1> 산업혁명 단계별 비교

구분	제1차 산업혁명	제2차 산업혁명	제3차 산업혁명	제4차 산업혁명
시기	18세기 후반	19~20세기 초	20세기 후반	2016년~
핵심 기술	열에너지를 이용한 증기기관	전기에너지 벤트컨베이어	인터넷 기반의 지식정보	사물인터넷, 클라우드, 빅데이터, 모바일 기반의 자동화
핵심 가치	생산의 자동화	대량생산	기술의 진보	복지 향상
주요 특징	열과 물의 힘을 이용한 인력의 기계대체화	전기에너지를 이용한 대량생산 체계 구축	정보의 대량 확산으로 인한 과학과 기술의 급 발전	기기의 자동화와 서비스 제공으로 인류의 복지 향상

자료: 유성민, 4차 산업혁명과 유전자 알고리즘, 『한국정보기술학회지』, 2016

　　18세기 증기기관이 발달하면서 벌어진 제1차 산업혁명은 농업과 수공업 위주의 경제에서 기계를 사용하는 제조업 위주의 경제로 전환한 과정을 의미한다. 제2차 산업혁명은 19세기부터 20세기 초 전기에너지가 개발돼 대량생산 사회를, 2차 산업혁명은 20세기 후반 컴퓨터와 인터넷 등 전자장치, SNS(소셜 네트워크 서비스) 발달로 지식정보 사회를 열었다(안상희·이민화, 2016). 2차 산업혁명은 기존 기업의 공급사슬 구성 속에서 수직계열화를 추구하여 효율성과 안정성 그리고 규모의 경제를 통한 대량생산과 마켓에서의 최적의 구매와 소비를 만들어 냈다. 2차 산업의 구조적 틀에서 3차 산업은 웹 기반의 인터넷 커머스와 생산 그리고 네트워크를 통한 연결로 진화되었다. 이는 글로벌 아웃소싱과 온라인 마켓으로 발전되었고 4차 산업혁명은 모바일 인터넷 기반의 앱 커머스로 진화되었고 기존 기업은 개방과 혁신 그리고 변화와 속도로 유연하고 다양한 방식의 연결과 생산과 소비를 만들어 내고 있다. 디지털 생태계는 인간과 사물 서비스의 요소들 상호작용을 통해 관계 구축과 정보처리 등의 관계를 형성하는 사물공간이라고 할 수 있다. 스마트 시티는 사물통신(Machine to Machine: M2M)의 다양한 유무선 네트워크 기술을 통해 상호 간에 정보를 공유하며 IoT는 M2M의 개념을 더 확장하여 다양한 유무선 통신과 네트워크 장치를 활용하는 데 있다. 이러한 네트워크를 기반으로 사물은 물론 현실과 가상세계로의 모든 정보를 교환하고 기존 자원이나 자본을 연결하는 IoT는 헬스케어, 홈서비스, 에너지, 빌딩 관리, 물과 공기 등등 공공서비스의 다양한 분야에 적용되고 있다(구철모, 2016). 3차 산업혁명 때는 IT를 기반으로 한 지식정보의 사회로서 정보 확산과 무형의 지식이 빠르게 전달되고 공유되는 것이 중심이었지만 4차 혁명의 주된 특징은 융합으로서 그 중심으로 정보통신기술을 통한 사물들의 지능성(intelligence)과 초연결성(super connected)에 있다. 예를 들면 바이오 기술, 인공지능, 3D 프린팅, 사물인터넷(Internet of Things: IoT) 등의 융합된 서비스가 있을 수 있는데 우리 사회는 스마트폰 시대에 맞게 빌딩, 홈 인텔리전트와 생활가전 지능형 기기의 연결, 자동차 및 에너지 분야의 연결, 삶과 관련한 개인 건강 관련 데이터의 생성과 분석, 그리고 O2O(Online to Offline)의 최적화된 쇼핑 방식이 플랫폼 안에서 연결되어 지능적인 사회로 발전하고 있다. IoT와 인공지능의 결합으로 하나의 단순한 물리적 통합 시스템을 뛰어넘어 보다 스마트한 방식으로 구축 운영될 수 있을 것이며, 공공 인프라와 비즈니스 디지털 생태계와 연결하고 있다(구철모, 2016).

제3차 산업혁명이 지속되지 못하고 제4차 산업혁명으로 새롭게 구분하는 이유는 변화의 속도(velocity), 변화의 범위(scope), 시스템

의 영향(system impact) 측면에서 커다란 차이가 있기 때문이다. 제3
차 산업혁명과 비교해 볼 때 현재 변화의 속도는 역사적으로 유례없
을 만큼 빠르게 진행되고 있으며, 모든 지역, 모든 산업에서 광범위
하게 이루어지고 있다. 이러한 변화의 폭과 깊이는 생산, 관리, 거버
넌스 측면의 모든 시스템 변화에 영향을 주고 있으므로 제4차 산업
혁명으로 새롭게 정의된다. 제4차 산업혁명을 주도하는 핵심기술은
인공지능(AI), 로보틱스, 사물인터넷(IoT), 자율주행자동차, 3D 프린
팅, 나노기술, 바이오기술, 재료과학, 에너지 저장기술, 퀀텀 컴퓨팅
등과 같은 혁신기술이다. 이러한 신기술들의 융합이 만들어 내는 기
존에 경험하지 못한 세상이 제4차 산업혁명을 통해 우리가 만날 세
계다. 이와 같은 제4차 산업혁명의 핵심지능 기술들이 범용적인 기
술로 부상하게 되는 시대를 지능화 시대라고 한다(한국정보화진흥
원, 2016).

WEF 보고서 <The Future of Jobs>에 따르면 제4차 산업혁명은
이미 진입단계에 있으며 제4차 산업혁명이 우리의 경제, 인구, 사회
모든 면에 영향을 미칠 것이라고 예상하였다. 제4차 산업혁명이 야
기할 인구, 사회, 경제적인 영향으로 작업환경의 변화와 노동 유연
화, 신흥시장 중산층의 성장, 기후변화 및 자연자원의 제약과 녹색
경제로의 이행, 지정학적 변동성의 확대 등을 제시하였다. 그리고
제4차 산업혁명이 야기할 기술적 영향으로는 모바일 인터넷과 클라
우드 기술, 컴퓨터의 처리능력과 빅데이터의 확대, 신에너지 공급과
기술, 사물인터넷, 크라우드소싱, 공유경제와 개인 간 플랫폼 등을
예상하였다(이은민, 2016).

2016년 1월에 열린 제46회 다보스포럼은 인공지능 등이 주도하

는 제4차 산업혁명에 진입했다고 진단했다(안상희·이민화, 2016).

2. 제4차 산업혁명의 특징

'일자리의 미래(The Future of Jobs)(WEF, 18 Jan 2016)' 보고서를 발표한 세계경제 클라우드 슈밥(Klaus Schwab) 회장은 제4차 산업혁명은 이전 혁명과 달리 그 발전 속도, 영향 범위, 사회 전체 시스템에 커다란 충격을 준다는 점에서 우리의 삶과 사회, 경제, 문화 전반에 큰 변화를 일으킬 것이라고 말한다. 독일의 제4차 산업혁명에서는 가상과 현실의 융합이라는 CPS(Cyber Physical System)라는 개념을 제시하고 있다. 제4차 산업혁명은 현실과 가상의 세계가 융합하는 'O2O융합'의 모습으로 다가와 현실세계를 최적화시키고 있다. 물질로 이뤄진 소유의 세상과 정보로 이뤄진 공유의 세상이 융합된 혁명을 불러일으키고 있다는 것이다(안상희·이민화, 2016).

제레미 리프킨(Jeremy Rifkin, 2013)은 지금까지 산업혁명은 에니지원 변화에 따라 발생했는데 제1, 2차 산업혁명이 각각 증기기관과 석탄, 석유와 전기의 등장으로 시작했고 현재는 화석연료를 사용하는 에니지원 패러다임이 변화하며 컴퓨터, 인터넷, 사물인터넷(IoT), 빅데이터 등의 기술과 재생에너지가 결합한 새로운 산업혁명의 물결이 밀려오고 있다고 진단했다. 하지만, 그는 이를 제2차 산업혁명에 이은 제3차 산업혁명, 정보혁명으로 명명하고, 아직 제4차 산업혁명은 도래하지 않았다는 주장을 하고 있다.

제4차 산업혁명은 인공지능을 중심으로 자동화와 연결성을 더욱 극대화할 모습이다(UBS, 2016). 핵심기술인 인공지능이 데이터 수집, 저장, 분석을 통해 내가 원하는 검색결과를 압축적으로 제공, 선택비용을 줄여 주며 개인의 취향을 저격한 최적화된 가치를 제공한다. 최적화된 가치를 제공되는 수요도 늘어나게 된다. 제4차 산업혁명은 생산과 소비가 결합되며 공급이 수요를 창출하는 경험경제, 즉 정신 소비 혁명으로 발전 중이다. 더 이상 소비자가 수동적이지 않으며 획일화된 제품과 서비스에는 흥미를 느끼지 않는다. 소비자가 직접 자신이 구매할 제품 생산과 판매에 관여하는 '프로슈머(prosumer)', 산업현장에서 필요에 따라 사람을 구해 임시로 계약을 맺고 일을 맡기는 형태의 '긱 경제(gig economy)', 필요한 물건을 직접 만드는 D.I.Y.(Do it Yourself), 넷플릭스 추천 서비스 등이 새로운 소비 방식을 대표한다(안상희·이민화, 2016).

안상희·이민화(2016)는 제4차 산업혁명의 특징을 O2O 서비스로의 진화, 공유경제, 온디맨드 경제, 프로슈머, 모디슈머, 경험경제·개인 맞춤형 소비, 긱 이코노미 등으로 들고 있다. 첫째, O2O 초융합경제로의 진입을 의미한다. O2O 융합에 의한 가치창출이 현실 세계를 최적화시키며 고객들의 다양한 욕구를 최적화시켜 줄 것이다. O2O 초융합경제에서는 물건과 서비스 공급자가 대량생산을 추구한 대기업만 될 수 있는 게 아니며, 거대한 자본을 바탕으로 한 대기업의 진입 장벽이 허물어지고 누구나 아이디어만 있으며 상품 혹은 서비스 공급자이자 플랫폼 사업자로 참여할 수 있다. 이 때문에 과거 전통경제에서는 수익과 사회의 기여가 분리됐지만, O2O 경제에서는 신뢰를 바탕으로 사회, 중개자, 공유기업이 모두 함께 협력하는 것을 추구한다. 전통경제에서는 80%의 성과를 20%가 좌우한다는 파레토 법칙이 통했지만, 공유경제에서는 롱테일 수요를 깨울 것이다.

둘째, O2O는 단순한 거래를 하는 '커머스' 형태에서 '서비스' 형태로 진화하고 있다. O2O 커머스는 일회성이고 사전에 분석한 수요로 단순 거래를 연결하며, 인터넷 사용이 용이한 지역에서 획일화된 서비스를 하는 것이다. 반면, O2O 서비스는 지속성을 특징으로 하며, 시간·공간·인간을 연결하는 특징을 지닌다. 데이터 수집 비용·저장 비용이 감소하고 빅데이터를 분석해 최적의 운용조건을 만들어 내고 있다.

셋째, 공유경제(sharing economy)라는 개념은 미국 하버드대 로렌스 레싱(Lawrence Lessing, 2008) 교수의 저서 『리믹스(Remix)』에서 처음 사용하였는데, 공유경제는 상품을 소유하는 것이 아니라 인터넷과 모바일 등 IT 기술을 기반으로 소비자들이 서로 빌려 쓰는 개념을 말한다. 대량생산, 대량소비와 대비되는 의미로 생산된 제품을 여러 명이 공유해 쓰는 협력적 소비경제를 뜻한다. 기업이 소유하고 있는 자산이 아닌 개인이 가지고 있는 놀고 있는 유휴자산을 활용한다는 점에서 대여업과 다르다. O2O 융합으로 전통경제와 가상세계가 융합되며 기존 가치관을 바꿔 놓고 있다. O2 세상에서는 유휴자산을 소비자들끼리 빌려 쓰는 '공유경제'가 등장해 새로운 경험을 통해 가치를 창출해 나간다.

넷째, 온디맨드 경제(On-Demand Economy)는 공유경제와 비슷한 개념으로 수요와 공급에 즉각적으로 대응하기 위한 시스템 주문형 경제를 말한다. 소비자가 원하는 때 바로 서비스를 제공해 주는 것으로 황지현(2015)은 'On-Demand Economy'를 고객의 개인화된 수요에 맞춰 즉각적으로 반응하는 수요 중심적인 경제로 정의한다. O2O 서비스가 확대되면서 점차 생활의 중심이 생산자가 아닌 소비자, 전국권 경제가 아닌 지역 경제, 분절된 채널이 아닌 통합된 채널(omni-channel)로 옮겨지고 있다고 했다.

다섯째, 프로슈머(Producer+Consumer)는 소비자들이 정보에 대한 접근성이 높아지면서 전문성을 발휘해 직접 생산과 판매에 관여, 제품 생산단계부터 유통에 이르기까지 소비자의 권리를 행사하는 것이다. 소비자는 제품을 사용한 후 자신의 SNS를 통해 자신의 목소리를 내며 피드백을 제공해 기업의 생산에 직접적인 영향을 미친다. 미래학자 앨빈 토플러(Alvin Toffler, 1980)는 '제3의 물결'에서 21세기에는 생산자와 소비자의 경계가 허물어질 것이라고 주장하며 프로슈머 시대를 예견하기도 했다.

여섯째, 모디슈머(Modify+Consumer)는 프로슈머와 맥락을 같이한다. 소비자가 정해진 틀에서 벗어나 자신만의 제품 생산 방법을 적극적으로 공유해 기업에 영향을 미친다. 이지혜(2004)는 소맥(소주와 맥주)이나 예거밤(예거마이스터+에너지드링크) 등 자신의 폭탄주 제조법을 주위에 알리는 것이 모디슈머라 했다. 모디슈머는 공감대 형성을 넘어 본인이 추가 생산한 정보에 부가가치를 더해 실제 제품 생산과 판매 단계에 활용하는 것이다.

일곱째, 경험경제·개인 맞춤형 소비이다. 슈미트(Schmitt, 1999)는 고객은 상품을 구매하는 것이 아니라 체험을 구매한다고 했다. 21세기는 경험경제의 시대로 소비자들은 이성적인 소비보다 감성적인 소비에 관심을 두고 있다. 편리함과 함께 자신의 감정을 가장 중요시하면서 개인 맞춤형 경험을 추구한다. 윤성원(2014)은 공급자(공장, 생산자)에서 소비자(시장) 위주로, 생산력 중심으로 사용자 욕구 중심으로 힘이 옮겨 가고 있다고 진단했다. 그는 제조, 서비스 공공 영역 전반으로 경험을 중요시하는 경험경제로 변하면서 차별화된 서비스 경험을 제공할 수 있는 능력이 요구된다고 조언했다.

여덟째, 긱 이코노미(Gig Economy)는 전문적인 능력을 가진 프리랜서들이 특정 집단에 소속된 직업을 대신한다는 논리다. 맥킨지(2015)는 온라인 플랫폼을 통해 좀 더 적합한 일자리를 찾는 것이 가능해질 것이라 내다봤다.

<표 1-2> 전통경제와 O2O경제 비교

전통경제	O2O경제
소유	공유
자원 고갈	자원 절약
이윤창출	가치창출, 비용절감
경쟁	신뢰
과잉소비, 대량생산	협력적 소비
수익과 사회기여 분리	중개자, 사회, 공유기업의 동반관계
유형자산	유·무형자산, 제품서비스(zipcar), 물물교환(ebay), 협력커뮤니티(airbnb)
기업제공	기업 외 개인도 제공
영업용 자산	유휴자산
오프라인	온·오프라인
대기업	소상공인 스타트업
진입장벽	누구나 가능
자본	아이디어
주주가치 극대화	지역사회 기반의 기업과 관련된 이해관계에 있는 모든 사람의 이익 확대
파레토 법칙	롱테일 법칙

자료: 안상희·이민화, "제4차 산업혁명이 일자리에 미치는 영향", 2016, 2352쪽

4차 산업혁명은 '초연결성'과 '초지능화(인공지능)'로 "모든 것을 상호 연결해서 연결한 것들에 지능화 서비스를 제공해 발생한 혁명"

으로 설명할 수 있다. 4차 산업혁명의 핵심 기술은 '사물인터넷'과 '인공지능'으로 4차 산업혁명은 '기기의 지능화'로 설명할 수 있다. 예를 들어 자율주행자동차, 스마트 헬스, 로봇 등 현재 주목받고 있는 모든 기술들이 해당된다.

4차 산업혁명이 미래사회에 줄 혜택은 다음과 같다. 첫째, '효율성'으로 사물은 외부의 정보를 계속 습득하게 되면 효율성은 자동적으로 달성하게 된다. 둘째, '맞춤형 서비스'이다. 지능형 기기가 자동적으로 서비스를 수행하기 때문에 관리자가 모든 것을 신경 쓸 필요 없다. 더욱이 사용자 정보를 주고받기 때문에 기기는 스스로 산업사용자에 맞는 서비스 제공이 가능하게 된다. 셋째, '전문성 강화'이다. 기기의 지능화로 사람이 할 수 있는 업무들을 기기가 대체할 것이다(유성민, 2016).

제3절 패러다임 변화를 이끄는 기술의 발달

4차 산업혁명을 이끄는 기술로 인공지능, 스마트 기기, 무선인터넷 기술 및 사물인터넷 기술, 바이오산업, 소프트웨어산업, 3D 프린팅 및 원자력 기술 발전으로 소개했다. 그 외에도 빅데이터와 클라우드 컴퓨팅, SNS 등도 기술혁명이다(임일, 2016; 한국경제TV 산업팀, 2016).

1. 인공지능과 로봇 기술

4차 산업혁명을 이끄는 기술로 인공지능과 로봇 기술을 들 수 있다. 로봇이란 말은 체코슬로바키아의 희곡 <로섬의 만능 로봇>에서 처음 사용되었다. 강제 노동, 노예라는 뜻을 가진 체코어 '로보타(Robota)'가 어원이다. 세계 최초의 로봇은 1961년 미국에서 산업용으로 만들어진 '유니 메이트'로 제품을 용접하고 옮기는 역할을 담당했다. 세계 로봇 패러다임은 공장에서 제품 생산을 담당한 산업용 로봇에서 인간의 삶을 보다 풍요롭게 해 주는 서비스용 로봇으로 변해 왔다. 이미 일본 등의 지역에서 은행 안내 로봇, 간병 로봇 등을 운영하고 있다. 전 세계적으로 로봇 분야가 시작 단계이다 보니 기업들의 매출은 낮으나 지속적 성장세에 있음은 주목할 만하다. 세계의 기업들은 로봇 개발에 집중하고 있다. 자동차 및 오토바이 제조업체로 널리 알려진 기업인 혼다는 최근 집중적으로 육성하는 분야가 로봇이다. 도요타는 미국 실리콘밸리에 인공지능·로봇 연구 회사를 설립할 계획이며, 카메라 및 프로젝터 등 가전제품 업체인 파나소닉은 로봇 수트와 운송 로봇 시장에 몰두하고 있다. 미국의 구글은 보스턴 다이내믹스 등 10여 개 로봇 기업을 인수해 기계가 스스로 데이터를 분석하고 학습하는 머신 러닝을 활용해 미래 로봇 산업을 주도하겠다는 전략을 펼치며 집중 육성하고 있다. 카멜론 대학교 연구진들은 인간에게 포근함과 정서적인 안정감을 주는 감성형 로봇인 베이맥스에 집중하고 있으며, 스탠퍼드 대학에서는 극한 상황에서 인간을 구하고 보호하는 아바타에 대한 연구가 한창이다. 이와 함께 세계적으로 붐이 일고 있는 자율주행차는 IT업체인 구글에서 목표를 세워 나갔던 것이다. 인공지능의 커다란 발전은 컴퓨터인 '기계'가 학습을 한다는 것이다. 기계학습은 크게 답이 있는 문제를 학습하는 방식(supervised learning)과 답이 없는 문제를 학습하는 방식(unsupervised learning)이 있다. 답이 있는 문제의 기계학습은 과거의 실제 결과에 따른 데이터를 컴퓨터에 입력하고 실제 결과를 가장 잘 예측하게 해 주는 규칙을 스스로 만들어 내도록 하는 방식이다. 답이 없는 방식의 기계학습은 미리 정해진 답은 없지만 어떤 분석을 함으로써 사후 학습을 하는 기계학습 방식이 답이 없는 문제를 학습하는 방식이라 할 수 있다. 현재 우리 생활에 효과적으로 사용되는 대부분의 기계학습 방식은 답이 있는 문제를 학습하는 방식이다. 최근 데이터의 양이 늘면서 기계가 학습을 더 잘할 수 있게 되었다. 늘어난 데이터와 개선된 알고리즘이 선순환 관계를 형성해 기계학습의 정확도가 높아지게 되었다. 기계학습에 사용되는 기술은 주로 추천(Recommendation) 알고리즘과 신경망 분석(Neural network analysis)이다. 추천 알고리즘에서 추천 기술은 사람들의 행동으로부터 각각의 취향이나 니즈를 학습하는 것이다. 추천을 위해 많이 사용되는 기술은 협업필터링(collaborative filtering)이라는 기술이다. 협업필터링은 취향이나 물건의 구매패턴이 비슷한 사람들을 찾아서 이를 바탕으로 추천을 하는 것이다. 현재 협업필터링 추천기술을 가장 적극적으로 사용하는 대표적인 회사는 아마존(www.amazon.com)과 넷플릭스(www.netflix.com)이다. 아마존은 초창기부터 고객들이 관심을 가질 만한 물건을 추천하는 시스템을 개발해서 잘 활용하고 있다. 넷플릭스도 영화를 소비하는 고객들의 과거 영화선택 패턴과 영화에 대한 평가를 바탕으로 고객이 좋아할 만한 영화를 매우 정확하게 추천하는 시스템을 사용하고 있다. 추천 시스템도 사람들의 행동을 예측하는 시스템이기 때문에 사람들의 행동 분석이 필요한 다양한 분야에 사용될 수 있다. 신용카드 부정사용 감지 등에도 사용된다.

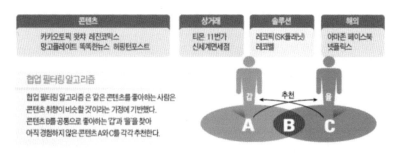

자료: 박병종, 영화 · 웹툰 '입맛대로'… 알고리즘 추천 서비스 인기, 한국경제, 2014. 12. 9.

<그림 1-3> 협업 필터링 알고리즘이 적용된 서비스

추천 알고리즘과 함께 기계학습에 많이 사용되는 신경망분석(Neural network analysis: NNA)은 사람의 뇌가 신경세포 간의 연결을 통해서 기억도 하고 학습도 한다는 점에 착안해서 개발된 기술로서 데이터 간의 연결의 정도를 학습하게 된다. 신경망 분석은 입력변수와 출력변수 간의 연결의 정도를 학습하게 된다. 데이터가 복잡해질수록 경계선은 복잡해진다. 다수의 은닉 층을 두면 신경망 분석의 성능이 좋아지는데, 이유는 기계장치의 관절을 생각하면 쉽게 이해할 수 있다. 신경망에는 다양한 여러 모형이 있는데 자료분석에 가장 널리 사용되는 모형은 <그림 1-4>의 다계층 인식인자(Multilayer Perception: MLP)로 MLP는 입력계층(input layer), 은닉마디로 구성

된 은닉계층(hidden layer), 그리고 출력계층(output layer)으로 구성
된 전 방향(feed-forward) 신경망이다. 최근 많이 언급되는 딥 러닝
(Deep learning)은 신경망 분석 방법을 수많은 계층으로 정교하게 구
성해서 학습을 시키는 것을 말한다. 심도 있는 새로운 학습을 하기
때문에 딥 러닝이라는 이름을 붙인 것이다. 딥 러닝을 사용하면 매
우 복잡한 데이터의 경우도 상당히 정확한 결과를 얻을 수 있어 앞
으로의 활용이 예상된다.

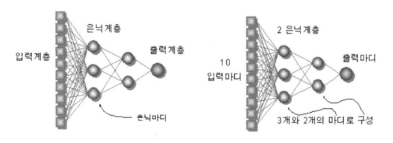

<그림 1-4> 다계층 신경망

인공지능/기계학습이 비즈니스에 적용될 수 있는 분야는 신용카
드 부정사용 탐지, 추천 및 재고관리, 제품의 맞춤화 등 다양하다.
이와 함께 앞으로의 주제는 인공지능이 사람의 일을 얼마나 대체할
까에 대한 의문이다. 인공지능 기술이 최근 몇 년 사이 급부상하고
있다. 구글의 나우나 애플의 시리와 같은 개인 비서 영역에서부터
자율주행자동차의 인지/판단 시스템에 이르기까지, 언론, 교통, 물
류, 안전, 환경 등 각종 분야에서 기술이 빠르게 접목·확산되면서
인간중시 가치 산업 및 지식정보 사회를 이끌어 갈 부가가치 창출의

새로운 원천으로 주목받고 있다. 하지만 이러한 경제적·사회적 효과에 대한 기대뿐 아니라 자동화로 인한 일자리 대체, 통제 불능 문제 등 부정적 영향에 대한 우려의 목소리 또한 커지고 있다.

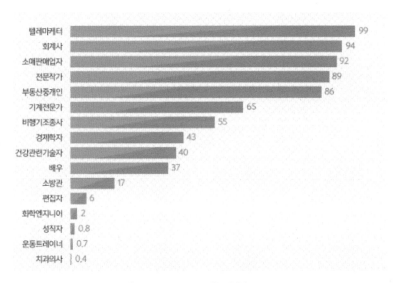

자료: 칼 프레이, 마이클 오스본, 옥스퍼드대 교수 논문; 한국경제신문

<그림 1-5> 20년 내 없어질 가능성 높은 직업순위(단위: %)

2. 빅데이터와 클라우드 컴퓨팅 기술

4차 산업혁명은 빅데이터와 클라우드 컴퓨팅 기술의 발달이 중요한 화두로 등장했다. 기술적 측면에서 빅데이터 분석과 기존의 분석이 가장 많이 다른 점은 데이터를 실시간으로 처리하기 위해 기존의 데이터 분석과 다른 다양한 기술이 개발되고 있다. 또 대용량 데이터 처리 기술이 있다. 빅데이터 분석 기술은 기계학습 방법과 전통

적인 통계분석 방법을 대용량에 맞게 변형한 분석방법도 많이 사용된다. 또한 텍스트 마이닝(text mining) 기법을 사용한다. 텍스트 마이닝은 텍스트 분석을 위해 개발된 것으로 기존의 통계 분석과 다른 기법이다. 클라우드 컴퓨팅은 비용과 혁신이라는 측면에서 영향을 미치게 된다. 클라우드 컴퓨팅을 사용하는 경우에 많은 사람들은 하나의 컴퓨터를 사용하는 것과 마찬가지이기 때문에 컴퓨터 자원의 활용도가 높아지게 된다. 비용의 절감과 혁신을 촉진하게 될 것이다. 클라우드 컴퓨팅 자원을 저렴한 비용으로 사용할 수 있게 되면 대기업뿐 아니라 새롭게 자원을 저렴한 비용으로 사용할 수 있게 된다.

3. 스마트 기기 기술의 발전

스마트 기기 기술의 발전이다. 스마트 기기란 사물인터넷을 기반으로 응용 프로그램에 따라 다양한 역할을 할 수 있는 제품들을 일컫는다. 인터넷으로 연결된 작은 컴퓨터인 것이다. 최초의 스마트폰은 IBM이 개발한 '사이먼'이다. 계산기처럼 간단한 사칙연산을 하거나 이메일을 보낼 수 있었다. 스마트 기기를 단지 빠르고 편리한 삶의 보조 기기로 여기는 것을 벗어나 스마트 기술이 일상 곳곳을 점령하였다. 사람과 사물이 인터넷으로 연결된 시계와 안경, 옷과 신발 등 다양한 웨어러블 기기들, 사물 스스로 판단하고 움직이는 자율주행차와 드론, 스마트 기기들의 집합체인 스마트홈과 스마트공장 그리고 스마트시티까지 스마트 기기가 그려 나갈 미래 가능성은 매우 넓다. 스마트 기기의 활용이 헬스케어 분야에서 두드러진 것도 고령화 사회의 도래와 함께 병원에 가지 않고 스마트 기기를 통해 간편하게 자가 건강진단을 할 수 있고 건강상태와 추이를 한눈에 볼 수 있게 해 주기 때문이다.

4. 이동통신 기술의 발전

넷째, 이동통신 기술의 발전은 차세대 통신인 5G 광대역 주파수를 현실로 이끌어 냈다. 5G는 화성과의 초단시간 통신이 가능하게 하는 기술이다. 과거로 거슬러 올라가 1세대 이동통신은 음성통화만 가능했던 카폰이다. 이후 나온 휴대전화는 <그림 1-6>과 같이 벽돌을 연상시킬 정도의 크기였다. 2세대 통신은 음성신호를 디지털신호로 전환해서 사용하게 되었다. 1996년 이동통신 기술이 아날로그에서 디지털로 전환되면서 이로써 음성뿐만 아니라 문자와 같은 데이터 전송도 가능해졌으며 단말기 가격과 이용료가 상당히 저렴해지면서 대중화되기 시작했다. 3세대 이동통신은 음성, 문자메시지뿐만 아니라 영상통화가 어느 정도 가능해졌고, 모바일 콘텐츠를 내려 받을 수 있게 되었으나 속도가 매우 느렸다. 이후 4세대에 이르러 원활한 인터넷 접속과 게임이 가능해졌다. 그러나 VR(가상현실) 영상 등이 가능해지려면 5세대 이동통신이 필요하다. 5G는 차세대 이동통신 기술로 4세대 롱텀에볼루션(LTE)보다 무선인터넷 속도는 100배 이상 빠르고, 용량은 1,000배 이상 많은 데이터를 전송할 수 있다. 예를 들어 800MB 용량의 영화 한 편을 내려 받을 때 4G LTE는 1분 25초 걸리지만 5G는 단 1초면 충분하다. 또한 처리할 수 있는 데이터양이 많아지면서 사물인터넷도 가능하다. 스마트폰, PC뿐만 아니라 대부분의 가전제품에 통신 모듈이 탑재되면서 이를 컨트

롤 할 수 있을 뿐만 아니라 사물들 간에도 소통이 가능해진다. 아침
에 일어나면 저절로 커튼이 열리고 TV를 통해 교통 상황을 체크한
다. 씻으면서 거울을 통해 날씨와 메시지도 확인할 수 있고 집에 들
어가기 전, 집안 청소는 물론 집안을 따뜻하게 만들 수 있다. 원격진
료도 가능해진다. 영화에서나 보던 일들이 현실이 되는 것이다.

자료: 모토로라 다이나택 8000x - 네이버캐스트
Available to http://navercast.naver.com/magazine_contents.nhn?rid=1103&contents_id=33842

<그림 1-6> 첫 개인용 휴대전화

1~4세대까지의 통신기술이 주로 모바일 기기나 컴퓨터 같은 기
계를 인간과 좀 더 빠르게 연결하는 데 쓰였다면, 5G 세상에서는 맞

춤화한 수백 기가바이트(GB) 정보가 실시간으로 나에게 쏟아질 것이다. 공상과학영화에서나 가능했던 초고속 정보화 세상이 눈앞에 펼쳐지게 된다. 5G 빅뱅의 면면은 예측하기 어렵고 그 변화의 폭은 광대하고 파급력은 거대할 것이다. 대용량 데이터통신 시대가 가져올 초연결성이 개인의 삶뿐만 아니라 도시와 공장 관리, 재난 대응, 학교 교육 같은 전 분야에 변화를 불러일으킨다. 5G 표준화 작업을 주도하는 국가는 IT 강국의 위상을 독보적으로 구축하고 후방산업에도 영향을 끼쳐 경제에 활력을 줄 것이다.

5. 사물인터넷 기술의 발전

다섯째, 사물인터넷 기술의 발전은 모든 것이 달라질 것을 예견하게 된다. 운동화가 운동량을 체크해 건강을 관리해 주고, 골프채가 자세를 교정해 주는 코치 역할을 한다. 센서가 자동차와 도로에 부착되면 자동차를 운전하지 않아도 되고 센서를 이용하여 재난과 사고에 미리 대비할 수 있다. 사물인터넷 세상의 센서는 정보를 개인에게 전달하여 안전시설을 정비하고 대비할 수 있게 한다. 이와 함께 사물인터넷은 기업의 전략도 바꾼다. 빠르게 사물인터넷을 적용한 분야 중 하나가 석유산업이다. 유럽 최대 정유회사 로열더치셸은 수년 전부터 정유과정 곳곳에 센서를 붙이기 시작했다. 그 결과 로열더치셸은 정유 작업 곳곳에서 벌어지는 일에 대한 정보를 실시간으로 파악할 수 있게 되었고 현장의 모든 기기를 제어할 수 있는 수준에까지 이르렀다. 미국의 날씨 중계 회사 '웨더컴퍼니'는 사물인터넷을 적용하면서 선도적인 빅데이터 기업으로 탈바꿈했다. 사물인터넷 시장은 2020년까지 19조 달러(한화 2경 원)가 넘는 규모가 될 전망이다. 시장조사기관인 IC인사이츠에 따르면, 사물인터넷 분야는 2020년까지 13.3%의 연평균 성장률을 보일 것으로 전망하며 가장 성장성 있는 분야로 꼽혔다(박진아, 2016. 1. 8.)

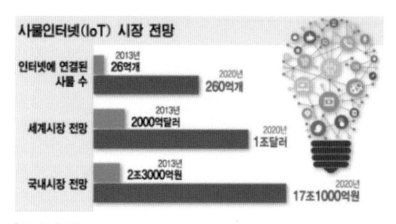

출처: 가트너(2015)

<그림 1-7> 사물인터넷 시장 전망

사물인터넷(Internet of Things: IoT)의 개념은 인간과 사물, 서비스 세 가지 분산된 환경 요소에 대해 인간의 명시적 개입 없이 상호 협력적으로 센싱, 네트워킹, 정보 처리 등 지능적 관계를 형성하는 사물 공간 연결망이다. IoT의 주요 구성 요소인 사물은 유무선 네트워크에서의 end-device뿐만 아니라 인간, 차량, 교량, 각종 전자장비, 문화재, 자연 환경을 구성하는 물리적 사물 등이 포함된다. 이동통신망을 이용하여 사람과 사물, 사물과 사물 간 지능통신을 할 수 있는 M2M의 개념을 인터넷으로 확장하여 사물은 물론, 현실과 가상

세계의 모든 정보와 상호작용하는 개념으로 진화한다.

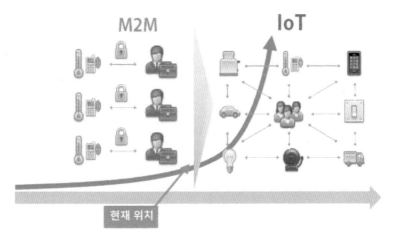

출처: 민경식(2013)

<그림 1-8> M2M(사물통신)과 IoT의 개념변화

　IoT 3대 기술은 센싱 기술, 유무선 통신 및 네트워크 인프라 기술과 IoT 서비스 인터페이스 기술이다. 센싱 기술은 전통적인 온도, 습도, 열, 가스, 조도, 초음파 센서 등에서부터 원격 감지, SAR, 레이터, 위치, 모션, 영상 센서 등 유형 사물과 주위 환경으로부터 정보를 얻을 수 있는 물리적 센서를 포함한다. 물리적인 센서는 응용 특성을 좋게 하기 위해 표준화된 인터페이스와 정보 처리 능력을 내장한 스마트 센서로 발전하고 있으며, 또한 이미 센싱한 데이터로부터 특정 정보를 추출하는 가상 센싱 기능도 포함되며 가상 센싱 기술은 실제 IoT 서비스 인터페이스에 구현된다. 기존의 독립적이고 개별적인 센서보다 한 차원 높은 다중(다분야) 센서 기술을 사용하기 때문

에 한층 더 지능적이고 고차원적인 정보를 추출할 수 있는 것이 특징이다. 두 번째로 유무선 통신 및 네트워크 인프라 기술은 IoT의 유무선 통신 및 네트워크 장치로는 기존의 WPAN(Wireless Personal Area Networks), WiFi, 3G/4G/LTE, Bluetooth, Ethernet, BcN, 위성통신, Microware, 시리얼 통신,[1] PLC 등 인간과 사물, 서비스를 연결시킬 수 있는 모든 유·무선 네트워크를 의미한다. 세 번째 IoT 서비스 인터페이스 기술은 IoT의 주요 3대 구성 요소(인간·사물·서비스)를 특정 기능을 수행하는 응용서비스와 연동하는 역할이다. IoT 서비스 인터페이스는 네트워크 인터페이스의 개념이 아니라, 정보를 센싱, 가공/추출/처리, 저장, 판단, 상황 인식, 인지, 보안/프라이버시 보호, 인증/인가, 디스커버리, 객체 정형화, 온톨로지 기반의 시멘틱, 오픈 센서 API, 가상화, 위치확인, 프로세스 관리, 오픈 플랫폼 기술, 미들웨어 기술, 데이터 마이닝 기술, 웹 서비스 기술, 소셜 네트워크 등 서비스 제공을 위해 인터페이스(저장, 처리, 변환 등) 역할을 수행한다. 이러한 IoT를 구성하는 생태계는 칩벤더, 모듈 및 단말업체, 플랫폼 및 솔루션 업체, 네트워크 및 서비스 업체 등 4가지로 크게 구성된다. 특히, IoT 칩셋을 제조하는 칩벤더와 모듈을 공급하는 제조업체는 해외 주요 소수 기업에 의해 생산 및 공급되고 있는 실정이다. 칩셋은 퀄컴(Qualcomm), 텍사스인스트루먼트(TI)사, 인피니언(Infineon) 등에 의해 주도되고 있고, 모듈의 경우 전 세계 공급량의 78%를 신테리온(Cinterion), 텔릿(Telit), 시에라(Sierra), 심컴 와이어리스 솔루션즈(SIMCom Wireless Solutions) 등 4개 회사가

---

[1] 일반적으로 컴퓨터 기기를 접속하는 방법의 하나로, 접속하는 선의 수를 줄이고, 원거리까지 신호를 보낼 수 있도록 한 통신 방식이다.

공급하고 있다. 맞춤형 솔루션 서비스를 제공하기 위한 플랫폼/솔루션 업체는 비교적 중소·중견 기업이 주도하고 있으며, 네트워크/서비스 업체는 새로운 수익원으로써 IoT를 인지하고 에코시스템을 구축하기 위해서 다양한 방법을 모색 중이다.

제4절 4차 산업혁명의 영향

1. 일자리의 변화

변화하는 환경 속에서 어떤 인재가 필요할까? 인공지능으로 인한 자동화로 업무 대체가 일어나게 되면 일자리에도 많은 변화가 일어나게 될 것으로 예상된다. 테크프로 리서치(Tech Pro Research)의 '인공지능 및 IT'에 관한 인식 조사 보고서에 따르면 응답자의 63%는 인공지능이 비즈니스에 도움이 될 것으로 기대하고 있지만, 한편으로는 관련 기술로 인해 일자리를 잃게 될 것이라는 우려도 34%의 높은 수준이라고 발표하였다.[2] 더욱이 인공지능 기술의 초기 산업화는 수학, 통계학 및 소프트웨어 공학에 대한 시장 수요도 증가시키고 있다. 미국을 필두로 이러한 학과의 인기도가 이미 거의 최고 수준이 되었으며, 졸업 후 평균 급여 또한 최상위권을 차지하고 있다. 인공지능 기술이 다양한 분야로 파급됨에 따라 소프트웨어 엔지니어의 위상은 더욱 커질 것이며, 데이터 사이언티스트와 화이트 해

---

2) 'Artificial Intelligence and IT: The Good, The Bad and The Scary': '15년 7월 24일~31일 사이 조직 IT 의사결정자를 대상으로 한 온라인 설문 조사 실시(534명 응답, 북미 및 유럽이 72%를 차지).

커 등 새로운 개념의 인공지능 전문가 수요 역시 더욱 확대될 전망이다. 인공지능과 일자리 대체에 대한 우려의 목소리가 높아지고 있는 가운데 해외 각 유명 기관들은 인공지능 발달에 따른 일자리 변화에 대한 상이한 연구 결과들을 발표하였다. 2013년 옥스퍼드에서 702개의 세부 직업 동향을 연구한 결과에 따르면, 미국 일자리의 47%가 컴퓨터화로 인해 없어질 위험에 있다고 발표하였다. 또한 BCG 리포트에 따르면 제조업 국가 중 인도네시아, 태국, 대만 및 대한민국이 가장 적극적으로 로봇 자동화를 받아들이고 있는 나라인 것으로 조사됐다. 예로, 대한민국의 경우 2020년에는 전체 업무의 20% 정도를, 2025년에는 45% 정도를 자동화된 로봇으로 대체하게 될 것으로 예측했다. 한편 McKinsey에서 미국 내 직업 및 기술력을 분석한 조사 결과에 의하면 조사 대상인 800개 직업에서 이루어지는 2,000가지 주요 작업을 분석하자 45%나 자동화가 가능한 것으로 나타났으나, 이들 중 자동화(automation)로 인해 완벽하게 사람을 대체할 수 있는 직업은 5%에 불과했다. 즉, 로봇의 노동력 대체는 '직업' 단위가 아닌 '할 수 있는 일' 단위로 평가되어야 하고, 자동화로 인해 작업 일부가 대체되더라도 여전히 사람의 역할이 필요하며, 기계와 사람이 함께 일하면서 효율성을 높여 나갈 것이라는 의미이다. 반복적이거나 물리적인 일을 기계가 담당하고, 인간은 보다 창의적인 일이나 감성 및 협업이 필요한 일에 집중하게 되면 산업 생산성이나 제품 및 서비스의 질을 향상시킬 수 있을 것으로 전망했다.

<표 1-3> 4차 산업혁명 시대의 유망직종과 쇠퇴직종

발표기관	쇠퇴직종	유망직종
옥스퍼드	텔레마케터, 세무 대리인, 재봉사, 자료 입력원, 도서관리 정보원, 은행계좌 상담 및 개설 직원, 신용 분석가, 보험 감정사, 심판 및 기타 스포츠 관계자, 법률 비서, 출납원 등	치료사, 정비공/수리공/설치공, 사회복지사, 외과 의사, 전문의, 영양사, 안무가, 심리학자, 초등학교 교사, 관리자, 상담교사, 컴퓨터시스템 분석가, 큐레이터, 운동 트레이너 등
워싱턴 포스트	농업 분야 노동자, 우편 서비스 노동자, 재봉틀 사업자, 배전반 사업자, 데이터 입력 사무원 및 워드프로세서 타이피스트	정보 보안 전문가, 빅데이터 분석, 인공지능 및 로봇 공학 전문가, 모바일 장치용 프로그램 개발자, 웹 개발자, DB 관리자, 비즈니스/시스템 분석가, 윤리학자, 엔지니어, 회계사, 변호사, 금융 컨설턴트, 프로젝트 매니저, 전문의, 간호사, 약사, 물리 치료사, 수의사, 심리학자, 교사, 영업 담당자와 건설 노동자(특히 벽돌공과 목수) 등
테크M	콜센터 상담원, 교수, 택시기사, 세무·회계사, 단순조립, 의사·약사, 변호사	데이터분석가, SW개발자, 헬스케어 종사자, 로봇 공학자, 예술가, 보안전문가, 바이오 엔지니어

출처: 김윤정·유병은(2016) 재가공

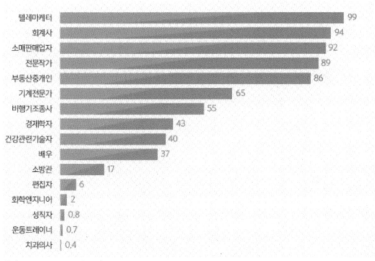

출처: Frey·Osborne(2013)

<그림 1-9> 20년 내 없어질 가능성 높은 직업순위(단위: %)

기관이나 사람마다 상이한 예측 결과를 내놓기 때문에 뚜렷한 결론이 나지는 않았지만 대부분의 연구기관이나 전문가들이 공통적으로 예측하는 부분이 있다. 인공지능의 발달로 인해 인간의 지적·육체적 업무 대체가 일어날 것이고, 단순 반복적 업무나 매뉴얼에 기반을 둔 업무의 상당 부분이 대체될 것이라는 것이다. 특히 매뉴얼에 기반을 둔 텔레마케터, 콜센터 상담원 등의 직종이나 운송업자나 노동 생산직 등이 고위험군으로 인식됐다. 또한 의료, 법률상담, 기자 등 일부 전문 서비스 직종 역시 관련 일자리나 직무가 인공지능에 의해 상당 부분 대체될 것으로 예상됐다. 이는 증가하고 있는 근로자 임금에 비하여 로봇의 가격이 상대적으로 연평균 10% 이상 지속적으로 하락하고 있어 인간의 노동력을 인공지능으로 대체하려는 시도가 증가하기 때문인 것으로 밝혀졌다. 특히 인공지능으로 인한 전문 서비스 직종의 대체는 기존의 산업화·자동화와 달리 고도의 정신노동을 대체한다는 점에서 단순·육체노동의 대체와 달리 파급 범위가 광범위할 것으로 예상된다. 반면, 사람을 직접 돕고 보살피거나 다른 사람을 설득하고 협상하는 등의 면대면 위주의 직종이나, 예술적·감성적 특성이 강한 분야의 직종, 혹은 기존의 방식과는 다른 참신한 방법으로 여러 아이디어를 조합하거나 종합적·창조적 사고방식을 필요로 하는 일들은 인공지능으로 대체하기 어려울 것으로 나타났다. 또한 인공지능과 직·간접적으로 관련된 새로운 직업군도 탄생할 것으로 나타났다. 데이터 사이언티스트, 로봇 연구개발 및 소프트웨어 개발, 운용, 수리 및 유지 보수 관련 직업 등 개발 인력이나 숙련된 운영자 등의 지식집약적인 새로운 일자리가 창출될 것으로 보이며 관련 비즈니스나 신규 서비스 등이 활성화되면서 이에 따른 고용이 증가할 것으로 전망되었다. 예로, 시장조사업체 메트라 마테크(Metra Martech)가 2011년 브라질, 독일, 미국, 한국, 일본, 중국을 대상으로 한 예측 조사 발표에 따르면 로봇 연구 개발 및 제조, 부품 및 소프트웨어 개발, 운용, 수리 및 유지 보수 등에 대한 고용이 매년 30% 이상 증가할 것으로 예상했다.

우리 환경에 맞는 연구가 뒷받침되어야만 보다 실효성 있는 인력의 재배치, 신규 인력 양성 등의 정책 방향이 마련될 것이다. 기술 발전으로 인해 변화될 사회 환경과 발생 가능한 이슈들, 국민의 특성 변화 및 기술 발전에 따른 우리나라 산업 생태계와 고용 구조 변화에 대한 연구 등이 필요할 것이다. 또한 마찰적인 실업 감소를 위한 일자리 정책 및 제도 개선이 필요하다. 인공지능의 일자리 대체로 인한 실업 발생을 막기 위해 적정 수준의 일자리 보호를 위한 노동법 개선이나, 다중 직업군을 인정해 주는 제도적 개선 방안 등을 마련하여 변화에 대한 유연한 대처 방안을 마련할 필요가 있다. 교육 제도도 반드시 개선되어야 한다. 우선 기술 발전과 더불어 수요가 급증할 것으로 예상되는 인공지능 관련 전문 IT 인력 양성 방안이 마련되어야 한다. 관련 직종에 근무하는 사람들이 전문성을 가지고 적합한 역할을 할 수 있도록 교육 시스템을 개선하고, 직업 대체 속도에 따른 직종 간 이동이나 업무 변화에 적응할 수 있도록 평생 재교육/훈련 시스템을 만드는 등의 제도 개선 방안이 마련되어야 한다. 기존 교과 과정에 프로그래밍 관련 교육을 확대시킬 필요도 있다. 한편 인공지능이 대체하기 어려운 영역의 인재 양성도 필요하다. 인공지능이 수행하기 어렵거나 인간의 수준에 도달하기까지 장기간이 소요될 것으로 보이는 면대면 위주의 직업 교육 혹은 창의적·종합적 사고를 증진시키고, 사회성 및 공감 능력 등의 감성 강화를 위한 교육이나 프로그램도 보다 활성화될 필요가 있을 것이다. 이와 더불어 단순한 지식 전달보다는 판단 능력, 윤리적 소양 등을 향상시킬 수 있는 방향의 교육을 수행할 수 있는 교육자 양성도 필요할 것이다. 워싱턴포스트지 발표에 따르면 인공지능으로 인해 많은 변화가 일어날 미래에 직업을 갖기 위해 필요한 능력으로는 문제를 새로운 시각으로 바라보고 유용한 해결책을 제시하는 능력, 지속적인 호기심을 갖고 아이디어를 모델링하거나 프로토타입을 생성하는 도구를 유용하게 사용할 수 있는 능력, 일을 수행하는 과정에서 깨끗한 양심과 열린 마음, 아이디어를 갖고 일을 도전적으로 성취해 나가 여러 사람들에게 긍정적인 결과를 도출해 낼 수 있는 능력 등을 들었다(Washington Post, 2015; 김윤정·유병은, 2016 재인용). 물론 이러한 인재를 양성하기 위해서는 새로운 아이디어나 도전을 장려하고 사람들 간의 소통을 중시하는 사회적 인식의 변화가 우선되어야 할 것이다.

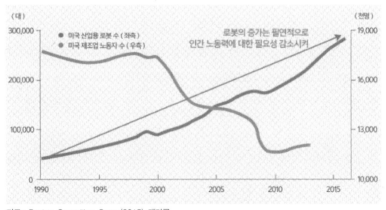

자료: Boston Consulting Group(2015) 재가공

<그림 1-10> 미국 산업용 로봇 수와 제조업 노동자 수

2. 사회·윤리적 문제

　인공지능의 발전으로 삶의 질이나 생산성이 향상되기도 하지만, 기술이 점차 고도화되고 자동화 수준이 높아지게 되면 통제 불능의 상태가 되거나 특정 목적을 가진 집단에 악용될 경우 심각한 사회·윤리적 문제가 발생할 수 있다. 우선 인공지능 기기에게 자율적 의사결정 기능을 부여하게 되면, 설계 시 미처 고려하지 못했던 조건이나 상황에 직면했을 때, 통제가 불가능한 상황이나 예기치 못한 문제를 만들어 낼 수 있으며, 이러한 일로 인해 인명피해나 재산 손실이 발생했을 경우, 책임을 누구에게도 물을 수 없게 되는 상황이 발생할 수 있다. 예로, 자율주행 자동차 주행 중 사전에 프로그램 되지 않은 갑작스러운 상황이 발생하여 사상자가 발생할 수 있고, 인공지능 기술을 활용한 자동 투자 시스템이 잘못된 정보를 학습하게 되어 잘못된 판단으로 큰 경제적 손실을 야기할 수도 있다. 특히 전쟁에서 사용될 목적으로 만들어진 자율살상무기시스템(Lethal Autonomous Weapons Systems: LAWS)이 프로그램상의 오작동 등으로 인하여 무고한 시민들을 살상하였을 경우, 그 파급 효과는 더욱 커질 것으로 예상된다. 이에 대한 국제사회의 관심도 점차 증대되고 있는데, 저명한 IT 전문가들이 LAWS의 개발 규제를 위한 공동 서한을 발표하고(워싱턴포스트, 2015), 영국에서는 반대 캠페인을 개최하는 등 벌써부터 세계 곳곳에서 움직임이 일어나고 있다. 특히 UN 인권이사회에서는 관련 국제규범이 형성되기 전까지 LAWS의 실험, 생산, 획득, 기술이전 자제를 요청하는 모라토리움을 권고하기도 하였다. LAWS가 특히 논란이 되는 이유는 기계로 하여금 살상 대상을 결정하게 함으로써 인간 존엄성의 기본 원칙을 위반할 수 있고, LAWS 기술이 평화 시 경찰 기능에까지 손을 뻗을 수 있다는 가능성에 많은 인권 단체와 제작자들이 동의하고 있기 때문이다. 한편, 인공지능 기술이 통제 가능한 상황에서도 이를 오용하는 사람들로 인해 심각한 사회적 문제가 발생할 수 있다. 정치·종교 집단이나 특히 극단적 세력에 의해 잘못 사용될 경우, 인공지능 드론을 이용한 폭탄 테러 같은 무차별 살상 등 대형 테러 행위가 일어날 수 있으며 개인 정보 학습을 통해 성능을 자체적으로 향상시키도록 설계되어 있는 인공지능 기기에 해킹하여 주요한 개인 정보를 유출하는 문제도 발생 가능하다. 특히 후자와 같은 개인정보 유출 문제는 인공지능 개체가 입수한 데이터를 클라우드 등을 통해 인공지능 시스템 전체가 공유할 경우 여기서 공유되는 개인 정보들이 엄격히 관리되지 않으면 정보 유출 문제나 사생활 침해 등의 문제가 심각해질 수 있다. 더욱이 방대한 정보가 집적·공유되면서 해킹에 의한 2차 침해가 더욱 치명적인 상황으로 나타날 가능성이 존재하는데 예로, 자율주행차 탑승자의 안전 문제나 거주 공간에 대한 물리적 침해 위험 등을 들 수 있다. 한편 이러한 인공지능 기기가 다양한 기기와 결합하여 개인 일상생활의 분석 및 예측이 가능해지게 되고 이러한 정보가 공적 주체나 사적 주체에 의해 남용될 경우에는 감시 및 통제 등의 문제가 발생할 수 있게 되며 이는 다양성과 자유권 등 인간의 기본권에까지도 악영향을 끼칠 수 있다. 인공지능의 오작동, 악용 및 남용 등으로 인한 문제를 해결하기 위해서는 우선 인공지능의 권한 설정과 결과에 대한 책임 소재 문제 등을 명확히 할 필요가 있다. 인공지능에게 인간사회의 또 다른 구성원으로서의 권한을 부여하거나 심지어는 자율살상무기시스템이나 인공지능 경찰 로봇과 같이 인간의 기본권을 직접 침해할 수 있는 권한까지도 부여하게 된다면 사회에 혼란을 가져올 수 있으며 기기의 오작동으로 인한 인명피해 발생 시에는 책임 소재 또한 불분명해질 것이다. 사실 기본적으로는 인간의 개입 없이 인공지능이 윤리적 판단을 하는 주체가 되어서는 안 될 것이며, 이러한 기준하에서 인공지능으로 인한 피해 발생 시 그것이 가능하도록 판단한 인간 주체가 책임을 져야 할 것이다. 또한 인공지능이 윤리적 판단의 유일 주체가 아닌 그것을 보조하는 기능적 역할만을 담당하게 하도록 개발단계서부터 세심한 설계가 필요할 것이다. 사실 아직까지는 인공지능 기술이 사람이 생각하는 수준의 자율성 부여가 불가능하기 때문에 어느 정도는 설계한 사람의 통제하에 있는 상황이다. 하지만 기술 발달로 복잡도와 자율도가 점점 증가하고, 활용 범위가 넓어지게 될수록 인간이 인공지능을 통제할 수 있는 수준은 점차 줄어들 것이고, 인공지능이 자율적으로 내린 의사결정이 인간에게 해를 끼치는 등의 사회적 안전에 대한 위협은 증대될 수 있다. 이를 방지하기 위해서는 인공지능의 권한 부여 문제뿐 아니라, 책임 소재 문제의 법률적 기반에 대한 연구도 함께 진행되어야 할 것이다. 특히 인공지능이 제품화되는 과정에서 설계 개발자에 대한 명확한 정의와 구분을 통해 보다 세심한 설계가 되도록 개발자에게도 어느 정도 책임을 부여하는 것도 하나의 방안이 될 것이다. 또한 연구개발을 위한 윤리적 가이드라인을 마련하여 개발자들에게 명확한 기준을 제시해 주고, 기계의 윤리 모듈에 대한 승인과 인증 과정에 대한 법적·제도적 체계를 준비할 필요가 있을 것이다. 그리고 이러한 기준들이 어느 정도의 사회적 합의를 통해 이루어지기 위해서는 일반시민이나 전문가 등으로부터 광범위한 의견 수렴 및 정책적 제언이 가능하도록 위원회 등을 성립할 필요도 있다. 인공지능 기술의 악용 및 오용을 방지하기 위해서는 엄격한 법적 장치나 이를 지키지 않았을 때의 처벌 등에 대한 사회적 논의와 합의, 법률 및 제도 연구 등이 마련되어야 할 것이다. 오용 및 오작동을 자동으로 탐지하고 대처하는 기술을 선제적으로 마련할 필요도 있으며, 안정적이고 신뢰성 있는 인공지능 기기가 개발되도록 노력해야 할 것이다. 인공지능 기술의 활용 범위를 조절하여 개인 프라이버시를 보호하고 공공 통제를 방지하는 기술을 인공지능에 기본적으로 장착하도록 하거나, 미국의 사베인스 옥슬리(Sarbanes-Oxley)법과 같이 회사경영의 책임과 의무 등을 부여하기 위해 제도적 장치가 마련되어 인공지능 기기의 사용자들 권익을 보호할 필요가 있을 것이다. 한편, 인공지능이 자율적 판단에 의해 인명의 살상을 결정하고 실행할 수 있는 LAWS 개발에 대한 윤리적 타당성 검토가 필요하다. 또한 이와 관련한 국제 논의 동향 파악과 대응전략 마련에 이르기까지 인간의 존엄성에 대한 침해 가능성과 국가 안보 등에 대한 고려도 필요하다. 더욱이 LAWS는 핵문제처럼 인류에 해를 끼칠 수 있기 때문에 국제적 논의를 통해 규제가 정해질 수 있으며, 화학무기나 집속탄처럼 국제적 사용 금지를 결의할 수도 있을 것이다.

3. 한국의 4차 산업혁명 준비

우리나라에서는 4차 산업혁명에 관한 정부 주도 정책이 일찍이 수립되었고, 패러다임 변화에 대한 제조 현장의 관심도 상당한 수준이다. 실제로 스마트공장 구축이나 관련 기술 개발에 나서며 적극적 행보를 보이는 기업들도 있다. 그렇다고 해서 우리가 과연 4차 산업혁명 시대를 잘 준비하고 있는 것이라 말할 수 있는가 하면 대답이 쉽지는 않다. 스위스 최대 은행인 UBS가 2016년 초 다보스포럼을 앞두고 보고서를 발표했다. 보고서에는 '4차 산업혁명에 가장 잘 적응할 수 있는 국가'에 대해 노동시장의 유연성, 기술 수준 등 다섯 가지 요소를 두루 고려한 평가 결과가 포함되었다. 미국, 독일 등의 국가가 상위권을 차지하고 일본과 대만도 높은 순위를 차지한 반면, 우리나라는 25위에 머물렀다. 기술 수준이나 교육 시스템 등의 요소에서는 상대적으로 높은 평가를 받았지만 노동시장 유연성에서는 전체 평가 대상인 139개국 중 83위에 그쳤다. 물론 이 평가가 절대적인 가치라고는 할 수 없다.

모바일 시대에 맞춰 서비스 플랫폼들도 진화를 거듭했다. 근래에 급성장을 이루며 시장의 주목을 받은 새로운 서비스들 대다수는 그야말로 모바일 환경에서의 사용성만을 고려한 형태를 띤 O2O (Online to Offline) 서비스들이었다. 매스미디어는 새로운 O2O 서비스들의 광고로 뒤덮였고, 시장에서 대규모의 투자를 유치했다는 소식이 들리는 기업들의 많은 수가 O2O 서비스 업체들이었다. 온라인, 모바일을 거점으로 삼고서 급속한 성장을 이룬 O2O 서비스들은 이제 성장 일변도의 시대를 지나 새로운 방향으로의 전환을 모색해야 하는 시기를 맞고 있다. O2O 서비스 업체들이 앞으로 취해 나갈 진화의 방향은 이제 O2O가 아닌 O4O(Online for Offline)로 향해 가는 모양새다. 2016년 IT 시장의 주요한 키워드였던 O2O는 온라인과 오프라인 시장의 유기적 융합을 꾀한 서비스를 이야기한다. 전 세계에서 트렌드가 된 O2O 서비스가 국내에서 구현된 방식은 크게 두 가지로 나눌 수 있다. 하나는 이미 오프라인 유통망을 가지고 있는 사업자들이 온라인 유통 채널을 개설하는 옴니채널(Omni-Channel, 라틴어로 모든 것을 뜻하는 Omni와 제품의 유통경로를 뜻하는 Channel이 합쳐진 말) 형태로, 국내에서 오프라인 기업들의 온라인/모바일 시장으로의 진출을 꾀한 기업들은 자신들의 서비스를 O2O라고 뭉뚱그려서 주로 칭했다. 이는 따지고 들어가자면 O2O라는 새로운 카테고리로 묶을 수 없는 서비스들이기 때문에, 지금부터 이야기하고자 하는 '진화하는 O2O'로는 논할 수 없는 것들이라 할 수 있다. 나머지 하나의 방식이 지금부터 이야기하고자 하는, 소비자들이 흔히 O2O로 칭해 왔던 온라인/모바일의 오프라인 연계 및 중개를 주된 사업 모델로 삼고 있는 형태의 서비스들이다. 모바일 앱으로 배달 음식을 주문하고, 매물로 나온 빈방을 검색하며, 하루 편히 쉴 수 있는 숙소를 검색한다. 앱에서 바로 서비스 이용료를 결제할 수도 있다. 이미 존재하는 오프라인 매장으로 이용자들을 유도하기 위한 중계 채널로의 역할을 담당하고, 오프라인 매장들은 보다 많은 매출을 창출하고 자신의 매장을 광고하기 위해서 O2O의 서비스 제공 업체로 이름을 올린다. O2O 서비스 기업들은 이 온라인과 오프라인의 연계 지점에서 발생하는 이용료 결제액에서 일부를 수수료로 수취하는 형태로 매출을 창출하고 성장을 거듭해 왔다.

연결성은 CES의 중심이다. 'Connectivity is the heart of CES' 올해로 50주년을 맞이한 라스베이거스 가전쇼(CES2017)의 주최 측 미국 가전기술협회(CTA)는 올해 이 같은 슬로건을 내걸었다. 실제로 올해 CES는 우리의 삶을 편리하게 해 주는 가전품·집·자동차에 이르는 모든 것이 5G통신과 인공지능(AI), 사물인터넷으로 연계(Connected)되는 최신 트렌드를 보여 주는 향연이었다.

포브스(Forbs)지는 2016년 말, 향후 5년간 주목해야 할 10가지 기술 트렌드를 발표했었다. 챗봇과 대화 인터페이스, 가상현실, 무인자동차, IoT, 머신러닝, 서버리스 아키텍쳐, 딥 러닝, IoT 기기에 대한 사이버 보안, 음성제어 시스템 등 주요 기술들이 포함되어 있다.

가까운 미래사회에는 인공지능 기술로 인해 인간이 수행하기 힘들거나 번거로운 작업들을 인공지능에게 대체시킴으로써 보다 편리한 삶을 영위하게 되어 삶의 질은 보다 향상되고, 생산성 증대로 인하여 산업 발전이 가속화될 것이다. 반면, 오용 및 오작동 등에 대한 적절한 대비책이 마련되지 않는다면 크고 작은 사회·윤리적 문제들도 발생할 수 있다. 한편 인공지능 기술이 우리 사회에 가져다줄 영향에 대하여 올바르게 전달되지 않은 상황에서 미래에 대한 막연한 우려나 불안감이 커질 경우에는 기술 발전이 저해될 가능성도 있다. 급속한 기술 발전이 우리에게 가져다줄 혜택을 마음껏 누리고 부작용들은 미리 예방하기 위해서는 기술영향평가와 같은 토론의 장이 꾸준히 마련될 필요가 있다. 기술이 가져올 부정적 영향은 최소화하고 긍정적 영향은 최대화하며 국제적으로도 기술 경쟁력을 갖추기 위해서는 국가적 차원에서 적절한 제도 정비와 기술 육성 방안이 시급히 마련되어야 할 것이다.

제2장
네트워크 사회의 문화 공유와 생산

　문화는 다양성의 세계이며 수많은 사람들의 실천이 공유되는 세계이다. 특정한 미적 감수성과 창의력이 높은 사람들에 의해 만들어지는 차원 높은 수준의 결과물만이 아니라 일상적 삶의 과정에서 만들어 가는 다양한 의미적 실천이 문화를 구성하게 된다. 이렇게 만들어진 문화적 결과물들은 다른 사람들과 공유되는 과정을 거쳐 한 사회의 문화로서 남게 된다. 한 사회의 문화는 단일한 방향으로 진행되지 않으며 불특정 다수의 다양한 삶이 교차하면서 만들어진다. 한 사회의 문화적 다양성은 얼마나 많은 사람들의 문화적 실천을 이끌어 낼 수 있는가, 개개인들이 만들어 내는 실천의 결과물들을 얼마나 많은 사람들과 공유할 수 있는가와 연관되는 문제라고 할 수 있다.

　매스미디어가 문화산업을 지배하는 대중사회에서 대중은 문화적 실천으로부터 소외되었다. 문화의 산업화가 진행되면서 안정적으로 문화적 콘텐츠가 생산, 유통, 소비될 수 있는 환경이 만들어졌지만 문화 생산의 과정은 철저하게 소수의 문화 산업가와 그들에게 고용된 종사자들에게 집중되었다. 전통적인 민속문화에서는 문화의 생산자와 문화의 향유자가 상당 부분 중첩된다. 민속문화는 민중의 일상적 삶의 과정과 밀접하게 연관된다. 민속문화는 인간의 삶 자체에서 자연스럽게 생성되는 문화이다. 민속문화는 작업의 노고를 덜어 내기 위한 노동요, 가을걷이의 풍성함에서 나오는 기쁨과 충만감을 표현하기 위한 축제, 직접 만들어 내는 생활의 도구처럼 인간 삶의 일상적 풍경 속에서 민중들에 의해 직접적으로 만들어진다. 다수의 민중들이 직접 만들어 내고 생산하는 것이 민속문화이며 이들은 또한 자신들이 만들어 낸 문화적 결과물들을 직접 향유하는 주체가 된다.

문화의 산업화와 함께 문화는 상업적 생산의 영역으로 들어간다. 이윤을 중심으로 사고하는 문화산업가는 문화산업 전반을 통제하며 가능하면 상업적 목적에 부합할 수 있는 문화 상품의 생산에 주력하게 된다. 문화산업에 고용된 사람들은 규격화된 생산 방식에 적합한 문화 상품을 만드는 데 주력하게 된다. 문화 생산자로서의 자율성과 창의성을 발휘하는 예술가적 위치를 갖고 있는 사람들은 소수에 한정될 수밖에 없다. 다수의 대중은 문화 생산의 과정에서 철저하게 소외되며 단지 문화 상품에 대한 선택과 구매의 자유만이 주어질 뿐이다. 상품에 대한 피드백은 제한되며 문화상품의 내용에 수용자가 개입할 여지는 거의 없다. 개별적 소비만이 남게 될 뿐이다.

뉴미디어가 확산되면서 문화 생산과 소비 과정에서 개별 문화 소비자가 차지하는 위치가 변화될 가능성이 높아지고 있다. 문화 상품의 내용을 단순하게 변화시키는 단계에서부터 직접 콘텐츠를 생산하고 전파하는 단계에까지 폭넓은 문화 참여가 가능한 상황으로 변화하고 있는 것이다. 문화 생산은 창작과 수용, 재창작, 재수용으로 끊임없이 이어지는 과정이 된다. 작가에 의해 완성되는 단일한 작품의 차원을 벗어나 수용자들의 참여와 변형의 과정을 통해서 작품은 끊임없는 과정 속에 놓이게 된다. 집단적인 참여에 의해 작품은 탈구되고 접합되며 끊임없이 변화한다. 탈구와 접합은 한 번에 끝나는 것이 아니라 재탈구와 재접합의 과정이 반복된다. 또한 집단적 과정을 통해서 만들어진 문화적 결과물들은 상호 교환되고 공유되면서 더 높은 가치를 부여받게 된다.

뉴미디어적 환경 속에서 사람들은 네트워크로 촘촘하게 연결된다. 사람과 사람, 사람과 물건, 물건과 물건이 연결되면서 수많은 정보와 문화적 가치들이 상호 교환되고 공유된다. 유무선의 촘촘한 네트워크를 통해 사람과 사회뿐만 아니라 공간과 물건 등 모든 것들이 연결되는 초연결 사회로 변화하고 있다.

모든 것이 연결되는 초연결 사회는 상호 개방적인 사회적 구조와 가치관을 요구하게 된다. 매스커뮤니케이션 시대는 소수의 사람들과 집단들에 의해 정보 생산과 처리, 소유가 독점되며 그로부터 발생하는 모든 편익도 독점된다. 특정 개인과 집단들만을 위한 폐쇄적 사회는 개방성과 상호작용성, 협동성의 측면이 강조되는 초연결 사회로 대체될 것을 요구받는다. 초연결 사회는 시민들의 상향식 참여가 자연스럽게 이루어지며 대중적 개방과 참여가 확대되고 쌍방향 의사소통을 통해 정책 결정 과정이 시민과 공유될 수 있는 사회라고 할 수 있다. 인간이 중심축이 되는 사회로서 공공성을 증진하고 사회 갈등을 해소하며 사회 통합의 잠재력을 구현할 수 있는 시스템을 발전시켜 나가야 하는 사회라고 볼 수 있다(김대호 외, 2015, 16-18).

초연결 사회 속에서는 모든 것이 연결된다. 별개의 시스템으로 존재했던 요소들이 하나의 시스템으로 작동하는 네트워크 세계로서 인간의 지적 능력을 보완, 대체하는 컴퓨터와 인간이 이해를 공유하는 세계다. 인간의 거의 모든 서비스가 인터넷상에서 제공되고, 이용자가 클라우드에 접속해 모든 기능을 활용하는 100% 웹의 세계가 된다(하원규·황상현, 2011, 86). 이를 위해서는 네트워크의 개방성이 극대화되어야 한다. 누구나 편리하고 쉽게 네트워크에 접속하고 자신들이 원하는 활동을 자유롭게 실행할 수 있어야 한다. 사람들의 행위의 결과가 네트워크에 축적됨으로써 네트워크에 연결된 사람들에게 공유되어야 하며 그 내용에 대해 사람들이 심도 있게 이해하고 정확한 판단을 할 수 있도록 해주어야 한다.

초연결 사회가 가능하기 위해서는 연결성과 개방성이 극대화되어야 한다. 초연결 사회를 만드는 사물인터넷은 인터페이스의 개방과 코드의 개방을 통해 다양한 이해관계자가 모여 자가 확장 및 확산을 유도해야 한다. 이를 통해 스스로 진화하는 플랫폼으로 유도해야 한다(박종현 외, 2014, 199). 기술과 인간이 상호 연결됨으로써 참여자들의 활동에 의해 함께 문제를 조율하고 조정함으로써 시스템 전체의 발전을 이끌어 나갈 수 있다. 참여자들은 인간뿐만 아니라 네트워크로 연결된 사물들도 포함된다.

네트워크에 참여한 개인들은 동등한 개인들로서 보다 수평적으로 연결되어야 한다. 어느 누구의 간섭과 통제로부터도 자유로워야 한다. 사물인터넷은 인간과 사물의 상호작용을 통해 스스로 문제 해결점을 찾아내고 진화하는 네트워크 시스템이라고 할 수 있다. 사물인터넷에서 컴퓨터를 포함한 모든 것들은 단순히 인간 활동을 보조하는 장치가 아니라 스스로 판단하고 이해하는 작업을 수행해야 한다. 그러한 작업을 수행할 수 있도록 인간의 정교한 프로그래밍이 필요하지만 사물들이 보다 발전적으로 판단하고 이해하기 위해서는 가능한 모든 방향으로의 연결과 개방이 필요하다. 개방은 정보 습득의 차원에서만 작동해서는 안 된다. 사물과 인간이 만들어 내는 정보도 모든 사람과 사물에 개방적이어야 한다. 정보의 배타적 독점은 문제 해결과 이해라는 사물인터넷의 기본적 측면에 배치된다고 할 수 있다.

초연결 사회의 개방성은 문화의 개방성과 밀접하게 연결된다. 모든 것이 상호 연결되고 공유되는 초연결 사회의 가치는 문화가 갖는 다양성과 공유의 가치와 연결된다. 네트워크 사회 속에서 문화는 특정한 집단에 의해 규격화된 방식으로 생산되는 것을 넘어서서 개인의 일상적 삶의 맥락 속에서 생산된다. 대중은 문화 소비자의 지위에서 벗어나 문화 생산자, 즉 문화적 행위자로서의 지위를 차지하게된다. 이들은 타인이 만든 문화 생산물을 공유하고 가공한다. 이 과정에서 문화 생산물은 일방에 의해 배타적으로 소유되는 것이 아니라 다양한 방향으로 개방되고 공유된다. 개별적 행위자들의 집단적 작업에 의해 문화의 내용은 더욱 풍부해지며 다양해진다. 초연결 사회에서 문화가 갖고 있는 개방성과 공유의 가치는 사물인터넷과 결합됨으로써 더욱더 강화될 수 있다. 모바일 미디어와 개인 미디어를 통한 개인 차원에서의 콘텐츠 생산, 소셜 미디어와 클라우드 네트워크를 통한 공유, 개방적 네트워크에 의한 콘텐츠 활용의 자유는 문화의 연결성을 극대화하며 문화적 완성도와 다양성을 실현할 수 있도록 해 주고 있다. 그 구제척인 과정을 몇 가지 살펴보도록 하자.

제1절 1인 미디어

얼마 전 1인 방송 플랫폼인 아프리카(afreeca) 방송의 유명 BJ 대도서관과 윰댕의 탈퇴를 시작으로 많은 BJ들이 아프리카 플랫폼을 벗어나 유튜브와 트위치 등 다른 1인 방송 플랫폼으로 집단 이주하는 사태가 벌어졌다. 이주한 BJ들은 아프리카의 갑질을 이주의 주요한 원인으로 제시하고 있다. 아프리카는 단지 플랫폼만을 제공하고 있으며 단지 플랫폼을 이용해서 방송을 송출한다는 이유만으로 개인에게 들어온 광고료를 송출료라는 이름으로 뺏어 가는 것은 부당하다는 것이었다. 아프리카는 방송을 제작하고 송출함으로써 타인들과 자신들의 콘텐츠를 공유하고자 하는 수많은 1인 방송 생산자들을 지원하는 주요 플랫폼 중 하나였다. 아프리카 방송의 회사 개요에 따르면 "특별한 기술이나 장비, 비용 없이도 누구나 쉽게 PC나 모바일을 활용해 언제 어디서나 라이브 방송을 진행할 수 있다." 매스미디어와 엔터테인먼트 산업에 의해 독점된 콘텐츠 생산과 배급이 대중의 손으로 넘어오는 주요한 계기를 마련해 준 것이 아프리카 TV였다. 그러나 자유와 공유의 가치를 반영하고 있는 회사 개요와 달리 현실 속에서 상업적 이해관계를 관철시키려 했던 이해당사자들의 입장이 충돌을 가져왔으며 주요 BJ들의 이전 사태로 이어지게 된 것이다. 아프리카 TV 사태는 네트워크 시대 문화 생산 과정의 개방성과 연결성, 통제라는 문제를 던져 주고 있다. 개방성과 연결성이 상업적 논리에 의해 통제될 가능성이 상존하고 있음을 보여 주고 있다.

1인 방송은 개방과 참여, 연결성을 기반으로 하고 있다. 간단한 장비를 이용해 방송을 제작할 수 있으며 콘텐츠는 모든 시청자들에게 열려 있다. 시청자들은 채팅을 활용해 직접적으로 방송 제작자와 상호작용한다. 시청자와의 상호작용 역시 하나의 콘텐츠가 된다. 1인 방송은 BJ, PD 스트리머[3]로 불리는 방송 제작자 겸 진행자가 개인용 컴퓨터와 디지털카메라를 이용해 콘텐츠를 제작하고 인터넷망을 이용해 송출하는 구조를 갖고 있다. 전문적인 스튜디오를 임대해서 제작하기도 하지만 대부분 제작자들이 살고 있는 집의 자기 방에서 만들어진다.

1인 방송은 누구나 제작 가능하며 누구나 송출 가능하다는 점에서 처음부터 철저한 개방성을 그 특징으로 한다. 제작 과정에 대한 제도화된 규제가 정립되어 있지 못하다.[4] 누구나 다양한 주제를 가지고 방송을 제작할 수 있으며 시청자들은 자유롭게 콘텐츠를 시청하고 피드백 할 수 있다. 1인 방송의 콘텐츠는 제약이 거의 없는 특징을 갖는다. 대부분 일상적 삶의 영역에서 사람들이 공감할 수 있는 콘텐츠가 제작된다. 음식을 먹는 먹방, 일상적 삶에서 부닥치는 문제에 대한 상담, 사회적 이슈에 대한 토론, 타 방송의 중계, 게임 시연, 자체 제작 콩트 등 다양한 장르와 내용으로 제작되고 있다.

시청자들의 참여는 콘텐츠의 주요 요소로 자리 잡고 있다. 채팅을 이용해서 진행자와 상호작용하는 것이 가장 기본이 된다. 진행자에

---

3) 각 플랫폼마다 방송제작자 혹은 진행자의 명칭이 다르다. 아프리카 TV는 Broadcasting Jockey의 준말인 BJ를 사용하며 포털 사이트 다음에서 운영하는 플랫폼인 카카오TV에서는 PD로 부른다. 해외 스트리밍 사이트인 twitch tv와 유튜브의 경우 스트리머streamer라는 명칭으로 불린다. 각 플랫폼 간의 경쟁이 치열해지면서 특정 플랫폼에 대한 충성도가 높아지는 경향이 나타나고 있고 때에 따라서는 경쟁 플랫폼의 진행자 명칭을 사용하는 것이 하나의 금기 사항이 되기도 한다.

4) 현재 1인 방송을 규제하기 위한 명확한 법적 근거가 마련되어 있지 않다. 아직까지 1인 방송을 방송으로 정의할 것인지에 대한 문제도 명확하게 제시되지 못하고 있다. 현재는 부가통신사업법에 의해 일부 규제될 뿐이다.

게 특정 임무를 부여한다거나 특정한 행동을 하도록 유도할 수도 있다. 더 나아가서 시청자 본인도 직접 제작에 참여함으로써 콘텐츠의 외연을 넓힐 수 있다. 1인 방송의 진화 과정은 '보기, 가지기, 하기, 되기'로 진행된다. 단순하게 시청하는 행위에서 벗어나 적극적으로 댓글을 달고 진행자뿐만 아니라 다른 시청자들과 관계를 맺으며 나중에는 직접 자신이 원하는 방송을 제작하는 단계로 진행되는 것이다(궁독혜·김세화, 2016, 207).

1인 방송의 콘텐츠는 일상적 삶과 밀접하게 연계되며 사회적·시대적 맥락을 반영하게 된다. 대표적인 것이 바로 '먹방'이다. "먹방은 1인 가구의 증가에 따른 혼밥족의 등장과 한국 특유의 음식 나누기 문화가 절묘하게 결합되어 나타난 새로운 방송 형태(김형우, 2015, 163)"라고 할 수 있다. 혼자 밥 먹는 것을 어색해하는 한국 특유의 문화가 1인 가구가 늘어나는 사회적 상황과 맞물리면서 먹방이 탄생했다. 먹방은 누군가와 함께 식사를 하고 있다는 느낌을 갖고자 하는 사회적 욕망을 해소할 수 있는 통로를 제공해 주고 있다. 먹방의 시청자들은 새로운 도전과제를 제시하거나 식사의 방식, 순서 등을 조언하고 진행자와 채팅으로 대화하면서 콘텐츠에 깊숙하게 관여한다. 나아가 자신들이 직접 먹방을 만들기도 한다. 먹방은 시청자와 상호작용에서 진화하며 쿡방으로 변화되기도 했으며 집 안에서만 머무는 것이 아니라 맛집을 찾아다니며 현장 중계를 하는 방식으로도 진화했다. 콘텐츠의 제작 과정이 제작자 한 명에게만 맡겨지는 것이 아니라 사람들의 직접적인 참여를 통해 수정되며 진화하는 것이다.

1인 방송이 갖고 있는 이념은 '참여의 정신', '공유의 정신', '개방의 정신'이라고 할 수 있다. 참여를 통해 생산된 콘텐츠를 공유함으로써 콘텐츠의 재사용 또는 향유를 통해 문화 창달에 이바지할 수 있으며 콘텐츠의 개방에 의해 검증된 콘텐츠가 글로벌 단위에서 정확도를 높이고 표준적인 콘텐츠로 자리 잡게 할 수 있는 것이다(강장묵, 2007, 54-58). 1인 방송은 참여를 통해 끊임없이 콘텐츠의 진화와 개선을 추구하며 완성도와 재미를 높이려 한다. 콘텐츠는 언제든 다시 보기가 가능하며 시청자들에 의해 2차적으로 가공될 수 있다. 유명 BJ나 PD들은 전문적인 콘텐츠 회사와 제휴 혹은 계약을 맺고 부가적 콘텐츠를 생산하고 이를 다른 플랫폼을 이용해 공유하기도 한다. 때로는 시청자들이 1인 방송 콘텐츠를 재편집해서 또 다른 콘텐츠를 만들기도 하며 이것 역시 공유됨으로써 2차, 3차의 콘텐츠로 확장될 수 있는 가능성을 열어 주고 있다. 다양한 플랫폼으로 재전송되고 다른 장르로 재매개되는 과정을 통해서 콘텐츠는 작가나 특정 플랫폼의 독점물이 아니라 함께 공유되는 문화적 자산으로 발전하게 된다.

제2절 혼종적 문화와 경계의 해체

21세기 현재 문화는 단일국가, 단일문화권 안에서 생산되고 소비되지 않는다. 문화는 근대사회가 만든 민족국가적 경계를 넘어서 전파되고 향유되고 재생산된다. 다양한 문화가 뒤섞이는 문화적 혼종화의 현상이 증대되고 있다.

19세기 서구 제국주의의 확산 과정에서 거대한 인종적 디아스포라가 진행되었다. 디아스포라는 소속감, 장소, 사람들의 삶의 방식에 대한 생각들을 내포하고 있으며 이주하는 장소에 대한 친숙함과 문화적 연결, 거주 장소에 대해 고려해야 하는 개념이다(Kalra, Kaur and Hutnyk, 2005, 29). 새롭게 이주한 지역에 내재해 있는 정체성과 떠나온 장소에서 갖고 있었던 정체성 사이에서 새로운 문화적 정체성을 만들어 가야 하는 문제를 안고 있는 개념이라고 할 수 있다.

19세기에는 전 지구적 방향으로 대규모의 인구 이동이 이루어졌다. 제국주의 확장의 목적과 생존의 목적이 결합하면서 양방향으로 진행되는 디아스포라가 이루어졌다. 식민지 지역에 대한 통치와 침략을 위해 제국주의 국가의 주류 인종이 식민지로 이주했으며 식민지의 민족이 일자리를 찾기 위해 제국주의 국가로 이주하게 된다. 혹은 제국주의적 수탈을 견디지 못하고 더 나은 삶을 찾아 다른 국가와 문화권으로 이주하게 된다. 19세기의 대규모 디아스포라를 통해 제국주의 국가 내부에는 다양한 인종적 게토가 형성되었다. 이들은 제국주의 국가의 주류문화를 수용하거나 자신들의 문화와 뒤섞이기도 했다. 때로는 떠나온 모국과의 문화적 연결을 유지하면서 자신들의 문화적 정체성을 이어 나가기도 했다.[5]

20세기 후반과 21세기에 걸쳐 나타나고 있는 디아스포라는 공간적 차원의 이주에만 한정되지 않는다. 문화적 디아스포라와 문화적 혼종성이 끊임없이 나타나고 있다. 네트워크로 전 세계가 촘촘하게 연결되면서 공간적 이동 없이 다른 문화권의 문화에 직접 연결되는

---

[5] 디아스포라 집단이 모국과의 연결을 유지하려는 이유는 여러 가지가 있는데 상징적 차원에서 모국에 대한 기억을 잊지 않기 위해서이기도 하며 현실적인 이유로는 금전적인 차원에서 이들 디아스포라 집단이 모국으로 들어오는 해외 자금의 통로가 되기 때문이다. 또한 모국에 자연재난과 같은 문제가 발생했을 때 디아스포라 집단이 제공해 줄 수 있는 금전적 도움 때문이기도 하다(Laguerre, 2006, 45-46).

현상이 나타나고 있다. 또한 모국과의 일상적 연결이 가능하게 되었다. 뉴미디어와 네트워크의 발전과 함께 강력한 시공간 압축이 진행되었다. 지구 위 모든 공간이 네트워크로 연결되었으며 시간에 구애받지 않고 정보를 송수신할 수 있게 되면서 실시간으로 모국의 문화에 접근할 수 있게 되었다. 공간적 거리가 더 이상 문화적 정체성을 분리하는 요소로 작용하지 않게 된 것이다.[6]

디아스포라 이주자들은 새로운 커뮤니케이션 네트워크를 이용해 낯선 이주지에 대한 적응과 떠나온 모국과의 연결을 유지하고 있다. 임희경 등(2012)의 연구에 의하면 한국 사회의 외국인 이주민의 경우 정보 수집과 여가 활동, 자기표현을 위하여 소셜 미디어를 이용하고 있다. 이들은 모국어 사용의 편리성과 가입 용이성 때문에 글로벌형 소셜 미디어를 이용하고 있으며 친구 및 지인들과의 연락도구로서 소셜 미디어의 역할을 중시했고 정보 수집을 소셜 미디어의 강점으로 인식하고 있었다. 이주자들은 낯선 이주지에 적응하고 정착하기 위한 정보를 필요로 하고 있으며 동시에 떠나온 모국과 연결을 잃지 않기 위한 정보도 필요로 한다.[7] 이 과정에서 이주지의 문

---

6) 네트워크가 민족적 경계를 약화시키는 결과를 가져오지만 반대의 경향 역시 나타나고 있다. 인터넷을 이용한 온라인 민족주의가 나타나는 것이다. 온라인 민족주의는 때로는 실제적 공간에서 마주하게 되는 민족주의 이상으로 배타적 경향으로 흐르는 문제가 나타날 수 있다. 민족주의가 온라인 공간에서 가시화되면서 네트워크를 배경으로 담론이 증폭되고 선별적 사건들이 모순적으로 반복되는 모습을 보여 주고 있다. 또한 소수의 엘리트에서 일반 공중으로 의제 지기의 주체가 이동하고 토론을 통해서 현실 세계에 영향을 미치며 국가의 대외 정책에 영향력을 행사하려는 특징을 갖게 된다(박영배·박현지, 2016, 284). 인터넷 커뮤니케이션에서는 이른바 선택적 노출 행위가 자주 나타나며 기존의 사고와 판단을 강화시켜 줄 수 있는 자료에 대한 접근에 몰두하면서 편협성이 더욱 극단화되는 경향이 나타날 수 있는 것이다. 또한 온라인 논의와 활동을 통해서 형성한 온라인 결집력을 현실의 결집력으로 이어 나가려는 움직임도 강화되면서 극단적 온라인 민족주의가 확산되는 모습을 보여 주기도 한다.

7) 이주민들이 집합적으로 겪는 문제는 '내적' 문제와 '외적' 문제의 두 가지 차원으로 나눠서 살펴볼 수 있는데 내적 문제는 이주민 커뮤니티가 하나의 커뮤니티로서 기능하기 위해 자체적으로 해결해야 하는 문제들이며, 외적 문제는 이주민 커뮤니티 밖에 있는 정착 사회에 어떻게 통합하고, 정착 사회와 어떻게 긍정적이고 조화로운 관계를 유지할 것인가에 대한 것이다(김유

화와 모국의 문화가 결합되면서 새로운 혼종적 문화가 형성된다.

문화적 디아스포라와 함께 문화적 혼종화의 경향이 나타난다. 네트워크로 연결된 사회에서 문화적 혼종화의 경향은 더욱 증대된다. 문화 콘텐츠는 네트워크를 타고 전 세계로 흐르게 된다. 이주한 인종 집단의 문화가 주류 인종의 문화 속에서 독특한 문화적 풍경으로 자리 잡고 재현된다. 한국에 들어와 있는 다양한 이주민 공동체는 자신들만의 문화적 공동체를 형성하고 도시 공간에서 재현하고 있다. 때로는 주류 사회의 문화적 공간 안으로 들어가서 자리 잡기도 한다. 문화적 변용의 과정을 거치면서 주류 문화의 일부로 포섭되기도 한다.

김유정 등(2012)의 연구에 의하면 한국 사회의 중국 동포 커뮤니티에는 자체적인 미디어를 가지고 있으며 이들 매체는 지오-에스닉 매체로서 대체적으로 서울의 중국 동포 밀집 거주 지역 관련 내용의 스토리텔러로서 역할을 하기 위해 노력하고 있으며 중국 동포들이 일상적으로 살아가는 '지금 여기'의 이야기를 전하기 위해 노력하고 있었다. 중국 동포 커뮤니티의 신문사와 단체/협회는 중국 동포 이주민의 사회적응력을 높이고 이들이 지역사회와 연계될 수 있도록 지원하고 있으며 지역 커뮤니티 내 이주민들의 결속력을 높이는 구심점이 되고 있다. 이들 매체는 지역사회에서 이슈가 되는 이야기, 지역에 거주하고 일하는 중국 동포들이 관심을 보이거나 이들의 경험을 반영하는 이야기를 다룸으로써 그들의 현재, 여기에서의 관점과 관심사를 서로 공유하고 소통하는 장을 제공하고 있다.

정·김용찬, 2015, 155).

이주민 커뮤니티의 자체 매체는 지면 신문을 넘어서 전자 매체로 확장되면서 사람들이 손쉽게 접근하고 공유할 수 있도록 도와주고 있다. 커뮤니티가 형성된 지역사회의 문제들을 제시해줌으로써 해당 국가의 또 하나의 문화적 풍경으로 자리 잡도록 도와주고 있다고 볼 수 있다.

종이신문과 온라인 매체들이 집단적으로 이주민들이 새로운 사회에 적응할 수 있도록 도와준다면 소셜 미디어와 같은 사적 온라인 미디어들은 개인적 차원에서의 동화와 연결을 보다 쉽도록 해 준다. Auirre와 Davis의 연구(2015)에서 볼 수 있듯이 이주민들은 새로운 공간에 적응하고 동화되기 위해 페이스북과 같은 소셜 미디어를 적극 활용하고 있다. 이들은 소셜 미디어에 이주지에서의 삶을 사진과 캡션을 이용해 포스팅 함으로써 자신들이 현지에 잘 적응하고 있다는 사실을 스스로 확인하면서 동시에 모국에도 알리고 있다. 또한 페이스북의 포스팅은 모국 사람들과의 연결을 잃지 않는 주요한 도구로 사용된다. 페이스북 사진 포스팅을 통해 이주지에서의 좋은 삶이 무엇인지 규정한다. 또한 관광객의 시선에서 벗어나 이주지 속에 살아가고 있는 가족의 이미지를 재현함으로써 새로운 사회에 대한 소속감을 가지게 되었음을 알리게 된다.

인종 간, 문화 간 상호 이해에 기반을 두어 이루어질 때 문화적 혼종화는 바람직한 결과를 가져올 수 있다. 문화적 혼종화는 하나의 문화에 대한 다른 문화의 일방적 지배와 종속의 과정이 아니어야 한다. 또한 문화적 혼종화는 문화적 자산에 대한 국제적 공유의 과정이 되어야 한다. 전 세계가 네트워크로 연결되고 상호 교류되는 상황에서 한 국가, 한 사회의 문화적 자산은 해당 국가와 사회에만 한

정된 소유물이 될 수는 없다. 문화적 공유와 차용의 과정 속에서 그 의미는 확장되고 새로운 문화적 결과물들로 발전할 수 있게 된다.

이 과정은 개방된 과정이어야 하며 특정한 집단에 의해 독점되어서는 안 된다. 그러나 현실 속에서 문화적 혼종화에는 상업적 이해관계가 개입될 여지가 많다. 초국적 미디어 기업에 의해 다양한 국가의 문화적 자원이 남획되어 사용된다. 이 과정에서 해당 문화의 본래적 의미가 변형되거나 초국적 미디어 기업에 의해 재단된다. 초국적 미디어 기업의 시선에 의해 재단된 문화적 자산은 기존의 문화적 편견을 더욱더 강화시킬 가능성을 갖고 있다. 또한 상업적으로 이용되는 과정에서 더 많은 문화적 자산들이 사라지거나 또 다른 왜곡의 과정을 겪게 된다. 이러한 현상을 막기 위해서는 네트워크의 개방성을 이용해 각각의 문화권에 속한 사람들이 직접적으로 문화교류와 혼종화의 길에 참여할 수 있게 만들어야 한다. 소셜 네트워크와 동영상 사이트, 1인 미디어 등 다양한 플랫폼을 이용해서 개별적 문화의 내용들이 제시되고 공유되어야 한다.

제3절 문화 전파와 수용, 새로운 창작: 한류 콘텐츠

문화 콘텐츠의 전파는 네트워크를 이용해 신속하고 광범위하게 이루어진다. 매스미디어 시대의 문화 전파는 공식적인 수출입 통로에 의해 대부분 이루어졌으며 문화 간 교류와 수용은 제한적일 수밖에 없었다. 전 세계의 문화 시장은 1세계에 의해 장악되었으며 개발도상국과 후진국의 문화는 세계시장으로 쉽게 진출하지 못했고 문화적 착취의 대상으로 전락할 뿐이었다. 한국의 대중문화 콘텐츠 역시 한국 시장이라는 지역적 한계를 벗어나지 못했다. PC통신 위주의 텔레커뮤니케이션 환경에서 인터넷 환경으로 변화하면서 한국의 대중문화는 본격적으로 한류의 길로 들어서게 된다.

한국 대중문화가 한류라는 이름으로 확산될 수 있었던 것은 네트워크 덕분이었다. 유튜브, 데일리모션 같은 동영상 사이트, 불법적인 방식이기는 하지만 토렌트를 비롯한 각종 파일 공유 사이트를 통해서 한국 대중문화는 광범위한 지역으로 퍼져 나가게 된다.[8] 동남아시아와 중국을 비롯한 일부 아시아권에서 즐기던 콘텐츠에서 벗어나 다양한 문화권으로 퍼져 나간다. 한국 대중문화 콘텐츠에 대한 단순한 소비에서 개별 문화권과 사람들에 의한 새로운 창작의 과정이 함께 이루어졌다.

콘텐츠 전체뿐만 아니라 필요한 일부분만 발췌되어 공유되기도 했으며 개인적 차원에서 재가공되기도 했다. 필요한 장면만 따로 모아 재편집한 몽타주가 제작되기도 했으며 아이돌의 가요는 한국어 가사를 로마자로 표기하고 해석 자막을 함께 덧붙여서 가사 내용에 대한 이해뿐만 아니라 가능한 한 한국어 발음으로 노래할 수 있는 작업도 진행되었다. 개인 혹은 팀 단위로 댄스커버 비디오를 제작하기도 했으며 뮤직비디오에 대한 리액션 비디오도 제작되었다.[9]

---

[8] 멕시코에서 kpop은 멕시코 팬들에 의해 자발적으로 진행되었으며 인터넷 보급이 일반화된 후 글로벌한 문화 소통으로 발생하게 되었다. 이러한 과정은 멕시코뿐만 아니라 유럽과 중남미 나라에서 나타나고 있다(소유진·배은석, 2016, 201).

[9] 송정은과 장원호(2014)는 홍콩의 10대와 20대가 유튜브를 이용해서 한류를 확산시키는 과정을 살펴보고 있다. 홍콩의 한류 팬들은 유튜브를 이용해서 한류에 대한 정보를 습득하며 여론을 형성한다. 나아가 동영상 콘텐츠를 직접 제작하고 그 결과물을 공유 및 전달하게 되며 제한된 범위 안에서 팬 공동체를 형성하기도 한다. 한류를 매개로 팬들은 초국적 소통을 하면서 공감대를 형성하였고 자신들만의 온라인 커뮤니티를 확장하기도 했다. 한류의 수용과정은 집단적인

드라마의 경우 스트리밍 서비스를 이용해서 실시간으로 시청하고 있다. 시청이 불가능한 경우 리캡(recap)이라는 방식을 통해 실시간으로 드라마 내용에 접근하게 된다. 리캡은 한국어에 익숙한 번역자가 드라마를 실시간으로 시청하면서 드라마 내용과 중요 대사를 직접 번역해서 한류 드라마 관련 사이트에 업로드 하는 것이다. soompi와 같은 한류 관련 포럼 사이트에서는 드라마에 대한 감상뿐만 아니라 관련 기사, 2차 창작물(움짤, 영상클립, 팬아트 등)들의 활발한 공유가 이루어지고 있다. 드라마는 방영과 동시에 공동 번역 작업과 자막 작업이 이루어진다.[10] viki.com이나 darksmurf.com 같은 한류 드라마 관련 사이트에서는 집단적 작업을 통해 신속하게 자막을 제작한다. 다크스머프의 경우 1차 번역에서부터 최종 엘리트 번역작업까지 이루어지면서 한류 드라마에 대한 신속한 접근과 심도 있는 접근 모두를 가능하게 해 주고 있다. 또한 영어뿐만 아니라 스페인어, 독일어, 프랑스어, 중국어, 인도네시아어, 말레이시아어, 터키어 등 다양한 언어로 번역작업이 이루어지고 있다.

한류 콘텐츠에 대한 국제적 소비는 단순한 소비를 넘어서서 공동의 작업을 통해 문화적 가치를 높여 가는 과정이라고 할 수 있다. 공동의 참여를 통해 오류를 줄여 나가면서 최상의 결과물들을 만들어 내고 있다. 이렇게 만들어진 창작물들은 네트워크로 공유되면서 콘

작업으로 이루어졌으며 이 과정에서 상호 이해와 교류가 강화되는 모습을 보이고 있는 것이다.

10) 드라마 자막 작업은 이중적인 측면을 갖고 있다. 자막을 입히는 드라마 파일의 경우 대부분 정식으로 배급되는 것이 아니라 공유사이트를 통해 불법으로 다운로드 된다. 따라서 상업적 측면만 놓고 보면 한국 드라마 시장의 경제적 가치를 침해하는 것이지만 다른 측면에서 보면 자막 작업을 통해서 더 많은 국가와 문화권의 사람들이 한국 드라마에 접근할 수 있도록 만들 수 있다. 시청자들의 자막제작은 불법 다운로드라는 법적 한계와 집단적 약탈이라는 도덕적 한계를 갖고 있지만 규제보다 허용함으로써 긍정적인 효과를 얻을 수 있다는 점에서 암묵적으로 허용되고 있다(이승재, 2013, 44).

텐츠 자체뿐만 아니라 한국 문화와 사회에 대한 전반적인 이해도를 높이는 데 기여하고 있다.[11] 사람들은 드라마와 음악, 뮤직비디오의 내용 자체에 우선적으로 집중하지만 동시에 한류 콘텐츠에 담긴 한국 문화의 특성들을 이해하고 받아들이려 노력하게 된다. 다양한 한국어 단어가 원어 그대로 외국인들에게 전달되며 적어도 한류 팬들 사이에서는 문화적 위화감 없이 공통적으로 사용되는 용어가 되기도 한다. daebak, unnie, maknae, aegyo 등 한국어의 단어들을 그 의미 그대로 사용하고 있다. 동시에 단어에 담긴 문화적 뉘앙스와 관습마저도 받아들이는 모습을 보이고 있다. 앞서 말한 문화적 혼종화가 자연스럽게 이루어지는 것이다.

제4절 네트워크와 문화 공유의 가치

1. 장소 가치의 발견과 공유

초연결 사회 속에서는 모든 것이 공유를 통해서 가치가 부가될 수 있다. 문화적 현상에 대한 개개인의 고립된 수용과 소비에서 벗어나 다른 사람들과 공유함으로써 그 가치를 더욱 높이게 된다. 공유는 상호작용하는 과정이며 참여하는 사람들은 콘텐츠를 직접 만드는 사람들이 된다. 이들은 자신들만의 개별적 콘텐츠를 만들어 내고 그 결과물을 다른 사람들과 공유한다.[12] 그 내용을 공유한 사람들 역시

---

11) 홍석경(2014)에 따르면 프랑스의 한국 드라마 팬들은 블로그나 팬섭(fansub) 등을 통해 팬 커뮤니티를 구축하고 유지하는 데 적극적으로 참여하고 있다. 특히 팬섭에 대한 참여는 시간집중적인 노동을 요구하지만 자신들이 좋아하는 드라마를 가상의 커뮤니티 멤버들과 나누고 싶어 하는 자발적 참여의 과정이 된다.

앞선 사람들의 선택을 따라 참여함으로써 콘텐츠의 일부가 되며 콘텐츠의 가치를 높이게 된다.

네트워크로 연결된 새로운 커뮤니케이션 시스템은 공유와 상호작용의 범위를 시공간적으로 확장시켰다. 또한 휴대용 개인 미디어가 도입되면서 개인이 일상적 삶의 공간에서 직접 콘텐츠를 제작할 수 있게 되었다. 개인이 만든 콘텐츠는 곧바로 네트워크에 업로드 되며 공유된다. 이용자들이 콘텐츠 생산에 공동으로 참여하고 공유하는 과정을 경험할 수 있는 가장 대표적인 과정이 바로 애플리케이션을 이용한 장소 탐방이다.

개인들의 장소 경험은 직접적인 방식으로도 이루어지지만 대부분 다른 사람들의 경험담을 전해 듣거나 매스미디어의 콘텐츠를 접하는 방식으로 이루어졌다. 간접적인 장소 경험은 해당 장소에 대한 수동적 이해에 그칠 뿐이었다. 하지만 애플리케이션을 이용함으로써 장소 경험은 타인의 장소 경험을 공유하면서 자신의 장소 경험을 덧붙여 나가는 과정으로 변모하게 된다. 장소 경험에 참여하고 공유하는 대표적인 애플리케이션이 포어스퀘어(Foursquare)이다. 포어스퀘어를 이용함으로써 개인들과 공동체는 끊임없이 상호작용할 수 있게 되었다. 포어스퀘어의 이용자들은 자신들이 경험한 공간에 대한 기록을 남긴다. 장소를 이용한 시간적 이력과 함께 장소에서 수행한

---

12) 구모니카(2012)는 디지털 플랫폼에서의 글쓰기를 디지텔링이라는 용어로 개념화하고 있다. 디지털 인류는 디지텔링 방식을 이용해서 혁명적 일상성을 통해 콘텐츠를 창작하고 있으며 '쓰기(창작)'와 '읽기(소비)'라는 인간 고유의 능력이자 본능을 보다 자유롭게 구사할 수 있는 환경을 구축하고 있다고 보고 있다. 또한 기존의 읽기/쓰기 방식과 태도, 그 주제와 인간의 사고 방식 자체를 변화시키고 있다고 주장하고 있다. 디지텔링을 통해 만들어지는 콘텐츠에는 일상적 삶이 담기게 되며 사람들은 일상적 이야기를 자유롭게 글로 옮기게 된다. 전문적인 작가의 글이 아니라 일상생활에서 개인이 느끼는 직접적 감정들과 생각들이 동등한 위치에서 콘텐츠로 구성되며 사람들에게 공유된다.

활동과 개인적 평가들이 콘텐츠를 구성하게 된다. 해당 콘텐츠는 친구와 지인들, 불특정한 애플리케이션 이용자들에 의해 공유된다. 단순한 내용의 공유를 넘어서 참여자들 사이에 평가에 대한 토론이 이루어지며 상호 간에 조정이 이루어진다.

포어스퀘어를 이용하면서 개인들은 개인적인 장소 이용의 궤적들을 남기게 된다. 공간적 위치에 대한 이력뿐만 아니라 장소 안에서 개인들이 수행하는 다양한 행위가 기록되며 장소를 이용할 때 개인들이 갖게 되는 느낌과 생각들이 기록된다. 그 기록은 네트워크를 이용해 다른 사람들과 공유되며 사람뿐만 아니라 다른 애플리케이션들과도 연동되면서 확장된다.

이용자들은 포워스퀘어를 이용하면서 자신이 경험하는 장소에 대한 하나의 이미지를 만들어 낸다. 지인들과 친구들의 장소 경험을 공유하면서 해당 장소에 대한 정보와 지식을 얻게 되고 앞선 사람들의 선택을 기초로 자신들의 장소 행위를 결정하게 된다. 개인의 선택과 행위, 그 결과물에 대한 공유, 이를 바탕으로 한 또 다른 선택과 행위, 공유가 계속해서 이루어지면서 장소의 경험이 확장되는 것이다. 이 장소의 경험은 공동체의 기록으로도 남게 된다. 수많은 개인들의 개별적 장소 경험이 모여서 보다 복합적인 장소 경험으로 확장되는 것이며 이것은 참여자들이 함께 만들어 가는 집합적 커뮤니케이션이 된다. 참여자들이 집합적 커뮤니케이션으로 만들어지는 장소에 대한 이미지는 개별적 장소 이미지의 단순한 총합을 넘어서는 총체적 이미지이자 경험이 된다.

포어스퀘어 애플리케이션을 이용한 개인들의 장소 경험은 자발적 장소 경험이다. 자신들이 관심을 갖게 된 장소에 대한 친구들과 지인들의 경험에 접근함으로써 하나의 가상적 장소 이미지들을 구성하게 된다. 이를 바탕으로 해당 장소에 대한 구체적인 장소 경험으로 나아가게 될 때 가상적 장소 이미지와 실제적 장소 경험이 결합하면서 또 다른 장소 경험을 만들어 가고 덧붙일 수 있게 된다. 이 경험 역시 자신의 애플리케이션에 기록되고 타인과 공유된다. 이 과정에서 장소가 갖는 가치와 의미는 확장되며 변화한다. 매스미디어와 타인의 경험담에 의해 일방적으로 전달되고 고정되었던 의미와 가치를 넘어서게 된다.

네트워크를 이용한 장소 경험은 일종의 놀이가 되기도 한다. Saker와 Evans(2016)는 포어스퀘어(foursquare)를 이용해서 일상적 삶에 참여하는 것은 일종의 놀이에 참여하는 것이라고 주장한다. 이들은 포어스퀘어를 이용하는 사람들을 'playeur'라는 개념으로 정의하고 있는데 플레이어를 단순한 만보객이 아니라 도시의 다양한 영역을 침범할 뿐만 아니라 위치기반플레이(location-based play)를 수행하는 사람으로 보고 있다. 이용객들은 공간 경험을 함께 만들며 놀이를 통해 물리적 공간에 참여하는 사람들이라고 할 수 있다. 'playeur'는 의도적인 놀이를 통해서 공간과 장소에 대한 관계를 발전시키며 상징적 차원에서 일상적 구조를 변경시킨다(rework). 이들은 고정화된 일상생활을 변화시키고 새로운 장소에 거주함으로써 자신들의 환경을 변화시킨다. 포어스퀘어는 'player'로 하여금 장소에 대해 더 자세히 알 수 있도록 해 줌으로써 공간적 연결을 더욱 깊게 해 주고 'player'가 더 자주 장소에 들를 수 있도록 해 준다.

포어스퀘어를 이용해서 장소 경험이 공유되고 확장되는 과정은 초연결 사회의 문화 공유가 갖고 있는 가치를 명확하게 보여 주고 있다. 자율적 존재로서의 개인들이 자발적으로 참여함으로써 일상 속에서 강제되었던 고정된 의미를 변화시켜 새로운 가능성을 찾아 나가는 것이 하나의 핵심적 가치라고 할 수 있을 것이다. 거기에는 또한 타인에 대한 배려와 함께 나누고 싶어 하는 이타적인 공감의 정서가 반영된다. 개별적 장소 경험을 오롯이 자신만이 홀로 갖는 것이 아니라 타인에게 개방하고 나누어 줌으로써 다른 사람의 장소 경험을 보다 풍부하게 해 주고 싶어 하는 이타적인 마음의 배려도 함께 작용한다고 볼 수 있다. 자신의 경험을 타인과 나눔으로써 다른 사람도 자신과 같은 즐거움을 느끼고 자신이 발견한 장소의 가치를 함께 공감할 수 있기를 바라는 것이다.

장소 경험은 사라지거나 사람들의 기억 속에서 잊힌 장소와 공간에 대한 기억을 되살리고 공유하는 과정이기도 하다.13) 사람들의 기억 속에서 사라지고 사람들의 발길이 줄어든 공간을 다양한 미디어를 이용해 다시금 사람들의 인식 영역으로 가져오게 된다. 그것은 단순히 잊힌 공간에 대한 재인식을 넘어서서 새로운 방향 속에서 공간과 장소를 경험하고 확장하는 과정이라고 할 수 있다. 2009년 오스트리아의 린츠(Linz)에서 열린 '아르스 일렉트로니카(Ars Electronica)'

---

13) "자유주의가 등장한 후 인간은 무한한 부를 축적할 수 있게 되었고, 공동체의 가치를 추구하던 시대는 사라지게 되었다. 파편화된 개인의 욕망이 세계를 덮어버리면서 공동체 가치가 우선하던 시대와 다른 형태로 거주 공간을 전도시켰던 것이다. 인간과 환경의 관계에 있어 개인의 기준에서 중심이 되는 것 이외의 것은 배타되었다. 인간 중심주의적 사고에 의해 환경은 편리와 효율을 기준으로 바꾸어야 하는 것으로 여겨졌던 것이다. 결국, 세계는 비대칭적인 구조에 익숙해졌고 영토 확장을 꾀하는 제국주의와 식민주의는 동일한 가치를 강조하면서 공간과 환경은 점점 획일화 경향을 띠게 되었다(황정옥, 2013, 88)." 상품화되고 획일화된 공간만이 남게 되면서 살아 있는 공간으로서의 장소는 쇠퇴하게 된다. 장소는 사람들의 직접적인 삶이 영위되는 실제적인 공간이다. 그 속에는 다양한 개인의 삶이 담긴다. 하지만 자본주의의 발전은 모든 공간을 상업적 가치에 의해 재단하면서 평가한다. 삶의 다양성이 전시되고 공유되던 장소는 자본주의적 상품과 경제활동의 가치로 채워지고 획일화되며 장소가 갖는 차이가 사라지고 잊히게 된다.

행사에서는 '인간의 본성-자연의 재창안(Human Nature-The Reinvention of Nature, 2009)'이라는 주제 아래 온라인 세계 여행이 진행된다. 이 행사는 전 세계 40여 개의 장소를 온라인으로 연결해서 오로지 거대한 광케이블로만 공간을 이동하도록 했다. 인터넷을 이용해서 열린 참여공간을 만들었으며 20곳 이상의 지정 장소를 중심으로 세계의 관객들 참여를 유도했다. 자신이 만든 이미지와 콘텐츠를 올리는 방식으로 참여했으며 평등한 가상공간 안에서 주최 측과 실제공간의 거주민들이 동시에 각 지역을 여행하고 서로 교류하며 박물지(博物誌)를 구성하게 되었고 그것은 그대로 하나의 열린 연회의 장, 연희의 장이 되었다(최효민, 2012, 59-60).

아르스 일렉트로니카의 온라인 세계 일주에서 볼 수 있듯이 네트워크 사회 속에서는 직접적인 물리적 이동 없이 다양한 장소 경험이 가능하게 된다. 공간적으로 이격되어 있는 사람들의 자발적인 연결이 이것을 가능하게 한다. 이 연결을 통해 새로운 관계망을 형성하고 확장한다. 참여의 과정은 일종의 유희로서 사람들은 새로운 장소를 찾아내고 그 가치와 의미를 밝혀내는 일종의 게임이자 축제라고 할 수 있다. 지금까지 경험하지 못했던 장소를 향한 가상적인 여행을 수행함으로써 개별적인 공간 경험과 인식을 확장하는 재미를 느끼게 된다. 그것은 새로운 것을 발견함으로써 얻게 되는 놀이로서의 쾌락이라고 볼 수 있다.

그러나 장소 발견 놀이[14]는 단순한 오락거리, 소일거리로서의 놀

---

14) 전통적 사회에서는 삶에서 마주치는 다양한 측면이 공유된다. 민중들이 일상생활 속에서 수행하는 일들은 공유를 통해서 달성되며 놀이 역시 공유된다. 두레를 통해 일의 시작, 휴식, 끝을 함께 공유하며 일상생활에서 필요한 노동과 기술을 함께 공유한다. 놀이와 놀이에 쓰이는 도구 역시 공유하면서 함께 민속문화를 만들어 나간다.

이로 남는 것이 아니라 사람들의 비판적 경험을 통해 의미를 만들어 가고 확장하는 과정이라고 볼 수 있다. 지금까지 경험하지 못한 장소에 대한 정보를 온라인 네트워크를 활용해 수집하고 이를 기초로 해서 장소에 접근하는 경향이 갈수록 강화되고 있는데 단순하게 장소를 소비하는 것이 아니라 장소의 의미를 새롭게 인식하고 개별적 상황에 맞춰 다르게 경험하게 된다. 황희정과 윤현호(2016)는 인천 동화마을 관광객들이 장소를 경험하는 방식을 심층면접을 통해 살펴보고 있다. 이들의 연구에 의하면 관광객들은 단순히 관광지가 의도하는 방식으로 장소를 인식하고 경험하는 것이 아니라 비판적으로 장소를 경험하고 있다. 동화마을에 대하여 사전에 인지하고 있던 관광객들은 대부분 온라인을 통해 동화마을에 대한 정보를 습득했으며 지인의 권유나 동행으로 동화마을을 방문하는 경우 SNS 활동이 크게 영향을 끼치는 것으로 나타났다. 관광객들은 매체의 영향을 받아 동화 마을을 방문하고 있었는데 필요한 정보만 채택하여 비판적으로 수용하고 있었으며, 동화마을에 대한 경험은 직접 방문 이후 지극히 주관적인 양상을 보인다는 것이다. 동화마을의 경우 선택적·비판적으로 수용된 주관적 경험을 제시하고 있었고, 개인적 평가와 감상이 작용하고 있었음을 연구는 밝히고 있다.

오늘날 관광지를 포함한 대부분의 장소는 이른바 장소 마케팅이라는 상황 아래 놓여 있다. 장소가 갖고 있는 가치를 오로지 경제적 가치만을 중심으로 사고하면서 더 많은 이윤을 획득하는 것을 일차적 목적으로 삼고 상품으로서의 장소를 홍보하는 데 집중하고 있는 것이다. 장소 마케팅은 방문자들을 수동적인 장소 소비자로 머물게 만든다. 특정한 목적을 위해 규정된 장소의 의미와 가치를 매스미디어를 이용해서 일방적으로 사람들에게 강제하는 것이 장소 마케팅의 본질이다. 장소의 이용자들을 장소로부터 소외시키는 결과를 가져온다. 그러나 커뮤니케이션 네트워크는 장소로부터 소외된 사람들을 장소로 이끌고 비판적으로 경험할 수 있도록 만들어 주고 있다. 누군가로부터 강제로 주어지는 장소가 아니라 스스로 경험하고 만들어 가는 장소로 탈바꿈하도록 만든다.

황희정과 윤현호(앞의 글)의 연구에서 동화마을 관광객들은 동반인과 함께 장소를 경험하는 것에 집중했으며 개인('나')보다는 '우리'이기 때문에 더욱 즐거운 경험이 가능하다고 생각하고 있다. 이들은 각자의 배경을 바탕으로 관광 동기 및 욕구를 형성하고 동화마을 방문을 결정했으며 자신들이 가진 고유의 문화적·생활적 의미에 따라 상이한 만족과 즐거움 등을 느끼게 된다. 또한 동화마을이라는 장소에 동 시간에 함께 머무는 사람들로 인하여 개인의 진정한 경험이 결정되기도 한다. 즉, 사람들의 장소 경험은 타인과의 관계를 형성하고 상호작용함으로써 이루어진다는 것이다. 공간에 위치하는 사람들 사이에서 장소적 경험을 공유하고 장소성에 공감하는 과정으로 이해할 수 있다는 것이다.

장소에 대한 가치는 사람들의 집단적인 참여와 공유에 의해 새롭게 만들어지고 확장될 수 있다. 오늘날 장소 경험은 장소가 지닌 가치를 발견해 내고 집단 창작을 거치면서 새로운 의미를 덧붙여 가는 과정으로 변모하고 있다. 개별적 장소 이용의 경험이 다양한 개인적 서사를 만들어 가며 이것들 하나하나가 기존 장소 서사에 덧붙여지면서 새로운 이야기로 확장되는 모습을 보여 주게 된다. 새로운 이야기는 다시금 네트워크로 연결된 수많은 사람들과 공유되면서 또 다른 가치와 의미를 획득하게 된다.

2. 온라인 게임 문화와 공유의 가치

근대사회는 철저한 전문화와 분업화를 기반으로 하는 사회이다. 각각의 분야에서 전문성을 극대화시키고 사회의 중심을 장악하고 있는 세력들이 그 결과를 전체적으로 통합하고 유기적으로 관리하는 사회구조를 형성해 왔다. 하지만 극단적 전문화와 분업화로 인해 사회적으로 분산된 개인들은 유기적이고 총체적인 시각으로 현상을 바라보지 못하는 약점을 노출해 왔다. 그 결과는 타자와 다른 분야에 대한 공감적 능력이 약화되는 모습으로 이어졌다. 공동체가 약화되고 타인과 관계 맺기가 어려워졌다. 사회적 연결망이 축소됨으로써 고립된 익명적 존재들이 늘어나게 되었다. 개인들이 다른 사람들, 다른 공간과 연결될 수 있는 가장 큰 통로는 매스미디어가 되었으며 매스미디어가 전달하는 콘텐츠에 대한 일방적 노출과 소비가 주요한 커뮤니케이션이 될 수밖에 없었다.

그러나 커뮤니케이션 네트워크의 확장과 함께 사회적 연결이 확대되는 모습을 볼 수 있다. 인터넷을 중심으로 형성되는 온라인 네트워크가 활성화됨으로써 실제 공간에서 볼 수 있는 관계망과 가상세계에서의 관계망이 만나게 된다. 사라지고 약화되었던 공동체성이 복원되고 다른 사람들과 끊임없이 연결된다. 확장된 연결망을 따라서 정보와 문화, 가치가 공유되고 확장된다.

연결과 공유의 과정은 집단성과 개체성이 교차하는 과정이라고 할 수 있다. 온라인 문화를 대표하는 온라인 게임문화의 경우 문화의 집단성뿐만 아니라 문화의 개체성을 구현하게 된다. 그 안에서 다양한 문화 요소들이 융합하고 공유된다. 사이버 게임은 복잡한 문화 현상을 표출하고 있으며 다원성, 현지성, 오락성, 창조성, 사회성, 반사회성을 동시에 반영하고 있다(王春燕, 손한기 역, 2008, 393).

온라인 게임 속에서는 이질적인 배경을 가진 사람들이 다양하게 연결된다. 연결 속에서 국적, 인종, 성, 연령, 사회적 신분, 계급 등의 사회적 경계가 해체된다. 독립된 개인으로서 게임에 참여하면서 익명적인 다수의 사람과 동시적으로 연결된다. 온라인 게임의 환경 속에서 개인은 항상 누군가와 연결되어 있다는 느낌을 받게 된다. 게임 속 미션을 공동으로 수행하는 과정에서 온라인상에서의 새로운 동지애와 인간관계를 느끼게 된다. 미션 수행을 보다 원활하게 이루기 위해서 참여자들은 다양한 정보를 생산해 내고 이를 공유한다. 특히 대규모 인원이 동시에 접속해서 함께 미션을 수행하는 다중접속온라인게임 MMORPG(Massive Multiplayer Online Role Playing Game)의 경우 개인 단독으로는 완수할 수 없는 미션들이 존재하기 때문에 사람들은 집단적 미션 수행의 가치를 인식하고 이를 실현할 수밖에 없게 된다. 클랜(clan) 혹은 혈맹으로 불리는 게임상의 커뮤니티가 자연스럽게 생겨나게 되며 그 안에서 현실세계와는 다른 인간관계가 만들어진다.

이러한 게임 공동체는 미션 수행을 위한 공동의 노력 속에서 사람들로 하여금 공유와 협력, 연결의 가치에 익숙해지도록 만들게 된다. 게임문화는 개인용 컴퓨터나 게임용 전문 콘솔기를 이용해서 개인이 단독으로 게임을 즐기는 방식에서 온라인으로 연결된 타인과 함께 즐기는 방향으로 변화하고 있다. 단독 플레이에 특화되어 있던 콘솔 게임기의 경우 마이크로소프트의 엑스박스 등장 이후 네트워크성을 강화하는 방향으로 나아갔으며 4세대 콘솔기는 온라인 네트워크 기능을 기본적으로 탑재하고 이것을 적극적으로 활용하고 있다. 아케이드 게임 분야에서도 공간적으로 떨어져 있는 게임센터의 게임기들을 온라인으로 연결해서 게임을 플레이할 수 있게 하고 있다. 최근 출시되는 게임들은 적극적으로 연결과 협동, 공유의 가치를 내세우고 있다. 2016년 5월에 출시된 블리자드의 오버워치의 경우 팀 기반의 협동 플레이를 강조하고 있다. "팀에 속한 유저들이 서로 끈끈한 소통을 하면서 전략을 세우고 자연스럽게 몰입감을 느낄 수 있도록 하는 것이 오버워치가 내세우는 팀플레이다 (GAMEPLE 기사, 2016)."

오버워치는 일반적인 1인칭 슈팅 게임 FPS(First Person Shooter)와 달리 개인이 단독으로 미션을 수행하는 캠페인 모드가 개발 단계에서부터 존재하지 않았다. 오로지 6명의 팀원이 각자가 선택한 캐릭터를 이용해서 각 전장에 부여된 임무를 수행하는 방식으로 게임이 진행된다. 게임을 목적 달성하기 위해서는 6명 팀원의 협동이 필수적인 요소로 자리 잡고 있다. 전 세계의 다양한 게이머들이 국경을 초월해 연결될 수 있도록 지역별 서버를 상호 연결될 수 있도록 조정했으며 문자 채팅과 음성 채팅을 인게임에서 적극적으로 활용할 수 있도록 했다. 원활한 채팅을 수행했을 때 보다 쉽게 승리를 얻을 수 있는 구조를 만들어서 게이머들 사이의 협동성을 강조하고 있는 것이다.

오버워치뿐만 아니라 최근 출시되는 거의 모든 게임들은 상호 경쟁과 협력을 기반으로 제작되고 있다. 스마트폰의 게임 애플리케이션에서부터 pc 기반 온라인게임, 콘솔 기반 온라인 게임 모두 다른 사람들과의 경쟁과 승리를 1차적인 목적으로 내세우고 있지만 동시에 승리를 위해서는 다른 사람들과의 상호 연결이 뒷받침되어야 하는 구조를 만들고 있다. 세계적인 인기를 기록한 클래시 오브 클랜 (Clash of Clan) 게임의 경우 원활하게 자원을 수급하고 상위 랭커로 진입하기 위해서는 클랜을 활용한 플레이가 필수적이다. 다른 클랜원들의 지원을 받으며 상대기지를 공격했을 때 보다 손쉽게 승리를 가져오고 자원을 획득할 수 있기 때문이다. 클래시 오브 클랜은 게임의 제목에서도 드러나듯이 클랜 기능을 부각시키면서 사람들이 클랜 중심으로 플레이를 진행하도록 유도하고 있다. 클랜은 가상적 공간에서만 머물지 않으며 오프라인 모임을 통해서 게임과 관련된 정보를 공유한다. 게임 내 공간의 배치, 마을에 대한 공략 정보 등을 공유하면서 플레이를 진행하게 된다. 일부 유저들은 게임 관련 커뮤니티와 동영상 사이트를 이용해서 공략 영상을 업로드해서 다른 유저들의 게임 플레이를 도와주고 있다.

온라인을 중심으로 하는 게임 문화는 개인의 사적인 게임 플레이만으로 구성되지 않는다. 게이머들의 자발적인 정보 창출과 공유, 협동 역시 온라인 게임 문화의 일부분을 구성하게 된다. 게임의 기본적인 목적인 승리를 위한 정보 창출과 공유도 큰 부분을 차지하지만 자신들이 즐기고 좋아하는 게임을 누군가와 함께 나누면서 함께 발전시켜 나간다는 측면 역시 온라인 게임 문화에서 큰 영역을 차지하고 있다. 나눔과 공유 자체는 온라인 게임 문화의 주요 콘텐츠를 구성한다고 할 수 있다.

3. 나눔의 가치

초연결 사회에서는 모든 것이 연결된다. 그러나 중요한 것은 연결이 아니라 연결을 통해서 채워지는 내용이라고 할 수 있다. 사물과 사물, 인간과 사물, 인간과 인간의 단순한 연결이 아니라 그 연결망을 통해서 흘러가는 모든 것들이 더욱 중요한 문제가 된다. 무한한 방향으로 연결된 망을 따라 무수히 많은 것들이 이동하게 된다. 정보만이 전달되는 것이 아니라 개인과 사물의 다양한 궤적들이 기록되며 삶의 방식을 포함한 문화가 네트워크를 타고 흐르게 된다. 그것은 어느 누구에 의해 독점적으로 소유될 수 없으며 배타적으로 소유되어서는 안 된다. 네트워크에 존재하는 모든 것들이 누군가에 의해서 배타적으로 소유될 때 이전에 볼 수 없었던 강력한 통제와 억압이 나타날 수 있기 때문이다.

초연결 사회의 가장 우선적인 가치는 나눔이어야 한다. 이타적인 협력의 가치를 기반으로 한 나눔이어야 한다. 각자가 만들어 내는 다양한 가치와 의미들을 함께 공유함으로써 자신과 타인의 삶이 풍부해질 수 있도록 만들어야 하는 것이다.

20세기 말에서 21세기 초 전 세계적으로 신자유주의적인 사적 이윤의 추구가 핵심적인 가치가 됨으로써 세계는 갈등과 경쟁이 더욱 극대화되는 경향을 보이고 있다. 금융자본을 중심으로 하는 초국적 기업과 세력들이 세계를 장악하면서 자국을 중심으로 하는 고립주의와 분리주의가 심화되고 있다. 이러한 갈등과 분열, 분리, 고립은 초연결 사회의 가치와 정면으로 배치되는 가치이다.

네트워크를 이용한 표면적이고 형식적인 연결이 아니라 참여와 나눔을 기반으로 하는 실질적인 연결이 모색되어야 한다. 1세계를 중심으로 하는 배타적 독점의 움직임과 반대되는 방향으로 다양한 차원에서 공유와 나눔의 가치들이 논의되고 있다. 주거 공간에서부터 문화, 아이디어에 이르기까지 거시적 구조뿐만 아니라 세밀한 미시적 차원의 문제가 공유와 나눔의 영역에서 논의되고 있다.

근대사회 이전 전통사회는 나눔의 문화를 구축하고 있었다.[15] 그러나 시장을 중심으로 하는 자본주의의 발전은 나눔의 가치를 근본적으로 흔들었다. 자본주의의 비약적 발전으로 마을 공동체가 붕괴되었으며 공동체의 작동 원리인 나눔의 문화가 약화되었다. 시장의 발전과 함께 발전한 경제학 이론이 인간을 효용 극대화를 추구하는 사람으로 규정함으로써 이것이 근대사회의 지배적인 인간관이 되었던 것이다(김용학, 2013, 35). 경제적 이윤의 극대화만을 중심으로 사고하게 되면서 이기적인 개인의 효용을 극대화하는 것이 곧 사회적 효용의 증대로 이어진다는 사고가 지배하게 되었다. 이것은 물질적 가치를 우선하는 물질주의적 사고가 지배하는 사회를 만드는 데 일조하게 된다. 이러한 경향에 반대하는 흐름 역시 나타나고 있다. 전 세계적 차원에서 탈물질주의(post-materialism)의 가치관이 증가하고 있는 것이다. 개인의 물질적인 욕구를 넘어선 공동체 가치의

---

15) 전통사회는 민속문화를 공유하는 사회였다. 민속문화는 대부분이 무형문화로 존재하며 말의 문화로 형성되고 전승된다. 또한 문화를 생산하고 전승, 향유하는 것은 공동체 집단를 통해 이루어지며 전승주체는 민중들이 된다. 무형문화로서의 민속문화는 공유의 문화이며 소통되는 생활문화이다(임재해, 2004, 123-124). 공유를 통해 새로운 문화적 가치를 발견하고 수준 높은 문화로 나아가는 계기를 삼게 된다. 두레를 중심으로 하는 전통적 공유 경제 속에서 사람들은 일의 능률을 높이고 작업의 기술을 발전시켰다. 함께 하는 민속문화의 공유와 교류를 통해서 민속문화의 수준을 높여 나갔다. 일종의 문화적 시너지 과정을 겪었다고 볼 수 있다. 문화가 상품화되면서 전통문화가 갖고 있는 문화적 시너지의 힘은 약화된다. 사람들은 문화의 수동적 소비자로 전락하게 되며 문화를 깊이 있게 향유하고 새로운 문화적 과정을 발전시킬 수 있는 역량을 상실하게 되는 것이다.

추구가 나타나고 있다(김용학, 앞의 글, 37).

김용학(앞의 글)은 나눔의 종류를 일방적 나눔과 호혜적 나눔으로 구분하고 있다. 새로운 방식의 나눔은 호혜성을 바탕으로 해서 도움을 받은 자가 그것을 되돌려 줄 수 있는 방식의 나눔이 된다. 온/오프라인 네트워크를 활용함으로써 나눔의 파급효과가 커지게 될 것이고 자신이 받은 것에 대한 단순한 되갚기가 아니라 갚기의 나눔(Pay it Forward)이 성공하고 있다고 제시한다. 또한 나눔을 통해 '특수한 신뢰'와 '일반적 신뢰' 두 가지 측면에서 신뢰를 쌓아갈 수 있게 됨으로써 사회적 자본이 축적되고 이것이 나눔 문화를 확산시키는 자양분이 될 것이라고 전망하고 있다.

초연결 사회의 공유, 즉 나눔은 일방적인 수혜의 과정이 아니다. 또한 한 방향으로 진행된 나눔이 반드시 그 역방향으로 진행할 필요가 있는 나눔도 아니다. 타인에 대한 배려를 기반으로 하는 이타적 나눔이며 일대일의 되갚음이 아니라 사회 전반으로 확산되는 나눔이다. 하나의 나눔이 다른 나눔으로 계속해서 이어지면서 나눔의 내용뿐만 아니라 나눔 자체, 즉 나눔의 문화와 가치가 확산되는 과정인 것이다. 또한 나눔의 영역은 경제적 나눔의 차원에만 그치는 것이 아니라 사회의 전 영역에 걸친 나눔이 된다.

미시적인 일상의 삶에 이르기까지 다양한 차원에서 나눔이 진행될 수 있다. 나눔을 통해 사람들 일상생활에서의 연결성이 증대되면서 약화된 공동체성을 회복할 수 있게 된다. 또한 나눔은 1+1의 산술적 합산이 아니라 더 큰 가능성의 영역을 찾아 나가는 과정이다. 채봄이(2016)가 살펴본 '아이디어팩토리'라는 공간 공유 실험은 초연결 사회의 나눔이 나아가야 할 방향을 제시하고 있다. '아이디어팩토리'는 단순하게 공간을 공유하는 차원을 넘어서서 서로의 가치와 재능, 아이디어를 소통하는 문화 공간을 지향했으며 소통을 통해 서로를 이해하고 배려하면서 공간 그 이상의 감정과 문화가 공유되고 시너지가 생기는 것을 목표로 하고 있다. 청년들에게 공간을 제공하는 데서 그치지 않고 이들이 컬처메이커로서 자신들의 꿈을 진지하게 고민하고 구체화할 수 있는 기회를 제공하고자 했다. '아이디어팩토리'가 보여 주는 공유의 과정은 단순히 남는 것을 나누어 주는 것이 아니라 나눔 속에서 새로운 것을 찾아내고 가능성을 열어 가는 과정이라고 할 수 있다.

실감미디어와
가상현실

제1장
실감형 미디어의 진화

제1절 디지털미디어의 발전

1946년 말, 미국의 에커트와 모클리가 세계 처음으로 '에니악'이라는 길이 24미터에 이르는 거대한 컴퓨터를 만들었다. 당시 기준으로 엄청난 계산 속도를 자랑했지만 전기가 많이 들고 자주 고장이 나는 단점에도 불구하고, 에니악을 통해 인류는 디지털의 시대에 들어섰다. 이후 디지털 컴퓨터는 고성능 워크스테이션을 한 축으로, 개인용 PC를 또 다른 한 축으로 해서 발전을 거듭하였다.

1969년 미국 국방성 주도하에 군사적 목적으로 개발한 분산 관리 방식의 새로운 통신 네트워크가 등장했다. 최초의 인터넷으로 지칭되는 ARPANET(Advanced Research Projects Agency Network)의 등장이다. 1972년 ARPANET은 미국 서해안의 대학과 연구 기관 등 네 곳을 네트워크로 연결하는 데 성공하여 컴퓨터 네트워크의 무한한 가능성을 보여 준다. 이후 대학과 전문가 집단을 중심으로 발전을 거듭하던 인터넷에 새로운 전기를 마련한 것은 1989년 Tim Berners의 제안으로 개발이 시작된 월드와이드웹(WWW)이다. 기존의 인터넷 서비스들이 텍스트 기반의 메뉴 방식으로 서비스를 하던 것과 달리 하이퍼텍스트를 기반으로 이루어진 웹은 문서 활용에 엄청난 편리성을 제공했다. 인터넷의 대중화가 시작된 것이다.

컴퓨터와 인터넷으로 상징되던 디지털미디어는 21세기 들어 또 한번 혁신적 변화를 모색하게 된다. 20세기 후반기를 거치면서 비약적으로 향상된 컴퓨팅 파워와 인터넷이 가진 네트워크의 장점을 기반으로 디지털미디어의 시대가 열린 것이다. 디지털미디어는 등장하자마자 기존의 아날로그 미디어를 제치고 시장을 장악하게 된다. 쌍방향성, 이식성, 보존성, 전송효율성 등 기존의 아날로그 미디어와 비교 불가능한 장점을 선보였고, 시장의 주도권은 빠른 속도로 디지털미디어로 넘어가게 된다.

디지털미디어는 이전의 아날로그 미디어와 비교해서 산업적 특성에서 몇 가지 뚜렷한 차별성이 있다. 가장 두드러진 차이는 변화의 속도가 빨라졌다는 점이다. 인텔의 창업자인 고든 무어는 반도체 집적도가 1년 6개월마다 두 배씩 증가한다는 '무어의 법칙'을 발표하였고, 삼성전자의 황창규 사장은 '반도체 집적도는 1년에 두 배씩 증가하며 그 성장을 주도하는 것은 모바일 기기와 디지털 가전이다'라는 내용의 '황의법칙'을 발표하였다. 반도체에 기반을 둔 디지털 기술의 발전은 빠를 수밖에 없고, 이 빠른 발전 속도는 디지털미디어의 변화에도 적용된다. 예를 들면, 21세기 들어 본격적으로 도입되기 시작한 디지털미디어를 영상품질 기준으로 나눠서 변화속도를 살펴보면, 15년의 기간에 아날로그 → DTV → HDTV → FullHD → UHD로 얼마나 빠르게 발전하고 있는지 알 수 있다. DTV 해상도 1,280×720의 픽셀 수와 비교해 최근에 상용화를 준비하고 있는 8kUHD 8,192×4,320의 픽셀 수는 38.4배에 달한다.

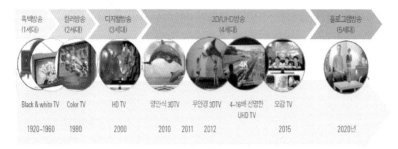

자료: 김재한 외(2012)

<그림 2-1> 디지털미디어의 발달

두 번째, 디지털미디어 산업의 차별성은 기술개발이 가져오는 영향력의 크기와 범위에서 찾을 수 있다. 디지털 기술은 디지털의 특성으로 인해 아날로그와 비교해서 변형이 용이하고, 다양한 분야에 이식성이 좋다. 다시 말해 어떤 디지털 기술이 개발되면 그 기술은 해당 산업이나 매체에 국한되지 않고, 전 산업 분야에 영향을 미친다. 실감미디어의 개발에 필수적인 초고해상도 디스플레이 기술은 방송 산업을 포함해서, 디지털 사이니지, 각종 스마트 디바이스 등에 적용된다. N-screen 기술이나 OTT 서비스의 발전에 따라 향후 모든 디지털 영상 기기는 스크린의 크기나, 종류, 매체별 특성과 무관하게 영상을 보여 주는 스크린으로 동질화될 것이다. 새로운 디지털 영상기술의 기술적 진보는 영상 산업 전체로 쉽게 응용 가능하다. 이런 특성 때문에 디지털 경제는 비교우위에 있는 특정 사업자가 방송, 통신, 기타 응용 분야에 이르기까지 무한 확장하는 특성을 보이는 경우가 많다. 애플이 컴퓨터 산업에서 시작해서, MP3플레이어, 스마트폰, 스마트패드를 거쳐, 자동차산업까지 넘보는 것이 좋은 예이고, 구글 역시 자신들의 비교우위를 바탕으로 다양한 산업에 진출하고 있다. 심

지어 삼성전자에서는 스마트 개집(doghouse)까지 만드는 실정이다. 디지털 기술경쟁에서 우위에 설 경우 애플의 경우처럼 엄청난 경제적 지위를 차지할 수 있지만, 뒤처질 경우 모든 것을 잃을 수도 있다.

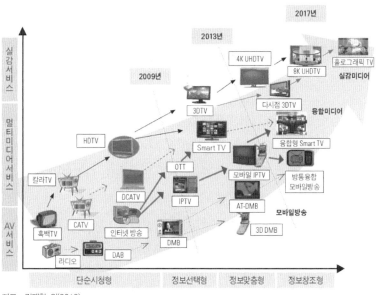

자료: 김재한 외(2012)

<그림 2-2> 방송기술 발전 추세

디지털미디어는 최근 들어 가장 주목받는 디지털 산업의 최대 격전지로 부상했고, 그 키워드는 실감미디어이다. 좀 더 선명하게, 좀 더 입체적으로, 좀 더 인터렉티비티하게 디지털미디어는 진화하고 있고, 거의 대부분의 기업들은 이 전장에 뛰어들은 상태다.

평창올림픽이 열리는 2018년은 디지털미디어의 발전과정으로 볼 때, 실감미디어가 본격적으로 실생활에 등장하는 시기와 일치한다.

이미 시작한 3D TV에 이어, UHD와 차세대 실감형 미디어가 평창 올림픽을 즈음하여 가정의 안방에 등장할 예정이다. 한국과 영상가 전시장을 두고 치열한 경쟁을 벌이고 있는 일본가전업체들 역시 2020년 동경올림픽을 계기로 UHD 방송과 차세대 실감형 미디어 시장을 선점하기 위해 노력하고 있다. 평창올림픽을 계기로 우리가 UHD를 포함한 차세대 실감형 미디어 개발에 노력을 기울여야 하는 이유이다.

제2절 실감미디어의 개념

실감 방송은 '사용자에게 현장감과 몰입감을 주기 위해 인간의 오감을 통해서 보고, 듣고, 느낄 수 있으며 시간과 공간의 제약을 탈피하여 표현되는 실감미디어를 통해 시청자에게 전달하는 방송 서비스'로 정의할 수 있다(호오성 외, 2011). 실감방송에 대한 가장 일반적인 정의라고 할 수 있다. 하지만 이와 같이 실감미디어를 사용자에게 현장감과 몰입감을 극대화시키는 미디어로 정의하는 것은 실감미디어의 의미를 잘 전달하기는 하지만, 그 경계가 아주 모호하다는 단점이 존재한다. 모든 미디어는 과거의 미디어에 비해 기술발전에 따라 더 실감 있는 콘텐츠를 제공하기 마련이다. 모든 미디어는 상대적으로 과거의 비실감미디어와 비교해서 실감미디어라고 이야기할 수도 있다. 실감미디어라는 용어가 이런 상대적인 의미를 가지기 때문에, 실감미디어라는 용어를 특정한 미디어에 곧바로 적용시키기 어려운 측면이 있다. 실감미디어는 무언가를 지칭하는 추상화된 발견적 의미는 가질 수 있지만, 특정 미디어를 지칭하는 규정적 개념으로는 적당하지 않다.

실감미디어를 상대적인 의미에서 쓰지 않고, 현시점에서 특정 미디어를 실감미디어로 지칭하는 것도 가능하다. 이런 식의 정의 방식은 디지털미디어 초기에 '뉴미디어'를 쓰던 방식과 유사하다. 이런 의미에서 실감미디어라는 용어를 정의한다면, UHD, 3D TV와 같은 특정한 미디어에 대응하는 개념으로 사용할 수 있다. 현재 구체적으로 제시되고 있는 실감미디어에는 이미 방송을 수행하고 있는 3D TV를 포함해서, UHD TV, 오감 TV, 홀로그래픽 TV, 감성인식 TV, 다시점비디오 등이 있다(박상일, 2012; 호요성 외, 2011).

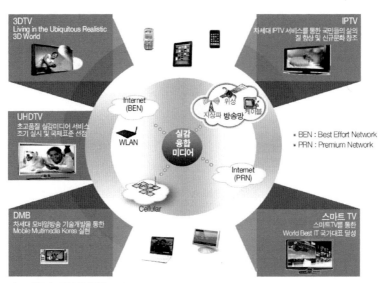

자료: 한국정보통신기술협회(2012)

<그림 2-3> 실감융합미디어

이 외에 실감미디어라는 용어를 특정한 기술적 경향으로 이해하는 것도 가능하다. 이 경우 미디어 자체를 지칭하기보다는 적용된 실감 기술을 강조하게 된다. 3D TV와 UHD TV는 특정 미디어라기보다 실감기술이 적용된 진화된 미디어라고 할 수 있다. 이와 관련해서 한국정보통신기술협회에서는 실감융합미디어를 방송, 통신, 인터넷이 융합된 환경에서 3D TV, UHD TV 등과 같은 실감미디어 기술, DMB와 같은 이동 멀티미디어 기술, IPTV, 스마트 TV와 같은 융합미디어 기술을 의미하는 것으로 사용하고 있으며, 실감미디어 기술을 3D TV, UHD TV 등과 같이 사실감과 현장감을 내포하는 초고화질 입체 콘텐츠를 방송통신만을 통하여 제공해 주는 기술로 정의하고 있다. 이런 정의에 따라 3D TV, UHD TV, DMB, IPTV, 스마트TV를 차세대 실감융합미디어로 정의하고, 이들 각각의 서비스에서 구현되거나, 구현될 예정인 실감형 미디어 기술을 분석하고 있다(한국정보통신기술협회, 2012).

실감미디어를 하나의 기술적 경향 내지 발전의 트렌드로 이해하는 것도 충분히 가능하고, 특정 미디어서비스들을 구체적으로 지칭하여 사용하는 것도 가능하다. 실감미디어를 기존 미디어를 발전시키는 기술적 경향 내지 발전의 트렌드로 이해한다면, 분석은 개별 미디어에 적용 가능한 실감 기술을 중심으로 한 논의가 필요할 것이고, 그렇지 않다면 현재 구체적으로 존재하고 있는 실감미디어를 개별적으로 살펴보는 방법도 있다.

실감미디어 개념이 다양한 용도로, 다양한 의미에서 사용되는 것은 현실이다. 이를 특정한 개념으로 규정하는 것은 현실적으로 불가능하고 효용성도 적다. 여전히 변화, 발전하는 개념이기 때문에 이러한 약간은 혼재되고 정리되지 않는 개념정의가 나타나는 것은 필연적이다. 향후 기술의 발전에 따라 정리가 될 문제이다.

명징한 개념규정이 부재할 수밖에 없다는 현실을 고려했을 때, 중요한 것은 실효성 있는 분류가 될 것이다. 분류를 통해 실감미디어를 전체적으로 조망하고, 통찰력을 만들 필요가 있다.

실감미디어의 분류를 위해 4가지 카테고리를 설정하였다. 용어 그대로 실감미디어는 인간의 실재감을 극대화시키는 미디어이다. 인간의 실재감을 극대화시키는 영역은 일단 영상미디어라는 큰 틀에 맞춰서 이루어졌다.

첫째, 시각적 실재감의 극대화이다. 이 카테고리에 들어가는 실감미디어는 시각적 입체감을 극대화시키는 3D TV 계열과 시각적 정밀성을 향상시킨 UHD 계열이 있다. 이 두 가지 실감미디어가 현재 실감미디어 분야의 기술 혁신을 주도하고 있는 실정이다.

둘째, 인간의 오감을 복합적으로 이용하여 정보를 전달하는 multi-sensory 계열이다. 이 분야에서 가장 주목받고 있는 기술은 가상현실과 증강현실이다. 영화와 게임 등에서는 4D라는 이름으로 이미 등장해 현실화된 분야도 있지만, 여전히 나아갈 길이 먼 기술이다.

셋째, 감성인식 인터페이스 관련 분야로 감성인식TV가 이에 해당된다. 이 기술은 인간의 음성, 표정, 생리반응 등을 이용해 미디어를 컨트롤하는 기술로, 현재 음성인식이나, 표정인식 등이 초보적인 수준에서 이루어지고 있다. 이 분야가 특히 주목받는 이유는 향후 IoT, 인공지능, 빅데이터 분석, 인텔리전스앱 등의 차세대 기술들과 접목되었을 때 가질 가능성이 매우 크기 때문이다.

정리하면, 실감미디어는 입체시각적 실재감을 극대화시키는 분야와 시각적 정밀성을 개선시키는 방향, 인간의 오감을 종합적으로 충족하는 방향, 마지막으로 인간과 미디어의 인터페이스를 개선시키는 방향 등 네 가지 계열로 구분할 수 있다. 물론, 이들 각각의 기술들은 결국 하나의 미디어 형태로 수렴될 가능성이 높고, 실제로 초고화질 3D TV와 같은 형태로 발전하고 있다.

제3절 실감미디어의 기술과 종류

1. 실감미디어의 테크놀로지

실감미디어 기술은 다양한 디지털방송 플랫폼 및 단말에서 고품질 입체 비디오, 데이터 및 다채널 오디오를 포함하는 실감미디어 서비스를 위해서는 콘텐츠 획득/저장, 저작, 부호화, 다중화, 전송, 방송시스템 기술을 말하는 것이다.

실감형 콘텐츠의 등장은 화려한 픽셀의 시대에서 생생한 비트의 시대로 넘어가는 것을 의미한다. 화려한 픽셀 시대의 콘텐츠가 정해진 스크린 안에 영상물을 현실감 있게 재현하는 데 집중했다면, 생생한 비트 시대의 콘텐츠는 우리의 오감을 자극하는 경험을 제공하며, 마치 영상물에 직접 들어가 있는 현장감과 몰입감을 제공해 준다. 다시 이야기하면 지금까지는 소비자들이 영상을 관람했다면, 이제는 경험하게 된다는 이야기이다(디지에코, 2015).

실감미디어를 구현하는 과정은 결코 순탄치 않다. 실감미디어를 구현하기 위해서는 우선 네트워크 용량이 대폭 확대되어야 한다. 네

트워크의 경우 홀로그램영상을 무난히 소화하기 위해서는 500Mbps
의 전송속도가 가능해야 하며, 관련 콘텐츠의 확보도 전제되어야 한
다. 실감미디어를 실현하기 위해서는 CPNT 전반에 걸쳐서 기술개
발과 더불어 경제성을 확보해야 하며, 관련 콘텐츠 확보 역시 어려
운 과제이다.

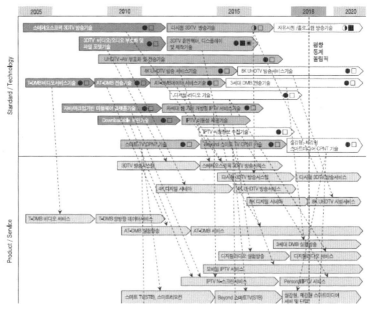

자료: 한국정보통신기술협회(2012)

<그림 2-4> 장기표준화 계획(10개년 기술 예측)

2. 3D TV

3D TV는 사실감과 현장감을 포착한 콘텐츠를 획득, 압축 부호화

후 전송하여 이용자가 멀티모달(multi-modal) 실감 인터페이스를 통해 상호작용을 하면서 3차원 입체 콘텐츠에 자연스럽게 몰입하여 즐기도록 하는 차세대 방송기술이다. 3D 콘텐츠 생성기술, 3D 비디오 부복화기술, 다중화 및 전송기술, 수신 및 3D 비디오 렌더링 기술, 단말 미들웨어 방송시스템 기술과 3D TV 방송시스템 송수신정합규격을 포함하는 기술이다(TTA, 2012).

3D TV의 기술적 로드맵을 보면 다음 그림과 같다. 3D TV로 통칭되는 3차원 디스플레이 기술은 가장 단순한 스테레오 안경식에서 시작하여, 무안경식 3D TV까지 이미 상용화된 상태이며, 이후 다시점 TV(다시점, 초다시점), 집적영상TV을 거쳐, 최종적으로 홀로그래픽TV까지 개발 로드맵이 나와 있는 상태이다.

<그림 2-5> 3D TV의 발전 로드맵

우리나라에서는 2010년부터 안경식 스테레오 3D TV 판매가 시작되었고, 2010년 시범방송을 거쳐, 2011년부터 스카이라이프를 통해 본 방송이 서비스되고 있다. 이후 지상파, 위성, 케이블 등 다양한 방송매체를 통해 3D TV 실험방송, 시범방송을 거쳐 초기적인 형태의 3D TV 방송의 시대로 접어들었다고 할 수 있다. 최근에는 안경 없이 3D 영상을 즐길 수 있는 무안경 3D 단말도 등장하였다.

현재 개발 중인 입체화 방송기술로 다시점 TV가 있다. 다시점TV는 시청자가 원하는 시점의 영상을 제공하여, 깊이감과 입체감을 높이는 실감형 방송으로 현재 개발 중에 있는 기술이다.

현재 3D TV 시장은 우리나라 기업들이 압도적인 경쟁력으로 세계시장을 선도하고 있다. 주로 40~50인치의 TV를 위주로 한 고화질 3D TV가 시장을 주도하고 있으며, 국내시장은 2020년에 이르면, 수상기 2조 3천억 원, 서비스 900억 원의 시장으로 성장할 것으로 예측되고 있으며(ITRC, 2012), 세계시장에서는 2014년 1억 대를 돌파할 것으로 예상되고 있으며, 금액기준으로는 2015년 기준으로 156억 달러의 시장규모로 매해 95%의 성장률을 보일 것으로 예측되고 있다(디스플레이뱅크, 2012). 현재 일본에서는 모바일단말기에 3D 시청이 가능한 3D폰이 출시되었다(Hitachi/KDDI, 2009).

3. UHD TV

UHD TV는 FullHD가 제공하는 화질보다 4배 이상, 16배까지 선명한 초고화질 비디오(4K, 3,820×2,160~8K, 7,680×4,320)와 다채널(10.2채널 이상)의 음장을 통해 사실감과 현장감 있는 실감미디어 서비스를 가능하게 하는 차세대 실감미디어 기술이다.

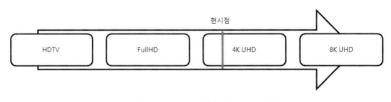

<그림 2-6> UHD 기술 발전 로드맵

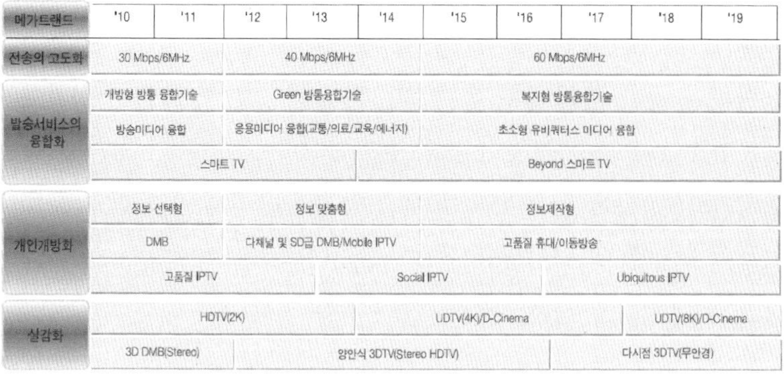

메가트랜드	'10	'11	'12	'13	'14	'15	'16	'17	'18	'19
전송의 고도화	30 Mbps/6MHz		40 Mbps/6MHz			60 Mbps/6MHz				
방송서비스의 융합화	개방형 방통 융합기술		Green 방통융합기술			복지형 방통융합기술				
	방송미디어 융합		응용미디어 융합(교통/의료/교육/에너지)			초소형 유비쿼터스 미디어 융합				
	스마트 TV					Beyond 스마트 TV				
개인개방화	정보 선택형		정보 맞춤형			정보제작형				
	DMB		다채널 및 SD급 DMB/Mobile IPTV			고품질 휴대/이동방송				
	고품질 IPTV			Social IPTV			Ubiquitous IPTV			
실감화	HDTV(2K)			UDTV(4K)/D-Cinema				UDTV(8K)/D-Cinema		
	3D DMB(Stereo)		양안식 3DTV(Stereo HDTV)				다시점 3DTV(무안경)			

<그림 2-7> KIAT 2011 산업기술로드맵보고서(2011)

기술개발 현황을 보면, 대만 기업인 CMO에서 2006년에 4K 패널을 최초로 개발하였고, 일본 NHK는 2008년 full 8K 카메라 시제품을 개발했으며, 2007년 위성기반 8K 방송실험을 완료했으며, 위성뿐만 아니라 케이블 및 지상파를 통한 UHD 전송 실험도 완료한 상태이다. 또한 Hitachi는 2011년 152인치 플라스마 패널을 개발하였다. 한국의 경우 삼성과 엘지를 중심으로 UHD에 대한 활발한 투자가 진행되고 있다.

UHD 기술이 주목받고 있는 이유는 화질의 향상에도 있지만, 디스플레이의 대형화와도 관련이 있다. 특히 최근에 들어 4번째 방송 스크린으로 주목받고 있는 디지털 사이니지의 경우, 대형화면을 이용하는 경우가 많아 UHD 기술의 개발이 필수적이다.

산업계 동향을 살펴보면, 국내 시장의 경우 2015년 3천억 원에서 2030년 2.5조 규모로 연평균 15% 성장이 예상되고 있으며, 세계시장은 2015년 28억 달러에서 2018년 304억 달러로 약 11배 성장할 것으로 예측되고 있다(In-stat, 2009).

4. 오감 방송

시각과 청각 이외에 촉각, 미각, 후각 등 오감 정보를 시청자에게 제공함으로써 보다 현장의 분위기를 실감나게 전할 수 있는 기술을 의미한다. 미국과 일본 등 선진국을 중심으로 원천기술 확보를 위한 연구가 활발히 진행되고 있으며, 2020년경에는 실험방송이 가능할 것으로 예측되고 있다.

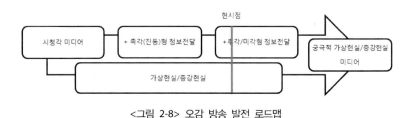

<그림 2-8> 오감 방송 발전 로드맵

오감 방송 시스템 기술은 크게 3가지 세부기술항목으로 구분할 수 있다(표 참조). 현재 오감 방송과 관련된 특허 출원 건수를 보면, 미국이 80% 정도로 압도적인 수치를 보여 주고 있으며, 한국과 일본의 경우, 가상현실 서비스 기술과 관련하여 상대적으로 양호한 특허 출원 건수를 보이고 있다.

<표 2-1> 오감TV 관련 기술

대분류	중분류	소분류
오감 미디어 방송 시스템 기술 개발 및 표준화	콘텐츠 제작 및 다중화 기술	감각신호의 레시피화 기술
		감성 콘텐츠 전송용 부호화 및 다중화 기술
	콘텐츠 재생 기술	후각, 촉각 전달 장치
	가상현실 서비스 기술	체험형 가상현실 서비스 제공기술

자료: 특허청(2011)

5. 감성인식TV

감성인식기술은 일상생활에서 인간의 감성변화에 의한 자율신경계의 활동에 의해 나타나는 생체신호 및 환경/상황신호, 영상신호, 음성신호 등을 센싱할 수 있는 초소형/초정밀 센서 기술과 센싱된 생체신호 및 환경신호를 처리 및 분석하여 이를 기반으로 인간의 감성을 인식, 검증, 규격화하여 정보화하고 사용 상황에 맞게 정보를 처리하고 감성맞춤형 제품 및 서비스를 제공하는 기술이다. 감성인지 및 처리기술은 이제 막 성장기에 진입한 기술이지만, 세부 기술 분야별로는 개발기, 도입기에 막 들어선 기술이 있는가 하면, 이미 성숙기에 진입한 기술도 있다. 감성인식 기술은 크게 생체반응형, 영상 기반 감성인지 기술, 음성 기반 감성인지 기술 등으로 구성되며, 세계 최고 수준은 미국으로 유럽, 일본, 한국 등이 미국의 기술 수준에 근접해 있으나, 대부분의 기초 연구 분야에서 미국이 상대적으로 우위를 점유하고 있다.

<그림 2-9> 감성인식 발전 로드맵

Microsoft의 컴퓨터에 부착된 무선 센서를 통해 생체신호 등을 측정하여 스트레스를 추정하는 기술, MIT의 인간의 감성을 측정하기

위한 웨어러블 컴퓨팅 기술, ETH(스위스)의 감성인식 디바이스 기술 등 관련 연구가 활발히 진행되고 있다. 또한 MIT, MS, NTT Docomo, 어펙티브미디어사 등 글로벌 연구기관은 감성융합 기술을 차세대 프로젝트로 선정하여 적극적으로 기술개발을 추진하고 있다. 감성인식 및 처리 기술은 인간 중심의 스마트 모바일 기술 및 웨어러블 기술의 핵심기술로 제품의 경쟁력을 좌우하는 기술로 발전하고 있다(신현순 외, 2014).

감성인식TV가 주목받는 이유는 사용자 인터페이스의 실감화와 관련이 있지만, 더 큰 이유는 방송이 향후 빅데이터 기술, 인공지능, IoT 등과 결합하여 정보소비형 방송에서 정보생산형 방송으로 발전할 가능성이 크기 때문이다. 감성인식 기술을 통해 자연과의 커뮤니케이션 증진, 환경개선 등 인간 사이의 커뮤니케이션 증진, 개인의 이해, 가족관계 증진, 여론 및 정책형성, 사회통합 증진 등 인공적 생산물, 제품과의 커뮤니케이션에 의한 애착형성 및 선택, 구매행동의 증진 등이 가능해질 전망이다.

제4절 실감미디어 산업

실감미디어 산업이란 실감콘텐츠에 특화되어 생성, 전달, 유통, 소비의 Value Chain을 이루고 있는 산업으로 정의할 수 있다. 미디어 산업은 생성, 전달, 유통, 소비의 가치사슬로 이루어져 있는데, 일반 미디어 산업은 2D 콘텐츠로 단순 시청이 가능한 콘텐츠를 생성하고, 콘텐츠 정보를 압축, 전송하는 전달의 과정을 거쳐, 방송, 영화,

게임, 인터넷 플랫폼 등을 통해 유통하고 일반 2D 콘텐츠가 소비 가능한 디바이스를 통해 소비자에게 전달된다. 반면, 실감미디어 산업은 3D 이상의 입체영상/음향, 4D 가상세계, 후각, 촉각, 미각 등 오감과 관련되고, 인터렉션이 가능한 콘텐츠를 생성하고 대용량인 콘텐츠를 압축 전송하기 위하여 영상, 입체음향, 체감정보를 압축된 부호로 전달한다. 이러한 압축되어 전달된 부호는 3D 콘텐츠 소비가 가능한 디바이스를 통해 소비된다.

자료: 딜로이트 컨설팅(2014)

<그림 2-10> 일반미디어 산업과 실감미디어 산업의 가치사슬

1. 실감미디어 산업의 Value Chain 분석

실감미디어 산업의 Value Chain은 실감콘텐츠의 생성, 전달, 소비, 유통의 CPND로 정리할 수 있으며, 이들 각각의 영역은 다양한 산업과의 융합을 통해 확장성을 가진다.

먼저, 콘텐츠 분야를 살펴보면, 몰입감과 현장감을 극대화하는 영상/음성/오감 기반의 콘텐츠로 현재 3D 입체영상 인터렉티브 실감형 체험학습 콘텐츠 등이 상용화되고 있다. 또한, 플랫폼과 디바이스의 진화로 최근에는 4D, 증강현실, 파노라마 등과 UHD 콘텐츠의 제작이 활발히 이루어지고 있다.

플랫폼 분야에서는 콘텐츠의 저장 공간으로 개발형과 폐쇄형으로 구분되며, 그중 방송이 가장 소비자에게 많이 노출되는 플랫폼이라고 할 수 있다. 방송을 제외한 플랫폼에서는 유투브, 유스트림, 기타 OTT 등이 존재하며, 인터넷의 발전과 함께 그 다양성 역시 확대되고 있다.

네트워크 분야에서는 콘텐츠의 단순 전송에서 궁극적으로 오감전달 및 현실세계와 가상세계의 혼합을 실현하는 것으로 이동통신망의 확대가 예상된다. 최근 3G, 4G를 넘어 5G의 개발이 가속화되고 있다.

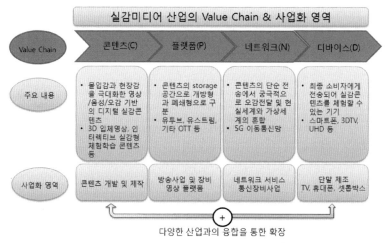

자료: 딜로이트 컨설팅(2014)

<그림 2-11> 실감미디어 산업의 가치사슬 및 사업화 영역

디바이스 분야에서는 최종 소비자에게 전송되어 실감콘텐츠를 체험할 수 있는 기기로 현재 스마트폰, 3D TV, 4K UHD TV 등이 존재하며, 웨어러블 기기의 비중 역시 확대되고 있다.

실감미디어 산업은 비슷한 다른 미디어 산업과 마찬가지로 Value Chain에 속한 각각의 영역이 발전하는 것 이상으로 궁극적으로는 CPND의 협력과 연계가 필수적이다. 또한, 실감미디어의 CPND에 속하는 각각의 영역과 관련해서 연관 산업과의 전후방 효과 역시 매우 중요하며, 이러한 면에서 실감미디어 산업이 가지는 잠재력은 크다고 할 수 있다.

자료: 딜로이트 컨설팅(2014)

<그림 2-12> 실감미디어 산업 내 사업자들의 전략 맵

국내 업체들의 경우, 중소형 Player의 경우 콘텐츠와 디바이스에 선택과 집중을 함으로써 자립적 기반을 모색하고 있다.

2. 웨어러블

가. 산업동향

실감미디어 산업에서 치열한 경쟁이 일어나고 있는 영역 중의 하나가 웨러러블 분야이다. 웨어러블 시장은 시장의 특성상 중소업체에서 글로벌 기업에 이르기까지 수많은 업체들이 가세한 상태이며, 향후 전망 역시 매우 발전성이 높은 것으로 나타나 향후 치열한 경쟁이 상당기간 지속될 예정이다. 국내 웨어러블 시장 규모를 예로 들면, 2015년 120억 원에서 2018년 680억 원 규모로 141.5%의 높은 성장이 예상되고 있다.

국내 대기업의 경우 삼성을 중심으로 스마트폰 분야에서 연구투자가 활발하게 일어나고 있다. 삼성은 스마트폰 시장의 포화현상을 예상하고 이에 대한 대안으로 웨어러블 기술 개발에 역량을 집중하고 있다. 현재 삼성 내부 개발 및 디자인 인력 약 8,000명 규모가 웨어러블 기기 개발에 참여하고 있으며, 최근에는 미국 유명 스포츠 브랜드 언더아머와 국내 웨어러블 시장 선점을 위한 협력을 추진하기도 하였다.

엘지의 경우, 안드로이드 웨어버블 운영체제 기반의 스마트 시계를 출시했으며, 속도, 걸음 수, 칼로리 소모 등이 확인 가능한 라이프밴드 터치와 심박센서로 혈류량을 측정하는 심박동 데이터를 실시간 제공하고, 음악재생, 전화수신 확인, 통화 가능한 심박이어폰을 개발하는 등 모바일 헬스 웨어러블에 역량을 집중하고 있다.

국내 기업 중에는 삼성과 엘지 외에 다수의 중소기업들도 웨어러블 시장에 뛰어들고 있는데, 유즈브레인넷은 국내 최초로 반지 형태의 웨어러블 디바이스인 '모션링'을 출시하여 애플이 상용화에 노력 중인 '반지형 웨어러블' 시장의 선점을 시도하고 있다. 이 외에 체성 분 분석기 '인바디'로 알려진 바이오 스페이스는 헬스 기기인 인랩을 개발하여 기존 헬스 기기 중심의 주력 상품군을 스마트 실감 분야인 웨어러블로 응용, 확장하는 사업을 추진하고 있다. 이 밖에 래티스 반도체는 웨어러블에 필수적인 초소형, 초절전 FPGA 등의 핵심 부품을 개발하였는데, 적외선 리모트 콘트롤러, 바코드, 터치, 사용자 식별, 만보계 등과 같은 웨어러블 기기의 핵심 기능들을 사용자 맞춤형으로 제공할 수 있어 상용화가 기대되고 있다.

나. 발전 방향

웨어러블은 스마트 기기의 하나로 시작되었으나, 오감을 적극적으로 활용하는 방향으로의 진화를 거듭하여 실감 디바이스의 대표적인 상품으로 포지셔닝에 성공하고 있다.

웨어러블의 진화는 Portabl → Attachable → Eatable로 발전하고 있으며, 발전을 거듭할수록 실감미디어의 주요 특징인 오감의 활용이 크게 높아지고 있다. 좀 더 구체적으로 살펴보면, Portable에는 스마트 글래스, Active Tracker, Wearable Cameras, Wearable Shoes, Smart Watch, Wearable Cloths, GPS Tracker, AR Headset 등이 있으며, Attachable에는 DMG Patchs, 3D Motion Sensor, Electronic Tattoo, Sensor Parches, Attaching Pills, EGG/EMG devices 등이 대표적이며, Eatable 단계에 이르러서는 Bionic Eye, Smart Implants, Smart Pills와 같은 생체혼합형 디바이스가 있다.

웨어러블 기기가 신체부착형 웨어러블로 진화할수록, 근본적으로 웨어러블 컴퓨터의 특성에 부합해야 할 뿐만 아니라 추가적으로 하드웨어 요구사항을 충족하도록 개발되어야 한다. 즉, 웨어러블 디바이스는 사물인터넷의 개념을 넘어 신체와 밀착해야 하므로, 신체의 움직임에 의해 손상되지 않도록 유연성과 신축성을 확보하고, 생체자극을 최소화하거나 생체와 문제없도록 생체 진화적이며, 탈부착이 가능해야 하고, 응용에 따라 적절한 사용기간을 보장하도록 전원을 제공해야 하고, 마지막으로 응용의 고도화를 위한 연산 및 통신기능이 완전 통합된 형태를 갖추어야 한다(Deloitte Consulting, 2014).

3. 가상현실[16]

위키백과(2016. 7. 18. 현재)에 정의된 가상현실(假想現實; Virtual Reality; 이후 VR)이란 컴퓨터 등을 사용한 인공적인 기술로 만들어낸 실제와 유사하지만 실제가 아닌 어떤 특정한 환경이나 상황 혹은 그 기술 자체를 의미한다고 한다. 이때 만들어진 가상의(상상의) 환경이나 상황이 이용자의 오감을 자극해 실제와 유사한 공간적·시간적 체험을 하게 함으로써 현실과 상상 세계 간의 경계를 자유롭게 드나들게 하는 것이다. 이때 이용자는 VR에 단순히 몰입하는 데서 머물지 않고 디바이스를 이용해서 조작이나 명령을 가하는 등 가상현실 속 콘텐츠와 상호작용할 수 있다.

일반적으로 이해되는 VR은 헤드 마운트 디스플레이(HMD)를 통해 제공되는 콘텐츠 서비스이다. 고해상도 3D 화면과 사운드를 지

---

16) 송민순(2016)의 한림ICT정책세미나 발표내용을 재구성.

원하는 HMD를 통해 이용자는 더 높은 현실감과 몰입감을 갖는다. HMD를 착용하고 실제 상황과 같이 뛰어다니거나 사물을 360도 돌려 보거나 하는 방식을 통해 VR의 상호작용이 이루어지며 이를 통해 실제 경험과 유사한 느낌을 체험할 수 있다. HMD는 일체형, 스마트폰 탈부착형, 조립식 카드보드형으로 구분된다. 일체형은 높은 시야각을 제공하고 주변 기기와의 시너지를 통해 높은 몰입감을 주지만 가격(40만 원 이상)이 비싼 반면, 스마트폰 탈부착형과 조립식 카드보드형은 저렴한 가격(20만 원 이하)에 구입이 가능하나 스마트폰 탈부착 과정에서 조작의 불편함이 있으며 상대적으로 일체형에 비해 낮은 퀄리티와 몰입감을 준다. 슈퍼데이터(SuperData)는 2016년 카드보드형 2,710만 대(71%), 오큘러스 리프트, HTC바이브로 대표되는 PC VR 660만 대(17%), 기어VR 같은 스마트폰 탈부착형 250만 대(7%), 플레이스테이션 VR이 주축인 콘솔 VR을 190만 대(5%)로 전망한 바 있는데, 초기 시장에서는 호기심에 끌려 큰 비용을 지불하기보다는 보급형 기기 위주로 구입이 이루어질 것으로 예상된다.

기술적으로 보면, VR은 스테레오스코피 기술(양안의 시차를 이용한 3차원 기술)을 기반으로 하는데, 왼쪽 눈, 오른쪽 눈에 서로 다른 영상을 보여 주고 뇌에서 각기 다른 영상을 합성해 입체감, 원근감을 주며 100도 이상 넓은 시야각을 지원해 몰입감을 주고 360도 이미지를 구현해 VR에 있는 듯한 착각을 일으켜 이용자들에게 강한 현실감을 준다. 또한 헤드트래킹 기술 기반이라 마우스, 키보드 등의 보조장치를 통한 시야 조정보다 더욱 직관적인데, 이 기술은 머리 움직임을 추적하는 기술로서 완성도를 높이기 위해 머리 고개의 좌우, 상하 움직임, 자세 및 위치 정보까지 세밀하게 추적하는 센서 기술을 필요로 할 뿐 아니라 이용자가 공간을 바라보는 영상을 정확하게 구현하기 위해 아이트래킹 기술도 필요로 한다. 또한, 이용자가 자신의 신체를 이용해 콘텐츠의 객체와 상호작용하는 기능을 수행하기 위해 머리, 눈 이외에 사용자의 신체 움직임을 추적해 가상공간에 반영할 수 있는 인터페이스 기술도 필요로 한다. 과거에는 장갑형태가 사용되었지만 갈수록 정교해지며 손가락의 움직임을 추적하는 기술로까지 발전되었다. 이 기술들을 빠르게 연산해 내는 컴퓨팅 능력, 디스플레이로 바로 보여 주는 빠른 응답속도가 아울러 필요하다.

가. VR 시장 현황 및 글로벌 기업 동향

VR은 게임, 영화, 교육, 의료, 국방, 여행, 커머스 등 산업 전반에 응용될 것으로, 특히 IoT, 웨어러블 등의 새로운 IT와 접목될 것으로 보인다. <그림 2-13>에서 보듯이, 2016년이 VR 시장이 본격 개화된 시기로 원년이 된다. 이 시장도 스마트폰 시장과 유사하게 진행될 전망인데, 초기 15%는 얼리어답터가 주도하다가, 확산은 스마트폰보다는 완만하면서도 태블릿보다는 가파르게 진행될 것인데, 수익모델도 스마트폰과 유사해 초기 프리미엄(premium) 모델로 주로 광고수익 기반이 될 것이며, 모바일 중심 VR이 예상된다. 즉, PC 보유자의 10% 미만 정도만 오큘러스 구동 가능한 반면, 스마트폰은 이용자 기반이 두텁고 속도 사양이 다양하고 교체 주기도 데스크톱 PC보다 짧아 확산에 도움이 된다. 더구나 설치, 사용이 편리하고 코드 없이 이동 가능하다는 게 큰 장점이다.

VR이 주목을 끌게 된 CES 행사를 주관하는 CTA(Consumer Technology Association)에서 2016년 VR 기기 판매 규모를 내놓았는데, 120만 대 수준이다. 이에 비해 IHS는 700만 대, 트렌드포스(Trendforce)는 1,400만 대로 전망하는 등 기관에 따라 천차만별이다. 시장 규모로 보면, 디지캐피탈(Digi-Capital)은 300억 달러, 트렌드포스(Trendforce)의 경우 2020년 소프트웨어와 하드웨어를 합친 전체 VR 시장이 700억 달러까지 성장할 것으로 예상하고 있다. 시장에서 일반적으로 동의하는 바는 3D TV의 경우가 그러했듯이 결국은 소프트웨어와 콘텐츠 시장이 열리는 것이 성장의 관건이라는 점이다. VR 생태계는 아래 <그림 2-13>과 같다. 스마트폰 생태계와 마찬가지로 결국은 VR 소프트웨어 기반 앱스토어가 플랫폼 역할을 하고 다양한 콘텐츠 개발자들이 등장한다.

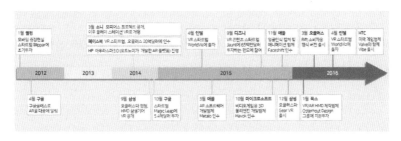

<그림 2-13> VR 생태계의 발전 방향

나. 콘텐츠 경쟁력의 핵심 장르

VR의 원년이 2016년 올해이고 아직까지는 HMD를 포함한 기기 시장에 관심이 집중되어 있지만, 중장기적으로는 콘텐츠 시장에 주목할 것이다. 개인별 편차가 있겠지만, HMD 구매 목적은 우선은 게임 플레이일 것이라는 데는 동의하는 분위기이다. 기기를 사는 것 외에 교체 주기도 매우 중요한 시장 변수인데, 스마트폰 교체 주기가 평균 20개월 수준으로 비교적 짧은 편이지만 PC는 48~60개월, 게임기는 60~72개월에 육박해, VR 기기 특성이나 현재의 사용 목적을 고려할 때, 게임기와 유사한 비교적 긴 교체 주기를 가질 것으로 보인다. 앞서 언급했듯이, 고사양 HMD의 비용 문제로 많은 제품들이 우선은 카드보드형이나 스마트폰 탈부착형으로 나올 것이다. HMD 스펙이 상승해 특정 기능을 제공하면, 스마트폰 교체만으로 원하는 콘텐츠를 이용하게 되겠지만, VR 교체 수요 감소로 하드웨어 성장 둔화는 불을 보듯 뻔하다. 그렇기 때문에 장기적으로는 소프트웨어와 콘텐츠 시장에 관심이 집중될 것이다. 그런데 모든 기기의 초기 콘텐츠 장르가 그러했듯이, VR 콘텐츠에 대해서도 의견이 많으나, 성인용 영상 콘텐츠가 초기 킬러 콘텐츠가 될 것이라는 우려도 나오고 있다. 이미 경제 전문지인 포브스는 3대 VR 콘텐츠 장르 중 하나로 성인용 콘텐츠를 꼽으며 2016년 1,300만 달러, 2020년 10억 달러 시장을 이룰 것으로 전망했다.

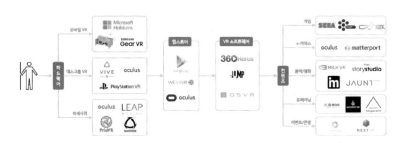

<그림 2-14> VR 서비스 구성도

다. 플랫폼

앞에서 VR에 대한 개념과 등장 역사, 기술, 시장, 그리고 글로벌 기업들의 활동과 콘텐츠 장르 등에 대해 간략하게 언급하였다. 결론적으로, VR을 즐기게 하는 유인책은 콘텐츠이다. 이는 이미 스마트폰이나 스마트 TV, 3D TV 등에서 경험된 바이다. 현재 국내 VR 관련 콘텐츠를 개발하고 있는 업체들 대다수가 단순 기술을 보유한 수준이거나, 이제 막 관련 시장에 진입한 경우가 대부분이다. 시장 초기부터 완벽할 필요는 없다. 과거 온라인 게임 초창기 <바람의 나라>와 <리니지1>이, 모바일 게임 초창기 <앵그리버드>가 다소 뒤떨어진 그래픽, 단순한 게임성에도 불구하고 크게 히트했던 사례, 그리고 최근의 <포켓몬 고>에서 보듯이, VR 콘텐츠도 완벽하지 않더라도 시장 초기엔 선점이라는 이점을 안고 있기 때문에 콘텐츠 개발 업체들을 플랫폼 기업이나 생태계 관련자나 정책기관에서 관심 갖고 도와주는 마인드가 필요하다.

실제로 보면, 국내 게임 업체들은 VR 기기 보급률 등을 이유로 관련 소프트웨어 개발에 소극적이다. 예로 엔씨소프트는 아직 대중화되지 않은 VR 콘텐츠 개발에의 자원 투입을 망설이고 있으며, 조이시티, 엠게임, 한빛소프트 등 일부 업체들도 VR 게임 개발을 발표하지만 아직까지는 질적 투자에 나서지는 못하면서 미래 시장에 대비하는 수준인 것으로 판단된다. 국내 인터넷 기업들도 360도 동영상 서비스 기반의 VR 콘텐츠에 관심을 갖고 일부 제공하기 시작했으나 적극적이지는 못하다. 네이버는 이미 작년인 2015년 말 360도 동영상 서비스를 제공하며 VR 플랫폼 구축을 시작했고 올 초인

2016년 VR 모션 컨트롤러 기기 제작 기술을 보유한 스타트업인 폴라리언트에 투자했다. 개인방송 플랫폼인 아프리카TV도 360도 동영상 서비스를 제공하기 시작해, 연예인들과 BJ들이 이를 활용해 방송 중이다. 일부 크리에이터인 방송자키(Broadcasting Jockey; 이후 BJ)들도 VR 게임을 즐기는 방송을 내보내며 VR에 대한 관심을 보여 주기 시작했다. VR 콘텐츠 제작 기술 보유 업체들로는 시각효과(VFX) 전문기업인 덱스터가 중국 완다와의 사업 협력을 하고 있어서 중국 시장 진출에 도움이 될 것으로 보이며, 홀로그램 소프트웨어 기술을 보유한 레드로버도 중국 교육용 VR 수요를 기대하며 콘텐츠 개발을 준비 중이다. 콘텐츠 제작을 지원하는 기술 기업들은 국내 시장보다는 중국 시장을 타깃으로 하고 있는 듯하다.

한편, 국내 정부도 VR 산업 육성을 위해 다양한 지원 정책을 내놓고 있다. 미래창조과학부와 문화체육관광부는 지난 2016년 2월 '문화와 정보통신기술 융합을 위한 콘텐츠 신시장 창출 간담회'를 개최하고 게임, VR 산업을 중심으로 한 신시장을 창출하기로 결의했으며, 소프트웨어, 콘텐츠, 디바이스가 패키지화된 비즈니스모델 창출을 지원할 계획이다. 또한, 정부는 VR 산업 육성에 3년간 약 1,800억 원을 투자할 예정이며 750억 원의 디지털 펀드 조성을 추진 중이다. 추가로 VR 유통 플랫폼 구축, 360도 영상 구현과 같은 대형 프로젝트까지 본격적으로 가동할 예정이며 교육, 문화, 의료 등 광범위한 콘텐츠 영역에서 활용을 위해 정책의 지원 범위를 확대할 것으로 예상된다.

4. 국내외 key player 분석

가. Apple

급성장 중인 글로벌 실감미디어 시장환경에서 애플사는 최고의 경쟁력을 갖춘 회사로 발전하고 있다. 애플사는 아이폰, 아이패드로 구축된 모바일 디바이스 영역과 앱스토어, 아이튠즈로 구축된 콘텐츠 영역, iOS로 구축된 개발자환경, iMac으로 형성된 PC생태계 등 디지털 생태계 전 영역에 걸쳐서 최고의 경쟁력을 갖추고 있다. 여기에 iTV를 통해 방송산업까지 영역을 확장하였다. 애플은 경쟁 중인 안드로이드 진영과 달리 독점적 플랫폼을 구축하고 있는데, 이런 생태계 환경은 일관된 산업 전략과 질 높은 사용자 서비스를 가능하게 하는 장점으로 작용하고 있다. 이런 장점은 이후 실감미디어로의 시장의 변화에 능동적인 대응이 가능하게 하는 장점으로 작용할 수 있다.

나. 삼성전자

실감미디어 환경으로의 변화에 대응하는 삼성전자의 장단점은 세계 최고 수준의 디바이스 기술과 불완전한 콘텐츠 경쟁력으로 명확하게 구분할 수 있다. 삼성전자는 세계 최고 수준의 실감미디어 하드웨어 제조업체로 글로벌 산업 전체를 좌우할 수 있는 최고의 경쟁력을 갖추고 있다. 실제로 삼성전자는 국내 최초로 3D 디바이스의 상용화에 성공한 전력이 있고, 이를 기반으로 TV와 3D, UHD 결합기술로 글로벌 시장에서 최고 수준의 플레이어로서 위치를 확고히

하고 있다. 특히 주력인 스마트폰 시장의 정체를 탈피하기 위해 웨어러블 디바이스로 역량을 집중하여 스마트 워치 시장의 최고 플레이어로서 성장하였다. 이 외에, 웨어러블 시장을 통해 모바일 헬스 시장에도 진출하여 좋은 반응을 얻고 있다.

하지만, 삼성전자의 약점 역시 두드러지는데, MIT 미디어랩의 이토 소장은 삼성전자의 하드웨어에 경쟁력과 함께 소프트웨어 경쟁력의 미비를 신랄하게 지적한 바 있다. 삼성전자의 소프트웨어와 콘텐츠 경쟁력의 미비는 소프트웨어 중심으로 변화하는 디지털 환경에서 큰 단점으로 작용할 가능성이 있다.

다. CJ E&M

실감미디어와 관련해서 주목받는 기업 중의 하나는 CJ E&M이다. CJ의 가장 큰 장점은 실감 콘텐츠에 있다. CJ는 이미 국내에서 영화 제작 및 배급, CATV MPP, MSO, 인터넷방송 등에서 최대의 미디어 콘텐츠 기업으로 확고한 지위를 차지하고 있으며, 그 영역을 실감미디어 영역으로 빠르게 확장하고 있다.

특히 CJ는 영화관, 인터넷방송, CATV 등 실감 콘텐츠가 유통될 수 있는 다양한 영상 플랫폼을 확보하고 있어, 국내에서 실감미디어 산업 전체를 선도하는 기업으로 성장하고 있다. 향후 CJ가 글로벌 키플레이어로 성장하기 위해서 실감미디어 산업생태계 전체 가치사슬을 아우를 수 있는 역량을 성장시킨다면 글로벌 키플레이어로 성장할 잠재력이 높아 보인다.

제2장
빅데이터와 지능정보사회

제1절 빅데이터의 개요

1. 빅데이터의 등장 배경과 정의

1) 빅데이터의 등장 배경

인터넷이 일상화된 지 10여 년이 지난 지금 디지털 데이터가 양적으로 증대하고 있어서 전 세계 데이터에 생성될 디지털 정보량이 2011년 1.8제타바이트(zettabyte)의 데이터가 2015년에는 7.9제타바이트로 증가할 것이며, 2020년에는 50배 급증하게 되어 10배 많은 서버가 필요할 것이라고 전망되고 있어서, 기존의 데이터 기술로는 감당할 수 없는 규모로 성장하게 될 것이므로 향후 5년 이내 빅데이터를 위한 고급분석 등 관련기술이 예상되고 있다. 트위터(twitter)에서만 하루 평균 1억 5,500만 건이 생겨나고 유튜브(youtube)의 하루 평균 동영상 재생건수는 40억 회에 이른다. 글로벌 데이터 규모는 2012년에 2.7제타바이트, 2015년에는 7.9제타바이트로 증가할 것으로 예측하고 있다(IDC, 2011). 1제타바이트는 1,000엑사바이트(exabyte)이고, 1엑사바이트는 미 의회도서관 인쇄물의 10만 배에 해당하는 정보량이다.

2) 빅데이터의 정의

빅데이터란 디지털 환경에서 생성되는 데이터로 그 규모가 방대하고, 생성 주기도 짧고, 형태도 수치 데이터뿐 아니라 문자와 영상데이터를 포함하는 대규모 데이터를 말한다. 빅데이터는 <표 2-2>에서처럼 기존 데이터보다 너무 방대하여 기존의 방법이나 도구로 수집, 저장, 분석이 어려운 정형 및 비정형 데이터이기도 하다.

<표 2-2> 정형화 정도에 따라 나눈 빅데이터의 데이터 종류

정의	설명
정형 (Structured)	고정된 필드에 저장된 데이터. 관계형 데이터베이스 및 스프레드시트 등을 예로 들 수 있다.
반정형 (Semi-Structured)	고정된 필드에 저장되어 있지는 않지만, 메타데이터나 스키마 등을 포함하는 데이터. XML이나 HTML 텍스트 등을 예로 들 수 있다.
비정형 (Unstructured)	고정된 필드에 저장되어 있지 않은 데이터. 텍스트 분석이 가능한 텍스트 문서 및 이미지/동영상/음성 데이터 등을 예로 들 수 있다.

2. 빅데이터 특징

빅데이터의 특징은 일반적으로 3V+1V로 요약하는 것이 일반적이다. 데이터의 크기(Volume), 데이터 생성 속도(Velocity), 형태의 다양성(Variety)을 합쳐서 3V로 하며 이를 통해 가치(Value)를 창출한다는 의미에서 1V를 추가한다(Beyer, 2011). 최근에는 진실성(Veracity), 시각화(Visualization)를 추가하여 6V라고 말하는 이들도 있다.

1) 크기(Volume)

데이터의 물리적인 크기뿐만 아니라 개념적인 관점에서 대규모 데이터를 의미한다. 과거의 데이터 크기에 비해 상대적으로 처리가 어려울 정도의 데이터가 축적되어 분산하여 저장하거나 클라우드를 이용하여 저장하는 데이터를 일컫고 있다.

2) 속도(Velocity)

데이터가 생성되거나 처리하는 속도를 말한다. 데이터가 생성되는 속도나 변화되는 속도가 빠르고 이에 따라 실시간이나 실시간에 가까운 서비스를 위해서는 이를 생성 즉시 처리가 필요한 데이터를 말한다.

3) 다양성(Variety)

데이터베이스 내에 저장된 정형화된 데이터를 포함하여 비정형화된 데이터(소셜 네트워크 데이터, 머신 데이터)까지 포함한 데이터의 형식 및 데이터를 수집하는 공간이 내부뿐만 아니라 외부의 데이터를 뜻한다.

4) 가치(Value)

빅데이터를 분석하여 얻어지는 유무형의 가치를 말하며, 다양한 분야에서 적용한 사례를 통해 그 활용성이 밝혀지고 있다. 예를 들어 서울에 방문한 중국인 관광객의 휴대전화 로밍 데이터와 신용카드 소비내역을 수집하여 분석한다면 관광객의 주요 정주 공간, 소비 공간 및 주요 소비품목을 밝혀낼 수 있고 이는 비즈니스 측면에서 활용 가능한 가치를 지니게 된다.

5) 진실성(Veracity)

빅데이터 분석을 통해 얻은 통찰력은 비즈니스 의사 결정이나 활동의 배경을 고려하여 이용됨으로써 신뢰가 제고됨을 뜻한다.

6) 시각화(Visualization)

방대한 양의 데이터를 분석하여 그 결과를 이해하기 위해서는 다양한 방법이 사용될 수 있으나 최근 인기 있는 방법은 시각화라는 방법을 통해 한눈에 직관적으로 이해될 수 있는 그림이나 도표 등을 이용하는 것이다. 과거 단순 그래프가 아닌 지도나 상호 반응적인 (Interactive) 그림을 많이 사용하고 있다.

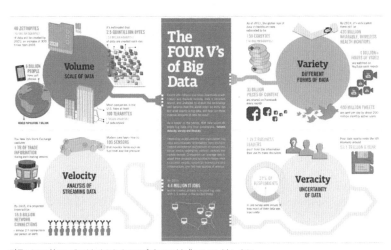

자료: http://www.ibmbigdatahub.com/infographic/four-vs-big-data

<그림 2-15> 빅데이터의 특징

3. 빅데이터의 원천

빅데이터가 발생되는 원천을 이해하면 빅데이터의 특성과 그 이질성을 알 수 있다.

1) 거래 데이터(Transaction Data)

인터넷 쇼핑의 발달로 상거래의 상당수가 온라인에서 이루어지고 있다. 거래 데이터는 고객의 개인적인 정보와 인터넷에서 구매되는 제품의 정보를 조합한 단순 거래 데이터와 고객의 온라인 쇼핑몰 내에 방문한 페이지들과 정주시간을 고려한 Clickstream 데이터 등으로 구분될 수 있다.

2) 소셜 네트워크 데이터(Social Network Data)

소셜 네트워크 서비스에서 생성되는 데이터로 텍스트, 위치, 그림, 동영상 등의 형태를 지닌 데이터를 말한다. 또한 사용자 간의 연결이 추가되어 네트워크 형태를 띠는 데이터를 말한다.

3) 검색 데이터

인터넷에서 발생하는 검색어를 통해 사용자의 관심사의 변화를 분석(Opinion Mining)하거나 특정 주제에 대한 공감이나 부정적인 정서 등을 살펴보는 감성분석(Sentiment Analysis)을 수행할 수 있다. 네이버 검색어의 검색량 변화를 살펴보니 최근 커피에 대한 검색량이 술에 대한 검색량을 추월했다는 사실이 밝혀졌다면 이는 사람들의 관심사가 술에서 커피로 옮겨 간다는 해석이 가능하며 술이나 커피가 대인관계의 매개체라는 점에서 대인관계의 방법이 술을 매개로 하는 문화에서 커피로 바뀐다는 추정을 해 볼 수 있을 것이다.

4) M2M(Machine-to-Machine) 데이터

IoT(사물인터넷)의 시대가 열리면서 많은 기기에서 자동으로 센서를 통해 데이터를 생성, 저상, 분석하고 있다. 손목에 착용하는 스마트 워치의 경우 개인별 이동거리, 심박 수, 칼로리 소모 등을 자동으로 측정하고 저장하여 운동량을 분석하여 사용자에게 전달하기도 한다. 또한 산업계에서는 기계에서 생성되어 저장되는 데이터를 분석하여 기계고장, 품질관리 등에 활용하려고 하고 있다.

5) 생채정보

개인의 생체에서 발생한 정보를 저장 분석하는 시도는 다양한 산업계에서 시도되고 있다. 의학계에서는 DNA를 분석하여 각종 질병의 예측에 사용되고 있으며 정보보안 업계에서는 개인의 생체를 인식하여 보안인증에 사용 중이다. 생체정보 중 가장 기초적이며 널리 사용 중인 지문의 경우 이미 휴대전화 잠금 해제, 도어락, 금융거래 인증 등에 활용되고 있다.

4. 빅데이터 이전 기술과의 차별성

<표 2-3> 기존의 데이터와 빅데이터의 차이점

구분	기존 데이터	빅데이터
데이터 양	테라바이트 수준	페타바이트 수준(최소 100테라바이트 이상)
데이터 유형	정형 데이터 중심	정형 데이터 외에도 소셜 미디어 데이터의 동영상, 사진, 대화 내용 등의 비정형 데이터의 비중이 높음
프로세스 및 기술	처리/분석 과정이 정형화 원인/결과 규명 중심	다양한 데이터 소스, 복잡한 로직 처리 등 처리 복잡도가 매우 높음 상관관계 규명 중심

1) 빠른 의사결정이 상대적으로 덜 요구된다

대용량 데이터에 기반을 둔 분석 위주로, 장기적·전략적 접근이 필요하기 때문에 기존의 데이터 처리에 요구되는 즉각적인 처리속도와는 달리, 즉각적인 의사결정이 상대적으로 덜 요구된다.

2) 처리 복잡도가 높다

다양한 데이터 소스, 대용량 데이터 처리 등으로 인해 처리 복잡도가 매우 높아 이를 해결하기 위한 분산 처리 기술이 필요하다.

3) 처리할 데이터의 양이 방대하다

방대한 양의 고객의 정보 수집 및 분석을 장기간에 걸쳐 수행해야 하는 클릭스트림 데이터같이 기존의 데이터보다 처리해야 할 데이터의 양이 방대하다.

4) 비정형 데이터의 비중이 높다

SNS, 로그 파일, 클릭스트림 데이터 등 비정형 데이터 파일의 비중이 매우 높고, 이것이 처리의 복잡성을 증대시키는 요인이기도 하다.

5) 처리/분석 유연성이 높다

잘 정의된 데이터 모델/상관관계/절차 등이 없어, 기존 데이터 처리방법에 비해 처리/분석의 유연성이 높은 편이다. 또한, 새롭고 다양한 처리방법의 수용을 위해, 유연성이 기본적으로 보장돼야 한다.

5. 빅데이터 가치

빅데이터는 21세기 원유에 비유될 만큼 그 가치를 인정받고 있다. 원유를 채굴하여 정제하면 여러 가지 유용한 제품으로 될 수 있듯이 쌓여 있는 빅데이터에서 새로운 지식이 발견된다면 이는 원유 이상의 가치로 활용될 수 있을 것이다. 이미 미국의 Netflix와 같은 회사는 과거 고객들의 구매 이력과 구매 후 평점 등을 빅데이터로 분석하여 새로운 추천에 활용하고 있다. 더구나 원유와 같은 자원은 유한하나 빅데이터는 끊임없이 생성되는 것이므로 고갈 없이 무한히 사용할 수 있을 것이다.

1) 비즈니스적 가치

빅데이터를 분석할 수 있는 환경이 마련되어 있다면 새로운 사업의 기회를 모색하거나 제품의 경쟁력을 향상시키는 데 활용될 수 있다. 예를 들어 기존의 혈당을 재는 기계를 IoT 기능을 부가하여 매번 혈당을 측정하고 이를 병원으로 전송하면 혈당을 수기로 기록하는 번거로움이 사라지고 병원에서는 환자의 혈당변화를 더 정확하고 신속하게 전달받을 수 있게 된다. 또한 혈당측정기에서 환자의 혈당변화를 분석하여 신속히 병원을 방문하도록 알려 줄 수도 있다. 만일 여러분의 가족이 혈당측정기를 구입한다면 이러한 기능을 갖추고 있는 제품과 그렇지 않은 제품 중 어떤 것을 택하겠는가?

2) 인간생활 편의 기여 가치

빅데이터를 활용하면 인간생활의 편의성이 과거보다 향상될 수 있다. 자동차의 미래상을 살펴보자. 차량에 부착된 센서가 현재의 기온과 노면의 상태를 기록하여 지정된 분석 서비스 회사에 전송하면 기상데이터와 과거의 사고 이력을 분석하여 자동적으로 운전자에게 위험 경보가 전해지고 최대 속도가 낮추어져서 노면의 위험에 대비하게 된다. 이미 모 차량회사에서는 자사 자동차에 Car-to-Car 커뮤니케이션 서비스를 개발하였고 차량 사이에 이러한 정보는 교환하여 운전자에게 도움을 주려는 시도가 이루어지고 있다. 미래에는 자동차의 시각 센서가 경찰관에 의해 음주측정 중인 도로 상황을 인지하여 다른 차량에 알려 주려는 시도가 있을 가능성도 배제할 수 없다.

3) 재난과 생명에 관련된 가치

빅데이터 사례 중에 많이 언급되는 예가 구글 독감경보이다. 일반적인 독감경보는 병원 내원 환자 중 일정 비율 이상의 환자에서 독감증상 소견을 보이면 독감 유행을 보고하는 시스템인데 독감에 걸린 환자가 병원에 가지 않는 경우 판단이 불가능한 단점이 있다. 그러나 환자나 환자의 가족이 독감에 걸린 경우 구글에 독감관련 검색을 하게 되고 검색량을 통해 독감의 유행 가능성을 미리 예측하는 시스템이다.

또 다른 예는 휴스턴이나 샌프란시스코 같은 지역의 범죄 발생장소, 빈도, 범죄유형을 분석하여 위험 지역을 Heat Map 형태로 표시해 주는 서비스이다.

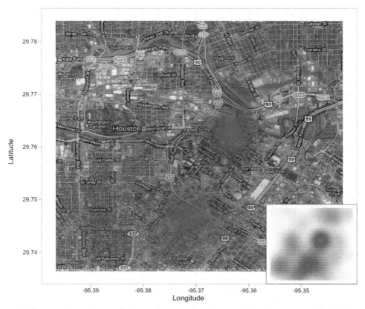

자료: https://github.com/hadley/ggplot2/wiki/Crime-in-Downtown-Houston,-Texas-:-Combining-ggplot2-and-Google-Maps

<그림 2-16> Crime Map of Downtown Houston, 2010

제2절 빅데이터 활용 사례

1. 올레TV: 실시간 시청정보를 활용한 시청자 감성 분석

   콘텐츠 종류의 다양화로 인해 시청자가 취향에 맞는 콘텐츠를 검색하는 것이 어려워지거나 시간이 많이 필요하게 되는 현상이 발생하였다. 이는 다양한 콘텐츠와 여러 채널이 만들어지면서 시청자가 선택은 많아졌지만 개별 콘텐츠에 대한 수요가 분산되어 소수의 시청 수요가 발생하는 현상이 생겼다. 이에 다양한 시청자의 수요에 대응하기 위해 시청자의 시청정보를 실시간으로 수집·저장·분석하여 이를 통해 사용자에게 콘텐츠나 상품을 추천하는 다음의 필요성이 대두되었다.

● 개인의 취향과 성향에 맞춤화된 콘텐츠를 제공하거나 기획/개발하는 추세 발생
● 매출 증대를 위한 직접적인 수단으로 접근하는 것보다 시청자에게 제품을 인식시켜 자연스럽게 다음 단계에 연결되는 방법으로써 활용 가능성 대두

1) 주요 추진 내용
가. 사용자의 행동 예측
● 빅데이터 분석기술을 이용하여 실시간으로 대용량의 올레TV 셋톱박스 채널 로그를 초 단위 미만으로 분석 후 고객에게 맞는 실시간 맞춤형 카테고리를 전송하는 서비스를 개발

● 데이터가 수집되는 즉시, 실시간 전처리, 실시간 계산, 실시간 패턴분석을 통해 데이터 분석 제공
● 실시간 데이터 처리 인프라 구축과 의사결정 지원을 위한 시각화 기능 제공

자료: 정보화진흥원, 2016

<그림 2-17> 고객 성향 분석 결과에 따른 맞춤형 서비스화면 노출

2) 활용

● 6백만 가입자의 채널, VOD 시청정보를 실시간으로 수집 및 분석하여 요구사항에 대해 실시간 채널/VOD 시청률 분석 시스템 구축 상용화 및 운영
● 고객 이탈방지 및 고객 군별 차등화 캠페인 구현을 위한 수단으로 활용
● 테마에 맞는 콘텐츠 맵핑 미디어와 콘텐츠 분야에 특화된 노하우를 바탕으로 차별화된 테마를 고객별로 제공

자료: 정보화진흥원, 2016

<그림 2-18> 올레TV 실시간 인기채널 안내 화면

● 실시간 방송 채널과 VOD 시청 이력 등 콘텐츠 이용 방식을 분석해 가구 구성원을 추론하여 최적화된 콘텐츠 노출

● 시청자가 필요로 하는 정보를 적시에 노출시켜 리모컨 하나로 간편하게 접할 수 있도록 실시간 감성 큐레이션 서비스 실시

● 개인에게 최적화된 추천 및 큐레이션을 위한 메타 데이터 검증 및 테마 생성

● 구매 이력과 가입자 정보를 활용하여 RFM(Recency, Frequency, Monetary) 모델에 근거한 고객군 분류로 특징 파악

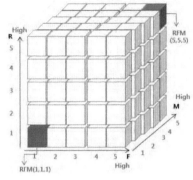

RFM(5,5,5) : VVIP – 우수고객 차별 프로모션

RFM(1,1,1) : 해지 – 이탈 방지 프로모션

타겟 마케팅에 활용 – 고객군 분류/Smart Push

자료: 정보화 진흥원, 2016

<그림 2-19> RFM 분석을 통한 시청자 세분화

3) 결과

● 시청자 수, 지능형 서비스 활용 비율 증가 '확인'
● RFM(Recency, Frequency, Monetary)을 통한 서비스 추천 수용 인원이 15배 증가
● 실시간으로 대용량 로그를 1/1,000초 미만에 처리하는 기술력 확보

2. 서울시 심야버스

늦은 밤에 귀가하는 것은 어렵고 위험하다. 늦은 시간에 귀가하는 사람들을 대상으로 범죄를 저지르는 범죄자들이 많아졌고, 버스나 지하철이 끊겨 택시를 이용할 시, 큰 비용이 들기 때문이다. 이런 문제들의 해결책으로 서울시에서는 2013년도부터 인구가 많은 지역을 중심으로 자정부터 새벽 5시까지 심야버스를 운영하고 있다.

1) 심야버스 운영을 위한 빅데이터 이용 방법

● KT가 가지고 있는 이동통신망 데이터를 분석해 노선을 구축
● 500만 건의 택시 승하차 정보 분석
● KT의 통화량 데이터 30억 건을 바탕으로 노선 변경 및 확대
● 기존 버스의 노선, 시간, 요일을 분석하여 교통수요 패턴 분석
● SNS를 통한 시민들의 불만 접수 후 개선

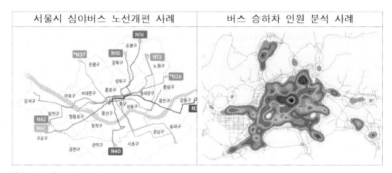

자료 : http://m.ciobiz.co.kr

<그림 2-20> 빅데이터를 활용한 노선구축

2) 심야버스 운영에 따른 결과

● 야근이 많은 직장인들에게 경제적 부담 감소
● 서울시 시민들의 안전 확보
● 하루 최대 1200백 명의 승객 이용
● 시민들의 긍정적인 반응으로 인해 더 많은 지역으로 노선 확대
  추진

자료: http://blog.skenergy.com/

<그림 2-21> 심야버스 노선 확대

3. 빅데이터 분석 기반 외국인 관광산업 지원 사례

외국인 관광객의 규모가 1,000만 명 시대를 맞이하였으며 중국인 관광객은 10년 전 대비하여 5배 증가하여 전체 관광객 중 33%로 1위, 소비 규모 측면에서 1인당 경비 지출이 약 256만 원으로 타 관광객보다 약 40% 이상 높은 비중을 차지하고 있다. 최근 중국의 관광 제도-여유법(旅遊法)- 개선으로 단체 여행객이 감소하고 자유여행객의 증가가 예상되는 추세로 중국인 관광 트렌드를 분석하여 개인 맞춤형 관광정보 제공, 추가적인 관광지 개발, 관광지 추천 정보를 제공하여 관광산업의 도약을 기하기 위해 빅데이터 분석이 수행되었다.

1) 주요 활용 데이터

<표 2-4> 관광 데이터 개요

구분	데이터	데이터양	제공기관
소비/거래 패턴	내국인 거래 패턴	연간 약 24억 건	비씨카드
	외국인 거래 패턴	연간 약 1,300만 건	
	고객 유형 정보 (성, 연령, 주소의 비식별 정보)	약 2,900만 건	
관광권역 및 공간정보	전국 블록 및 유형 정보	366,999건	오픈메이트
	주요 상권 영역	1,200건	
중국어 관광 콘텐츠	중국번체/간체 관광정보(공통, 이미지, 소개정보, 위치기반 관광정보, 지역기반 관광정보, 숙박, 행사정보 등)	N/A	한국관광공사
유동인구 패턴	내국인 통화 데이터	연간 약 1.5억 건	KT
	중국인 로밍 데이터	연간 약 180만 건	
상가/업소 정보	상가/업소 DB	약 300만 건	나이스평가정보

자료: 정보화진흥원, 2014년도 빅데이터 활용 스마트서비스 시범사업 사례집

2) 분석과정

● KT 로밍데이터를 활용한 중국인 유동인구 산출

교통개발연구원에서 수행한 <전국 교통DB 구축사업 교통유발원 단위조사 및 기초 분석>을 바탕으로 해당 지점 주변의 인구유발시설 (백화점, 영화관, 아파트, 지하철역 등)을 찾고 각각의 인구 유발시설 들이 통행을 유발시키는 영향력을 중첩, 거리에 따른 가중치를 적용 하여 도보 가능한 도로에 대해 10m 간격으로 값을 산출, 지수화함.

● BC카드 데이터를 활용한 상권별 중국인 매출액 분석

중국인 여행유형별, 여행시즌별, 시간/요일대별 소비패턴 분석, 선 호지역 비교 분석 내국인과의 여행 패턴을 비교하기 위한 내국인 소

비패턴 분석도 병행

● 이동패턴 분석

카드 거래 데이터 기반으로 소비 형태에 의한 이동패턴 분석(여행 이동거리, 여행 시 먹거리 이동거리 등)

● 관광 활성화 지역 추출

서울시 주요 여행지역 및 소비밀집도, 통화밀집도 등을 통한 주요 관광권역 분석/추출(6개 주요 권역: 강남/서초, 동대문, 명동/남대문, 이태원, 종로/인사동, 홍대/신촌)

3) 분석결과

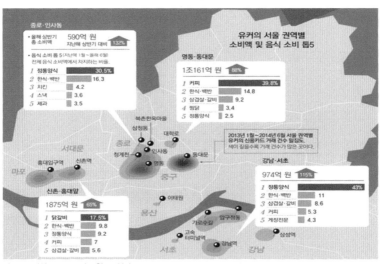

자료: 동아일보, 2015년 1월 21일자

<그림 2-22> 관광 빅데이터 분석결과

● 외래 관광객은 2008년 이후 매년 10%씩 증가하고 있으며, 특히 중국인 관광객은 500% 이상 증가한 것을 나타남.

● 중국인 관광객 구매횟수는 전년 대비 181% 상승하였고, 구매금액은 전년 대비 120% 상승

● 명동/동대문 인근 쇼핑타운을 중심으로 밀집도가 높은 것으로 확인되나, 최근에는 강남/서초, 종로권역의 거래증가율이 높게 나타남.

● 중국관광객 평균 구매횟수는 9.7회, 1인당 소비금액은 256만 원으로 전체 관광객 평균 183만 원보다 중국관광객이 40% 추가 소비함(2013년 기준).

● 관광객은 주로 명동/남대문(2,458,948건)에서 자주 소비하였으며, 종로/인사동(288%), 강남/서초(239%)의 거래 건수가 전년 대비 크게 증가함.

● 소비금액 역시 명동/남대문(6조 44억 원)이 가장 높게 나타났으며, 종로/인사동(200%)이 전년 대비 가장 큰 폭으로 증가함.

● 관광객은 화장품, 의류 등을 주로 구매하고 화장품은 명동/남대문, 종로/인사동, 홍대/신촌에서 의류는 강남/서초, 동대문에서 주로 구매함.

● 강남/서초, 종로/인사동은 한식, 동대문은 갈비·삼겹살, 홍대/신촌에서는 닭갈비를 주로 먹으며, 명동/남대문에서는 커피를 많이 마시는 것으로 나타남.

4. 식품의약품안전처(식약처)의 빅데이터 활용

1) 식약처의 식중독 예측 지도

가. 내용

매년 식중독으로 발생하는 사회, 경제적 손실을 줄이기 위해 빅데이터를 활용했다. 이때 사용한 빅데이터는 식약처의 식중독 발생 정보, 기상·기후정보, 국립환경과학원의 환경 정보, 국민건강보험공단의 진료 정보, SNS 데이터 등을 모두 연계·분석하여 식중독 예측 지도를 만들었다. 식약처 홈페이지를 통해서 시·군·구 단위로 식중독 발생 위험 정보를 관심·주의·경고·위험 등의 4단계로 확인할 수 있다.

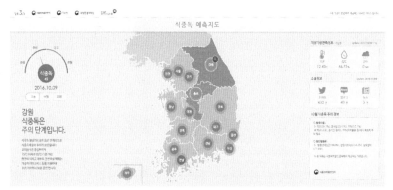

자료: http://www.egov.go.kr

<그림 2-23> 식중독 예측 지도

2) 효과

가. 기존에 제공되던 '식중독 지수'에 비해 정확도가 높고 보기 좋

게 시각화되어 있어 편의성이 증대되었다.

나. 빅데이터를 통해서 다양한 변수들이 추가되어 정확도가 향상
되었고 이 식중독 예측 지도는 당일의 식중독 지수뿐만 아니라 내일
과 모레의 지수까지 알려 주기 때문에 국민들이 식중독에 걸리지 않
도록 예방해 주는 효과를 볼 수 있게 되었다. 또한 SNS에 식중독 관
련 정보들을 모아 주면서, 식중독 예방에 대해서 국민들에게 접근성
을 높여 주었다. 실질적으로 작년 대비 29.3퍼센트의 식중독 환자
수 감소에 효과를 보았다.

5. 독감예보서비스

현대인들의 검색어를 통해 많은 것을 예측할 수 있는 빅데이터가
실시간으로 쌓이게 되는데 구글은 이러한 것을 활용하여 사용자가
남긴 '감기'와 관련된 검색어 빈도를 조사하고 분석해 독감 환자의
분포 및 확산에 대한 정보를 제공하는 독감예보시스템을 실행하였
다. 또한 구글은 독감이나 인플루엔자 등 독감과 관련된 검색어 빈
도를 바탕으로 독감 확산 조기경보 시스템인 '구글 독감 동향
(Google Flu Trends)'을 마련하였는데 구글의 독감 동향과 미국 질
병 통제 예방센터의 실제 확산 데이터를 비교한 결과 실제 독감 증
세를 보인 환자들의 인원수와 검색빈도가 밀접한 상관관계를 나타
내 다시 한번 빅데이터의 우월성을 입증하였다(Ginsberg, 2009).

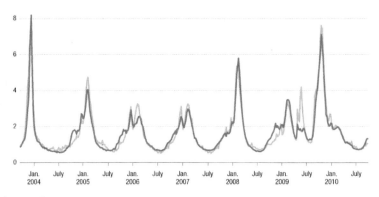

자료: http://www.npr.org

<그림 2-24> 구글 독감 트렌드

6. 아마존

아마존의 마케팅 방법 중 하나로 도서 추천 시스템을 들 수 있는데, 소비자의 도서 구매 데이터를 분석하여 고객이 구매할 것으로 예상되는 책을 추천하는 시스템이다. 이 시스템은 데이터 분석을 기반으로 하는 마케팅 방법이라고 할 수 있다. 이러한 데이터 분석 경험을 토대로 아마존은 하드웨어를 빌려주는 클라우드 서비스 또한 제공하고 있으며 정형화되지 않은 데이터를 처리할 수 있는 데이터베이스를 새로 개발하기도 하였다.

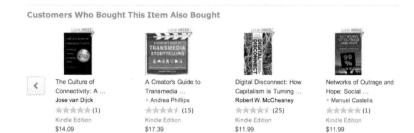

Customers Who Bought This Item Also Bought

| The Culture of Connectivity: A ... Jose van Dijck ★★★★★ (1) Kindle Edition $14.09 | A Creator's Guide to Transmedia ... › Andrea Phillips ★★★★★ (15) Kindle Edition $17.39 | Digital Disconnect: How Capitalism is Turning ... Robert W. McChesney ★★★★★ (25) Kindle Edition $11.99 | Networks of Outrage and Hope: Social ... › Manuel Castells ★★★★★ (1) Kindle Edition $11.99 |

자료: http://www.amazon.com

<그림 2-25> 아마존의 도서 추천 시스템

7. 넷플릭스

넷플릭스는 미디어 콘텐츠 유통기업으로 해당 기업의 이용자가

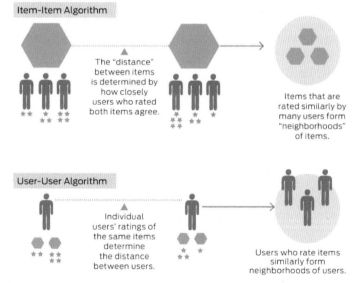

자료: http://www.kthdaisy.com/recommendation_system_kthdaisy/

<그림 2-26> 넷플릭스 영화 추천 시스템

영화를 대여하면 그 목록을 기초로 하여 영화를 추천해 주는 시네매치 시스템을 사용한다. 이는 구글의 도서 추천 시스템과 유사한 시스템으로 두 회사 모두 빅데이터를 기반으로 한 경영을 하고 있다.

제3절 빅데이터 주요 이슈

1. 기술적 이슈

1) 전문 인력문제

전문 인력문제는 기술적 이슈임과 동시에 인력의 문제이기도 하다. 빅데이터 분석에 필요한 인력은 주로 분석전문가, 데이터 기반의 관리자와 분석가, 기술적 지원인력 등이다. 국내 빅데이터 시스템 구축이 늘면서 데이터 분석 수요도 높아지는데 인력이 부족해 업계가 골머리를 앓고 있다. 빅데이터 분석에서 전문 인력은 꼭 필요한 기술이다. 데이터 분석가 양성을 위한 정부 지원이 시급하다. 한국정보화진흥원이 발간한 '2015년 빅데이터 시장현황조사' 보고서에 따르면 빅데이터 공급 기업과 수요 기업 모두 빅데이터 분석가가 필요하다고 내다봤다.

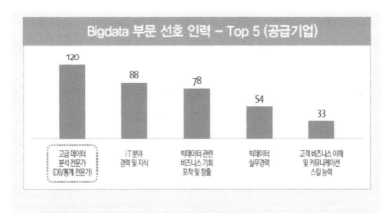

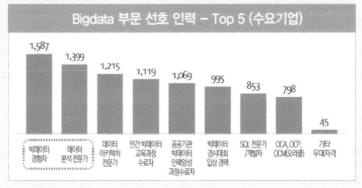

자료: 정보화진흥원, 2014

<그림 2-27> 빅데이터 부문 선호 인력

2. 정책적 이슈

1) 데이터 공유에 대한 인센티브 제공의 문제

빅데이터는 의미 있는 값들을 도출하기 위한 의미 있는 데이터가 수집되어야 하는데, 이를 위해 정부 차원의 기업 간 정보공유 인센티브를 마련하는 등의 정책이 필요하다. 적절한 인센티브 제공을 통한 정보수집과 공유가 원활히 이루어질 수 있는 환경을 조성하는 것은 빅데이터 활용 확대 및 활성화를 위해 전제되어야 할 중요한 과제이자 문제이다.

2) 공공데이터 개방

현 정부 출범 이후 창조경제의 핵심공약 중 하나로 공공정보를 활용해 일자리 창출을 지원하는 정부 3.0 패러다임을 제시했다. 빅데이터를 사용한 공공데이터 개방을 통해 28만 개의 1인 창조기업을 창출할 수 있으며, 2015년부터 3년간 약 16조 원의 생산유발 효과와 27만 9,300여 개의 1인 창조기업이 창출 가능할 것이라고 분석했다. 하지만 공공데이터 활용률은 매우 저조하다. 지난 2013년부터 2016년 5월 말 현재 개방된 공공데이터는 파일데이터 1만 4,122개, 오픈API 1,953개 등 총 1만 6,724개의 공공데이터가 개방됐지만, 정작 이를 이용한 민간의 웹 및 앱 서비스 개발사례는 단 853건에 불과한 것으로 나타나 활용도가 5%에 불과한 것으로 나타났다. 따라서 민간 분야에서 필요로 하는 공공데이터가 무엇인지 먼저 파악하고 이에 맞는 데이터를 우선적으로 개방하는 등의 전면적인 개편이 필요하다고 밝혔다.

3. 빅데이터를 활용한 법적 이슈

1) 보안관련 이슈

프라이버시와 함께 개인정보 유출 등과 같은 보안 문제가 더욱 중요하게 부각되고 있다. 개인정보 중 80% 이상이 기업의 데이터센터에 보관 중이나 실제로 정보보호가 되는 데이터는 50%에 불과하며 보안체계가 갖추어진 정보 또한 전체의 3분의 1에 불과하다고 한다. 이처럼 개인정보 소유권 이슈가 보안문제로 확산되면서 기업 내 데이터 통제 및 관리에 대한 경각심이 주요한 이슈로 부각되고 있다. 예를 들어 의료 DNA 데이터를 사용하는 데 있어서 환자들은 자신의 데이터가 정확히 어디에 쓰이는지 알지 못하는 상황에서 쓰이기 때문에 법적인 문제로 야기되기도 한다.

2) 선거와 관련된 이슈

페이스북, 트위터, 카카오스토리 등 소셜 네트워크 서비스(SNS)가 성장함에 따라 다양한 정보, 감정을 공유할 수 있게 되었다. 하지만 이러한 SNS를 악용하는 사례는 끊이지 않고 있다. 잘못된 정보 하나가 당락에 영향을 미칠 수 있는 선거철이 가장 큰 이슈라고 생각한다. 그림에서 볼 수 있듯이 SNS 선거법 위반 행위 단속 실적은 엄청나게 증가하고 있다. 특정단어를 사용해 출신지역을 비하하는 행위, SNS로 출처 없는 여론조사 결과 공유하기 등의 행위는 선거법 위반으로 처벌의 대상이다. 하지만 SNS에서 서로의 정보와 감정, 생각 등을 공유하다 보니 쉽게 지나칠 수 있다. 물론 유권자뿐만 아니라 출마자들도 SNS를 통해 선거운동을 하다가 선거법 위반을 한다. 지난 4·13 총선과 관련해 전체 300명 현역 의원 15분의 1인 20명이 선거법 위반 혐의로 기소됐다. 물론 빅데이터를 활용한 자동검색 시스템을 활용해 선거 기간 동안 인터넷상에 올라온 게시물, SNS

등을 들여다보고 선거법을 위반한 게시물이 있는지 검열하는 시스템이 있다. 하지만 SNS 자원이 워낙 방대하고 정치와 관련되어 있기에 예민한 문제점이 발생하는 한계가 있다. 이와 같이 빅데이터 사용을 통해 SNS에 더 편리하게 접근할 수 있지만 그에 따른 문제점이 발생하기도 하고 그 문제점을 해결하는 방법도 생긴다. 하지만 가장 중요한 것은 우리가 뽑는 대표들인 만큼 더 공정하고 투명성을 가진 선거활동과 투표를 하는 시민의식을 가지는 것이 가장 우선이지 않을까 하는 생각이 든다.

<그림 2-28> SNS상의 선거법 위반

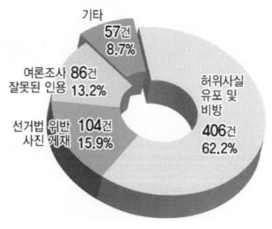

자료: 부산일보

<그림 2-29> 선거법 위반 온라인 게시물 삭제 요청 건수

4. 빅데이터를 활용한 윤리적 이슈

빅데이터 기술의 발전과 시장 확대로 개인정보 보호 및 프라이버시와 같이 기업이 수집, 보유한 데이터 활용에 대한 윤리적 문제와 데이터 관리에 대한 보안 기술요건 등 다양한 이슈가 제기된다. 가장 대표적인 예로 회원가입이나 어플리케이션 다운로드 및 업데이트, 경품 추천 등을 통해 개인정보 수집 동의 약관이 남발되는 개인정보 문제가 발생한다. 표를 보면 알 수 있듯이 시간이 지날수록 개인정보 및 프라이버시가 침해되는 사례가 점점 늘어나고 있다. 물론 홍채 인식, 지문 인식 등 기기에 대한 안전성을 확보할 수 있는 기술이 늘어나는 추세이지만 기업이 수집, 보유한 데이터의 관리 방법 및 보안 기술 수준을 투명하게 공개하여 개인의 안전성을 보장하며 신뢰감을 심어 주어야 한다고 생각한다. 하지만 이에 앞서 개인의 사생활과 권리를 침해하지 않는 범위에서 정보의 수입, 분석, 활용을 할 수 있도록 사회적 분위기와 이를 위한 제도적 기반이 조성되어야 한다고 생각한다.

<표 2-5> 개인정보 침해 상담 건수(단위: 건수)

	2009	2010	2011	2012	2013
개인정보 무단수집	1,078	1,267	1,623	3,507	2,364
개인정보 무단이용·제공	1,171	1,202	1,499	2,196	1,988
주민번호 등 타인정보도용	6,303	10,137	67,094	139,724	129,103
회원탈퇴 또는 정정 요구 불응	680	826	662	717	674
법적용 불가 침해사례	23,893	38,414	38,172	12,915	35,284
기타	2,045	2,986	13,165	7,742	8,053
합계	35,167	54,832	122,215	166,801	177,736

제4절 빅데이터 정책 활용

1. 지진 빅데이터 정책 활용

1) 데이터 확보 및 데이터 현황 – 지진 데이터

가. 한반도 활성단층 현황

한반도 단층도 그림을 바탕으로 본 활성단층 현황은 다음과 같다.

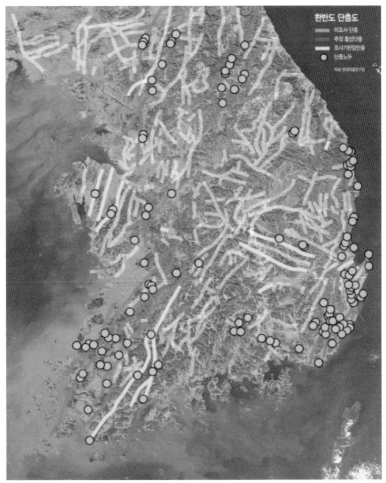

자료: 박진환·오희나, "〈한반도 땅속이 불안하다〉 지진위험 활성단층 수백 개··· 땅속지도 서둘러야", 이데일리,
2015. 9. 26. Availble to http://www.edaily.co.kr/news/NewsRead.edy?SCD=JG21&newsid=0222
7126 612783728&DCD=A00702&OutLnkChk=Y

<그림 2-30> 한반도 단층도

위 그림은 현재 한반도에 존재하고 있는 단층을 보여 주고 있다.
활성단층의 경우 어느 한 지역에만 국한되어 있지 않고 여러 지역을

거치고 있다. 또한 활성단층에서 발생하는 지진 역시 여러 지역에 거쳐 영향을 끼친다.

나. 지진 발생 빈도

지진 발생 빈도는 다음과 같다.

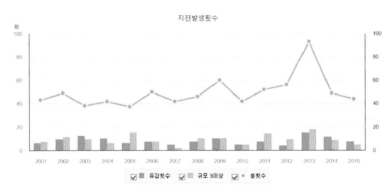

자료: http://www.index.go.kr/potal/main/EachDtlPageDetail.do?idx_cd=1396

<그림 2-31> 지진 발생 횟수(2001~2015)

2001년부터 2015년까지의 지진 발생 횟수를 나타내고 있는 그래프다. 기상청 국내 지진목록에 따르면 10월 8일 현재까지 북한 지역 포함 한반도 내 지진 발생 횟수는 총 208번으로 나타나고 있다. 2015년 대비 2016년 현재, 지진 발생 횟수가 급증했음을 알 수 있다.

2) 데이터 관련 이슈현황 - 지진 관련 이슈

가. 지진 긴급재난문자, 정확한 고지 하지 못해

"지난 12일 경주에서 일어난 지진 사태에서 국민안전처의 긴급재난문자는 지진 발생 8분 이후에야 도착했다”라는 기사 본문을 통해 지진 발생 시, 긴급재난문자가 제대로 된 역할을 못 했음을 알 수 있다(전자신문, 2016). 또한 이번뿐만 아니라 진도 5.8과 4.5로 연이어 발생한 지진에 대해서도 긴급재난문자는 제 역할을 하지 못했다. 그리고 “긴급재난문자나 방송은 ‘지진이 났다’는 사실만 확인해 줬을 뿐 시민들은 당장 무엇을 어떻게 해야 할지 우왕좌왕했다”를 통해서는 긴급재난문자가 사실 확인에만 그쳐 있음을 알 수 있다(머니투데이, 2016).

나. 대부분이 지진 대피소 위치 어딘지 몰라

“비상시 대피 요령이나 대피 장소에 대한 사전 홍보나 교육은 사실상 한 번도 없었습니다. 어떻게 피해야 할지 어디로 가야 할지를 모르니 공포는 더 커질 수밖에 없었습니다”라는 기사를 통해 지진 발생 후 많은 사람들이 대피소 위치를 몰라 어려움을 겪었음이 파악 가능하다. 즉, 시민들이 광범위하게 있는 대피소 위치에 대한 정확한 정보를 갖지 못했음이 추론된다(YTN, 2016).

3) 분석계획 수립 – 정책 활용

정책 도출 과정: 다음의 과정을 바탕으로 ‘가’와 ‘나’의 정책 활용을 이끌어 냈다. 우선 데이터 현황을 분석해 보면, 현재 긴급재난문자가 시민들에게 정확한 정보제공을 못 하고 있음이 나타났다. 그래서 이를 통해 지진 관련 빅데이터(활성단층 내 지역 데이터, 지진 대피소 위치 데이터, 행동요령 데이터, 지진계를 통해 지진 감지되는

지역 데이터)와 사용자 휴대전화 빅데이터를 활용해서 더욱 진화된 문자 전송 시스템을 구축하면 어떨까라는 생각을 하게 되었다. 그래서 이러한 생각을 바탕으로 활용한 정책은 다음과 같다.

가. 지진 발생 전, 활성단층 지역 내 사람들에게 근처 지진 대피소와 행동요령 관련 정보제공 메시지 송신 시스템

기대효과: 현재, 지진과 관련해서 제대로 된 교육이 이뤄지고 있지 않기 때문에, 요즘 지진이 잦은 지역(예: 경주, 부산, 울산 등) 거주민들 위주로 대피소 위치와 더불어 행동요령에 대해 알람 메시지를 보냄으로써 지속적인 교육 효과를 기대할 수 있다.

● 한반도 단층도에서 활성단층을 분석하여, 활성단층에 속하는 지역 파악
● 이동통신 기지국을 통해 활성단층 지역에 속하는 사용자 휴대전화 GPS 빅데이터 파악
● 사용자 지역 내 근처 지진 대피소 위치 빅데이터 파악
● 사용자 지역별로 근처에 속하는 지진 대피소 위치와 지진 발생 시, 행동요령 관련해서 휴대전화로 정보제공 메시지 송신

나. 지진 발생 시, 근처 지진 대피소와 행동요령 관련 재난 메시지 알람 시스템

기대효과: 현재 지진 긴급재난문자는 지진 발생과 관련해서 정확한 정보를 제공해 주지 못하고 있다. 또한 단편적인 사실만을 제공해 주는 모습에 그쳐 있다. 지진 관련 빅데이터와 그 밖의 빅데이터를 융합해 다음과 같은 정책 활용을 한다면 다음과 같은 유용한 정

보를 제공할 수 있다. 지진 발생 시, 어떻게 해야 할지 몰라서 어려움에 놓였던 사람들에게는 행동요령에 대해 고지를 해 주고, 근처 대피소의 위치를 알려 줘서 국민들에게 지진 발생 시, 안전을 제공해 줄 수 있다.

① 지진 발생 시, 이동 중인 사람
- 지진계를 통해 지진이 감지되는 지역 데이터 분석
- 이동통신 기지국을 통해 사용자 휴대전화 GPS 빅데이터 파악
- 감지되는 지역에 속한 사용자 중 움직이는 GPS 빅데이터 분석
- 사용자 현 위치별로 근처에 위치한 지진 대피소 위치 빅데이터 분석
- 가까운 지진 대피소에 최소 시간으로 도달할 수 있는 이동 경로 빅데이터 분석(예: T map, 내비게이션-목적지까지 최소 시간 걸리는 이동 경로 분석 시스템)
- 사용자가 놓인 상황에 따라, 근처 지진 대피소까지의 이동경로 데이터와 지진 발생에 따른 행동요령 데이터를 휴대전화 재난 메시지로 송신

② 지진 발생 시, 멈춰 있는 사람
- 지진계를 통해 감지되는 지역 데이터 분석
- 이동통신 기지국을 통해 사용자 휴대전화 GPS 빅데이터 파악
- 감지되는 지역에 속한 사용자 중 멈춰 있는 GPS 빅데이터 분석
- 사용자 근처에 위치한 지진 대피소 위치 빅데이터 분석
- 사용자 위치별로, 근처 지진 대피소까지의 이동경로 데이터와 지진 발생에 따른 행동요령 데이터를 휴대전화 재난 메시지로 송신

2. 빅데이터의 재난관리 정책 활용

1) 재난에 대한 관심증가

● 최근 잦은 재난으로 인해 재난 안전 시스템 구축에 대한 관심
  이 높아짐.

● 재난예방, 재난안전에 관한 문제는 더 이상 개인의 문제가 아
  닌 국가 그리고 사회가 직접 책임져야 하는 문제로 인식하기
  시작함.

● 이미 해외에서는 재난안전과 재난예방에 빅데이터 분석을 적
  극 활용하고 있음.

2) 빅데이터 활용한 재난관리 정책 도입 필요성

● 자연재난뿐만 아니라 인적재난 발생에 따른 사회적 문제가 대
  두됨으로써 안전한 삶을 위한 국민들의 욕구가 커지고 있음.

● 재난, 재해 특성상 하인리히의 '1:29:300'의 법칙에 따라 매우
  유사한 상태로 나타남.

● 빅데이터 분석이 재난에 국가의 사전예방과 효과적인 대응에
  큰 역할과 비중을 차지할 것으로 보임.

3) 빅데이터를 활용한 해외 재난예방 정책 도입 사례

가. 리우데자네이루 지능형 운영센터(재난예방시스템)

● 30여 개의 기관정보를 단일체계로 통합해 재난을 24시간 관리
  중임.

● 빅데이터를 활용한 새로운 시민 서비스를 개발해 재난예방에
  큰 도움이 되고 있음.

나. 일본의 사례

● 일본의 경우에는 국가 차원의 공공 부문을 중심으로 태풍, 지진 등 자연재해를 극복하기 위해 빅데이터를 활용하기 시작함.

● 빅데이터의 공간 정보를 활용한 스마트형 지도 서비스를 이용해 실제 2011년에 대지진이 발생했을 때 큰 성과를 거두었음. 피해 지역의 실제 도로교통 상황을 안내해 교통체증의 피해를 최소로 한 사례가 대표적임.

● 하지만 개인정보보호에 대한 문제로 논란이 있었음.

3. 국내 재난관리 위한 빅데이터 활용 정책의 방향 제시

1) 공공과 민간에서 공통적으로 추진해야 할 정책과제

가. 재난관련 빅데이터의 공개 및 공유

① 국내의 경우 현재 공개되고 있는 데이터의 양과 질이 아직까지는 민간에게 활용하기에는 다소 부족하다. 정보 공유를 위한 데이터 개방 중심의 정책을 추진해야 한다.
부분을 구성된 조직의 효율적인 운영, 참여자들의 데이터 개방에 대한 올바른 인식 갖추기 등으로 대비해야 한다.

나. 법 및 제도적 정비

① 개인정보보호에 대한 문제의 논란이 야기되지 않도록 법적 그리고 제도적으로 철저하게 정비가 되어야 한다.

다. 소셜 네트워크 서비스를 활용한 재난 정보 전달 시스템의 구축

① SNS를 활용한 재난 현장에서 생성되는 내용을 분석해 재난 상

황 모니터링 할 수 있는 기반을 구축해야 한다.

② 스마트폰을 활용한 소셜 네트워크 서비스 사용의 보편화로 인해 재난관리에 각종 SNS를 통해 만들어지는 빅데이터들을 활용할 방안들을 구축해야 한다.

라. 빅데이터 전문 인력 양성

마. 기술 및 인프라의 확충

① 대용량 데이터인 빅데이터를 빠르고 효율적으로 수집 및 관리하기 위해서는 최신 기술 및 인프라가 확충되어야 한다.

2) 정책의 구체적인 방향

가. 위성영상, CCTV, 무인헬기, 기상정보 등을 종합적으로 분석해 재난 상황에 대해 즉각적인 대응력 갖게 해야 한다.

나. 분산되어 있는 재난관련 빅데이터를 통합해 각종 위험 정보들을 재난 관리 책임자에게 전달해 책임자가 신속한 의사결정을 할 수 있도록 지원해야 한다.

다. 과거의 기상자료, 지형자료, 붕괴 및 침수 이력 데이터와 재난 위험을 알리는 다양한 소셜 미디어 자료를 분석해 재난 발생 예상 지역을 조기에 감지하고 SNS를 이용한 신속한 전파를 통해 피해를 최소화해야 한다.

라. 단순히 많은 데이터를 갖고 있는 것만으로는 빅데이터의 가치를 제대로 끌어낼 수는 없다. 데이터의 키워드들 간 연간관계를 정확하게 잡아내고 이끌어 내 데이터의 효율적 분석을 가능하게 해야 할 것이다.

마. 쌍방향 재난 관리가 가능하고 공공과 민간데이터가 연계돼서 분석되어야 하며, 국민이 재난대응에 능동적으로 참여하는 방향으로 빅데이터를 활용해야 한다. 재난관리에서 민간 및 공공 영역에서 만들어지는 엄청난 양의 데이터들을 의미 있는 정보로 가공해 내는 것이 무엇보다 중요하다.

제3장

가상현실과 콘텐츠

제1절 가상현실 산업과 정책

1. 개요

1) 가상현실 정의

가상현실이란 현실이 아닌 것을 현실로 받아들이는 것 또는 그렇게 하는 기술을 말한다. 현실이라고 생각하는 것이 어차피 현실 정보를 적당히 보정한 결과라 할 수 있다.

첫째, 가상현실은 정보 확보 수단에 관한 것이다. 어차피 우리 뇌가 세상을 직접 인식하는 것이 아니고 어떤 감각 기관, 센서가 확보한 정보를 전달받는 것이라면 군이 뇌와 직결된 감각 기관만을 이용해 세상을 인식할 필요는 없을 것이다.

둘째, 정보의 원천에 관한 것이다. 우리가 현실이라고 인지하기 위해서는 부족하거나 불완전하더라도 일단은 어떤 대상에 대한 무언가의 정보가 필요하다. 그런데 그 정보가 반드시 실존하는 것을 관찰한 것이어야만 할 필요는 없을 것이다.

ICT 산업 자체가 가상현실 지향적이라고 한다면 증강현실도 일

종의 가상현실이라고 할 수 있다. 증강현실(Argumented Reality: AR)
은 현실 정보에 약간의 가상 정보를 덧입힌 형태를 말한다. 주로 현
실에 존재하지 않는 보조 정보를 현실 정보 위에 추가적으로 표시하
기 위해 이용된다. 가상현실은 인간의 감각에 현실이 아니지만, 현
실이라고 받아들여질 어떤 특정한 정보를 전달하는 방식으로 구현
된다. 인간은 시각·청각·촉각·후각·미각의 오감을 지녔다. 궁극
적 가상현실은 이 모든 감각에 대응할 수 있어야 한다. 시각과 청각
은 가상현실이 대응하기 가장 용이한 감각이다. 입체 음향 분야는
역사가 아주 깊다. 입체 영상도 이미 3D 콘텐츠를 통해 구현된 바
있다. 최근 가상현실 기기로 가장 주목받는 HMD는 시각과 청각을
중심으로 정보를 전달하도록 만들어진 기기다. 감각에 대한 가상현
실화는 더딘 편이다. 촉각이 그나마 가장 빠른 편인데, 제한된 촉감
을 제공하는 장갑 형태의 가상현실 기기는 개발 중에 있다. 가상현
실이 진짜 현실로 받아들여지고 주어진 콘텐츠에 몰입하기 위해서
는 가상현실 속에 구현된 객체와 이용자가 어떤 방식으로든 상호작
용할 수 있어야 한다. 움직여 보거나 만져 보거나 최소한 이리저리
둘러볼 수 있어야 한다. 아무리 실감 나는 형태로 존재한다고 해도
내가 아무것도 할 수 없다면 가상현실에 몰입하기는커녕 실존하다
는 느낌조차 갖기 어려울 것이다. 여기에 동작 및 운동 반응 개선도
필요하다. 가상현실 세계에서 걷고 뛸 수 있다면 현실감은 더욱 높
아질 것이다. 가상현실에서 발생한 움직임, 이를테면 땅이 기울어져
있다거나 물건이 날아와 부딪혔다거나 하는 움직임을 실제로 몸이
느낄 수 있다면 더욱 좋을 것이다(교보증권, 2016b; 김형원, 2016,
5, 10; 모자이크 파트너스, 2015; 서기만 외, 2016).

2) "가상현실"에 대한 기사 보도량 분석

"가상현실"에 대한 대중적 관심과 언론사들의 관심 정도를 분석하기 위해 빅데이터 분석을 실시하였다. 검색어 키워드는 "가상현실"이며, 검색방식은 형태소 분석을 실시하였다. 검색대상은 중앙지 8개(경향신문, 국민일보, 내일신문, 문화일보, 서울신문, 세계일보, 한겨레, 한국일보)와 경제지 5개(매일경제, 서울경제, 파이낸셜뉴스, 한국경제, 헤럴드경제), 방송사 4개(MBC, OBS, SBS, YTN) 등으로 한정했다. 분석 시스템은 뉴스 빅데이터 시스템인 빅카인즈를 이용해 다음과 같은 결과를 얻었다.

<표 2-6>은 매년 1월 1일부터 12월 31일까지 기간 동안 "가상현실"에 대한 기사 보도량을 분석한 결과이다.

<표 2-6> 연도별 기사 보도량

연도	기사건수 (단위: 건)	
2011	245	2.4%
2012	305	2.9%
2013	311	3.0%
2014	1,096	10.5%
2015	1,919	18.4%
2016	6,528	62.7%
합계	10,404	100.0%

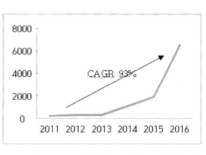

<그림 2-32> "가상현실" 기사 보도량 추이

<표 2-6>에서와 같이 2011년은 245건, 2012년에는 305건, 2013년에는 311건이었다가 2014년 이후 급증한 형태를 보였다. 2011년부터 2016년 기간 동안 연평균 증가율은 93%인 것으로 나타났다. 또한 동 기간 동안 기사 보도량의 비율을 살펴보면, 2014년부터

2016년 92%가 집중되어 있고 2016년 기간 동안에 전 기간의 63%를 차지하는 것으로 나타났다.

<그림 2-33>부터 <그림 2-34>까지와 <그림 2-35> 및 <그림 2-36>은 "가상현실" 빅데이터 분석결과 얻어낸 연관이슈 구름단어이다. <그림 2-33>은 2011년 "가상현실"과 관련된 연관이슈를 찾아낸 그림이다. 영화 <아바타>를 중심으로 연관어 구름단어가 형성된 것을 볼 수 있다.

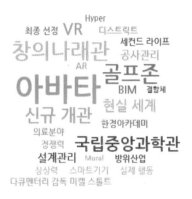

<그림 2-33> 2011년 연관이슈 구름단어   <그림 2-34> 2012년 연관이슈 구름단어

<그림 2-35>의 2013년 연관이슈 구름단어를 보면 가장 많은 비중을 차지한 키워드가 '치매환자'였다. 이와 관련해 '재활치료'도 보이는 것을 찾아볼 수 있다. 2012년까지는 주로 개념적인 부분에 치중했다면 이전과 차이를 보이는 키워드임이 나타난다. <그림 2-36>의 연관이슈 구름단어를 살펴보면, 삼성전자에서 스마트폰을 통한 기어 VR을 개발했음을 찾아볼 수 있다. 페이스북과 오큘러스, 소니 등도 VR에 많은 관심을 보이기 시작한 것이 연관이슈 구름단어에서 찾아볼 수 있다.

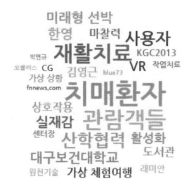 

<그림 2-35> 2013년 연관이슈 구름단어   <그림 2-36> 2014년 연관이슈 구름단어

이전까지는 가상현실을 영화에서나 또는 게임에서만 적용되는 기술이라 여겼다면 <그림 2-37>과 같이 국내에서도 의료 분야에 '가상현실' 기술을 활용해 나가기 시작한 것을 볼 수 있다.

한영, 치매 환자용 가상현실 재활시스템 개발

+ - 🖨 f 🔗   한국경제 | 2013.07.15

한영(대표 우영제)은 뇌졸중과 치매 환자를 위한 가상현실 재활시스템을 국산화했다고 15일 밝혔다. 가상현실 재활시스템은 동작인식 장갑을 착용한 환자가 컴퓨터에서 구현하는 가상 상황을 따라하면서 뇌를 많이 사용하도록 하는 방식의 재활훈련시스템이다.

이 회사는 김영근 대구보건대 작업치료과 교수팀과 산학협력으로 지난 2년간 2억여원을 들여 개발했다. 이 시스템은 환자가 낙상방지 균형훈련, 팔운동 등 20개 항목을 이용해 재활훈련을 할 수 있다. 가격은 수입제품의 절반 수준이다. 특허도 2건 획득했다. 우영제 대표는 "노인성 질환의 재활치료뿐만 아니라 예방에도 큰 효과가 있다"고 말했다.

대구=김덕용 기자 kimdy@hankyung.com

자료: 김덕용(2013. 7. 15.)

<그림 2-37> 치매환자용 재활시스템 개발관련 기사 캡처 화면

<그림 2-38>과 <그림 2-39>는 2015년과 2016년의 연관이슈 구름 단어이다. 2015년에는 전 세계적으로 많은 기업들이 VR에 관심을 갖기 시작했고 VR 기술이 대중화되기 시작했음을 찾아볼 수 있다. 2016년에는 이전과 달리 정부 부처나 사업자 단체들이 등장함을 볼 수 있다. 2016년 이전까지는 거의 '가상현실' 또는 'VR', '실재감' 등 가상현실 단어와 관련된 검색어가 단어구름을 형성했다면, 2016년의 단어구름은 정부부처가 VR을 적극적으로 관심 있는 정책으로 가져갔음을 보여 주고 있다. 2016년의 "가상현실" 단어구름에는 '문화체육관광부', '부산시', 'VR산업협회' 등 기관 관련 키워드가 나타나 정책 추진 과제 중의 하나임을 시사한다고 볼 수 있다.

<그림 2-38> 2015년 연관이슈 구름단어   <그림 2-39> 2016년 연관이슈 구름단어

<표 2-7>은 '가상현실'에 대한 기간별 기사 보도량을 정리한 표이다. 2001년 이후 '가상현실'에 대한 기사 보도량은 총 12,929건이지만, 전체 보도량 중 최근 3년간(2014년부터 2016년까지) 기사 보도량이 차지하는 비율이 74%에 달하는 것으로 나타났다. 이는 최근 3

년간 가상현실에 대한 관심이 증가하기 시작했고, 무엇보다도 2016
년 '가상현실'에 대한 관심이 폭증한 것임을 기사 보도량을 통해 알
수 있다.

<표 2-7> 기간별 기사 보도량

기간		총 기사 보도량	연평균 기사 보도량
2001~2010년	10년	2,525건	253건
2011~2013년	3년	861긴	287건
2014~2016년	3년	9,543건	3,181건

3) 다시 주목받는 가상현실

2016년은 '포켓몬고' 열풍과 삼성전자의 가상현실(Virtual Reality:
VR) 기어 출시로 가상현실이 생활 깊숙이 다가왔음을 실감케 했다.
2016년은 ICT 산업계에 가장 큰 놀라움을 안겨 준 것임에 틀림없
다. 많은 사람들은 올해 갑자기 나타난 '포켓몬고'와 삼성전자 기어
VR에 놀라움을 감추지 못했고, 올해의 새로운 기술쯤으로도 생각했
을지 모른다. 그러나 2016년 우리를 놀라게 했던 증강현실의 '포켓
몬고' 게임과 기어 VR 기기는 최근 몇 년간의 개발로 이뤄진 기술
처럼 여겨질 정도이다. VR 기술은 나온 지 얼마나 됐을까? 가상현실
(Virtual reality/ 이하 VR)은 언제부터 존재했을까. '스테레오스코피',
'양안시차' 등 VR의 기초라 불리는 입체영상 기술의 개념은 19세기
부터 출발했다. 현재 우리가 받아들이는 VR의 개념은 1935년작 SF
소설 '피그말리온의 안경(Pygmalion's Spectacles)'에서 발견할 수 있
으며, 소설 속에서는 홀로그램은 물론 촉각과 후각에 대한 가상경험

에 대한 묘사가 담겨 있다(김형원, 2016, 5, 10).

몇 년 전 나온 것쯤으로 생각되는 VR 기술은 이미 50년 전부터 개발하고 연구해 왔다. "가상세계로 통하는 문"으로 HMD(Head Mounted Display)를 1966년에 발명하였다. 이미 1960년대부터 군사 및 훈련용 시뮬레이션 개발에 이용해 왔던 VR이다.

VR 디바이스의 시초는 1968년 당시 미국 유타 대학에서 컴퓨터 공학을 연구하던 이반 에드워드 서덜랜드(Ivan Edward Sutherland)가 만든 'HMD(헤드마운트디스플레이)'다. VR에 대한 대중들의 관심을 증폭시킨 것은 1980~1990년대 등장한 만화, 영화, 애니메이션 등 서브컬처 작품의 힘이 크다. 특히, 1995년 상영된 극장 애니메이션 '공각기동대'는 이후 등장하는 SF영화는 물론이며, 자아 혹은 정신이 가상세계 혹은 다른 인조인간 신체에 완전히 들어가는 '풀다이브(FullDive)' 개념을 일으켜 세우는 데 결정적인 역할을 했다. 인류의 VR에 대한 갈망은 여러 형태로 나타났다. 가장 먼저 등장한 제품은 1939년 출시된 '뷰마스터(View-Master)'다. 뷰마스터는 양 눈에 조금씩 다른 사진을 비추는 스테레오스코피 기술을 활용한 기기로 단순 입체 사진을 보여 주는 것에 그쳤다. 1962년 만들어진 입체 영상 기기 '센소라마(Sensorama)'는 정지 사진을 넘어서 입체 동영상을 보여 줬다. 센소라마는 양 눈에 다른 영상을 비춰 시청자가 입체 영상을 느끼게 하는 장치로 작지만 최초의 3D 영화관이기도 하다. 1966년에는 워싱턴 대학 교수인 토마스(Thomas A. Furness Ⅲ)가 제작에 참여한 것으로 알려진 공군 조종사를 위한 '플라이트 시뮬레이터'가 등장한다. 여러 개의 디스플레이를 통해 실제 환경에 가깝게 재현하는 플라이트 시뮬레이터는 현재 공군 조종사를 위한 훈련용 기기의 원형이다. 사용자 손의 움직임을 VR에 적용한 것은 1987년이다. 미국의 VPL리서치라는 회사가 개발한 '데이터 글로브(DataGlove)'는 실제 사람의 손 움직임을 컴퓨터로 입력하는 것을 가능케 했다. VPL리서치는 이듬해인 1989년에 '사이버페이스(Cyberface)'란 이름의 VR헤드셋을 내놓는다. 1990년대에 들어서면 VR이 게임에 접목되는 것을 목격할 수 있다. 1991년 게임 기업 세가(SEGA)는 미국 시장에 '세가VR'이라는 최초의 게임용 VR헤드셋을 선보인다. 세가VR은 게임 그래픽은 조악했지만 현재의 VR헤드셋처럼 사용자의 머리 움직임을 게임 조작에 반영한 것이 돋보인다.

가상현실(Virtual Reality: VR)이란 컴퓨터로 만든 가상세계를 VR 기기를 통해 이용자가 실제 상황처럼 느끼게 해 주는 가상공간을 의미한다. 이용자가 동작인식장비, 모션장비 등을 통해 만들어진 세계에서 다양한 경험 및 실현 가능한 세계를 체험할 수 있어 몰입감, 상호작용, 상상력의 삼위일체가 가능하다는 특징을 갖고 있다. VR이 현실과 가상의 융합이라면, 증강현실(Augmented Reality: AR)은 현실세계에 그래픽을 입히는 것으로 이해할 수 있다. 가상현실은 증강현실과 가상현실로 구분되어 연구되고 있다. '버추얼리티(Virtuality)'라는 오락실용 VR 게임기가 등장한 것도 1990년대다. 게임기 '버추얼리티'는 사용자 머리 움직임은 물론 전용 컨트롤러와 터치 글로브 장치를 이용해 손의 움직임도 게임에 반영할 수 있었던 게임 머신이다. 초기 버전인 1000시리즈로 약 9개의 게임이, 그래픽이 더 발전된 2000시리즈로 '팩맨VR' 등 약 3개의 게임이 등장했다(김형원, 2016, 5, 10); 손현진, 2015).

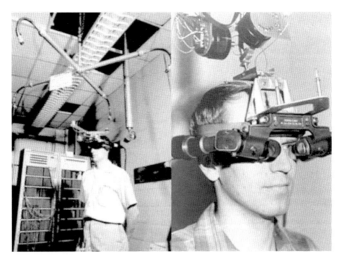

자료: 김형원(2016. 5. 10.)

<그림 2-40> 이반 서덜랜드의 HMD

자료: 위키피디아

<그림 2-41> 뷰마스터

그렇다면 50년이 지난 2016년에 다시 VR을 주목하는 것은 왜일까?

마크 저커버그(Mark Zuckerberg)가 가상현실용 HMD를 착용한 사람들 곁을 지나서 단상으로 오르는 사진은 가상현실에 대한 사람들의 높은 흥미와 관심을 잘 나타낸다. 그러나 이미 개념적으로 새로울 것이 없는 가상현실이 최근 갑자기 주목을 받게 된 배경에는 오큘러스(Oculus)가 있다. 가상현실이라는 개념 그 자체는 오래된 것이지만, 가상현실을 실용적인 수준의 상품으로 만들어 낸 기업은 없었다. 그러나 2011년 작은 변화를 파머 러키(Palmer Lucky)가 시작했다.

첫 번째로는 기술적 환경의 발달이 VR을 상용화할 수 있게 했다는 것에 주목할 수 있다. VR은 컴퓨팅 및 디스플레이 기술의 복합체일 뿐만 아니라 네트워크 환경에서의 구현이 필수적이다. 기술적 측면에서 컴퓨팅 및 디스플레이 기술이 발전하고 무선 네트워크 기술이 구현할 수 있을 정도로 빨라졌을 뿐만 아니라 스마트폰과 웨어러블 디바이스 시장이 성장해 VR 기기가 대중화될 수 있게 만들었다. 이러한 ICT 기술 및 인프라가 갖춰짐에 따른 결과로 보인다. 두 번째는 사회적 측면에서 찾아볼 때, VR 기술을 통한 화상치료 사례가 소개되며 주목받기 시작했다. 미국 워싱턴대의 연구결과를 국내 언론에서도 발표하며 다방면의 활용 가능성을 시사했다. 마지막으로 산업적 측면을 살펴볼 때, 스마트폰 시장의 성장세 둔화에 따라 글로벌 기업들이 VR 기술을 차세대 플랫폼으로 주목하고 시장 선점에 중점을 둬야 한다고 CES 2016에서 슬로건으로 내걸었다는 것이 VR을 다시 주목하게 만들었다.

VR 서비스는 다양한 분야에서 이미 활용되고 있음을 찾아볼 수 있다. 가장 널리 알려진 엔터테인먼트로 3D 게임, 영화 여행, 번지점프 등 체험형 콘텐츠에 활용되고 있다. 두 번째는 가장 오랫동안 활용하고 있는 분야인 군사용으로 비행, 모의전투훈련(전투기, 전차 및 각종 훈련 시뮬레이션)에 적용하고 있다. 최근 각광받았던 의료 분야는 꾸준히 VR을 통한 치료 연계에 집중하고 있다. 가상 모의수술, 원격진료, 해부학 등 입체 영상, 각종 공황장애, 자폐증 및 강박증 같은 트라우마 정신적 치료에도 이용이 되는 듯 활발하게 연구되고 있다.

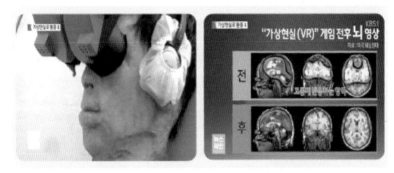

자료: KBS 1TV 자료화면(2016. 1. 5.) https://www.youtube.com/watch?v=DDePlM9xVgQ

<그림 2-42> 미국 워싱턴대의 VR게임 화상치료 고통 불안 감소 화면

<그림 2-42>는 VR 기기 착용 시의 모습과 착용 후 보이는 세계를 보여 주고 있다.

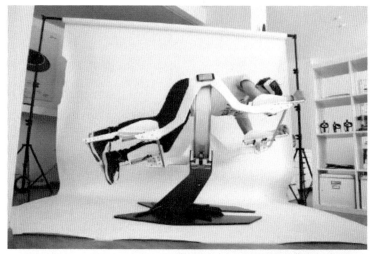

자료: 이석원(2015,6,11) available to: http://www.techholic.co.kr/news/articleView.html?idxno=34813

<그림 2-43> VR 운동머신: 화성에서의 운동(독일 HYVE)

또한 박물관과 미술관의 체험, 천체 위치 연구, 건축 설계, 화학분자설계 등의 입체 연구, 가상교육 훈련 기능 등의 교육 분야에서도 활용되고 있다. 특히 비즈니스와 연계된 산업용은 제품 가상 체험 마케팅, 홈쇼핑에서의 응용, 로봇 원격조종을 통한 제조 공정 활용 가능, 지능형 스마트 교통 시스템 사물인터넷 활성화 등을 찾아볼 수 있다.

2. 가상현실 산업 현황

VR 시장 구성요소는 하드웨어, 콘텐츠, 소프트웨어이다. VR 산업 기술은 2000년대 초반에 비해 현재 급속도로 발전했다. 콘텐츠는 게임, 영상, 의료 등의 분야에서 이용되고 있으며, 소프트웨어는 운영체제(OS), 개발 소프트웨어로는 가상현실 종합 소프트웨어와 게임 개발, 언어 분야, 촉감 분야, 시각 분야 소프트웨어 등이 있다(자료: 모자이크 파트너스, 2015).

1) 가상현실 기술

디바이스는 헤드셋과 동장인식장비로 나눌 수 있고 소프트웨어는 운영체제, 개발소프트웨어, 스토어 등으로 구분할 수 있다. VR 산업의 기술은 2000년대 초반에 비해 급속도로 발전했다. 그래픽스 처리 능력은 PC에서 수백만 폴리곤(polygon)이었던 수준이 현재는 모바일에서 수억 폴리곤으로까지 정교해졌다. 그러나 예전에 비해 100배 이상 VR 기기 가격이 떨어졌다고는 하나 여전히 비싸고(400달러에서 500달러 수준) 무게, 시야각, 햅틱/촉각/후각/미각 등의 문제점 등이 지적되고 있다. 이와 함께 센서 및 입력/인식 기술은 정교한 센싱이 비교적 낮은 가격으로 구현이 가능해졌다. 그러나 가상현실에 대한 연구가 제한된 연구소나 대학에서만 이뤄져 연구 노하우의 축적이 저조하다는 문제점이 제기되어 있다.

가. 디스플레이와 출력

현재 컴퓨터 그래픽 기술은 사실적 묘사가 실시간에 가능하다.

2000년대 초 PC그래픽TM 처리 능력은 1초에 수백만 폴리곤(polygon)[17] 수준이었으나 현재는 모바일 기기에서 초당 수억 폴리곤을 처리할 수 있게 되었다. 고속 텍스처리와 실시간 셰이딩까지 가능할 정도라서 현실 수준의 표현이 가능하다고 할 수 있다. 렌즈의 효과를 사용하는 HMD를 위한 왜곡 제거 HD급 영상 처리도 실시간에 가능하다. 오큘러스 리프트(Oculus Rift)의 창업자가 되는 파머 러키(Palmer Lucky)가 저렴한 비용으로 제작 가능한 가상현실 게임용 HMD를 고안했다. 부모님 집에 있는 창고에서 HMD 시제품을 만들어 낸 것이다. 당시 세계적인 슈팅 게임 기업인 이드 소프트(ID Software)의 공동 설립자이자 세계적인 게임 개발자인 존 카멕(John D. Carmack)도 가상현실 기기를 고안하다가 우연히 러키의 발명품을 보고 가능성이 있다고 판단하게 되었다. 러키의 첫 제품을 빌린 카멕은 세계 최대 규모의 게임 산업 전시회인 EEE(Electronic Entertainment Expo)에서 이를 대중에 공개해 폭발적인 반응을 얻었다. 이러한 반응에 힘입어 러키는 킥스타터(Kickstarter)[18]를 통해 초기 자금을 확보하는 방식으로 오큘러스 리프트를 설립한다. 이후 막대한 투자를 받기도 하면서 2014년 3월에 오큘러스는 20억 달러에 페이스북에 인수되었다. 페이스북 CEO인 마크 저커버그는 오큘러스는 단순한 게임기가 아니며 스포츠 중계, 원격학습, 원격 대면 진료 등과 같이 다양한 분야에 적용될 가상현실의 최적의 단말이라고 정의했다(교보증권, 2016b; 모자이크 파트너스, 2015, 서기만 외, 2016).

헤드셋 제품 중 외부 연결식 헤드셋 제품으로는 Oculus Rift,

---

17) 컴퓨터 그래픽스 등에서 3차원 입체 영상을 표현하기 위해 사용되는 가장 작은 단위(서기만 외, 2016).

18) 2009년 시작된 미국의 크라우드 펀딩 서비스.

Project Morqheus, Avegent Glyph 등이 있고, 스마트폰 삽입식 헤드셋에는 Gear VR과 Cardboard, 일체식 헤드셋은 AuraVisor, 홀로그램 안경에는 HoloLens와 Magic Leap 등이 있다.

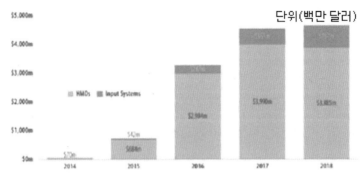

자료: KZERO(2014. 7.)

<그림 2-44> VR 관련 디바이스 시장 전망

HMD 기술의 핵심은 초소형 LCD에 보이는 영상을 광학 시스템(즉, 렌즈)DMF를 통해 왜곡 없이 넓은 시야각으로 확대하는 기술이다. 오큘러스 리프트는 간단한 광학계를 이용해 가격을 낮추었으나 그 영상의 질과 시야각이 그리 좋지 않다. 이어서 출시된 삼성 기어, 구글 카드보드 등도 값싼 광학 시스템을 이용하면서 영상은 스마트폰으로 끼워 해결해 가격을 낮추었다. 그럼에도 기본적인 사용성 문제인 무게와 부피 등은 아직 과제로 남아 있다. 특히 입체 영상을 제시하는 경우 현재 거의 모든 디스플레이 시스템들은 각기 다른 2D 좌우 영상을 좌우 눈에 따로 제시해 입체의 느낌을 살린다. HMD가 어지러움을 유발할 수밖에 없는 것으로 최근에는 공간적으로 직접적인 허상을 생성하는 홀로그래피(holography)나 라이트 필드(Light

Field) 기술이 선을 보이고 있지만, 상용화되기에는 아직 시간이 필요하다. 청각 자극의 경우 3차원 공간 음향 시스템 기술이 어느 정도 성숙되었고 이 기능은 컴퓨터의 사운드 부속 시스템에 하드웨어 혹은 시스템 소프트웨어 레벨에서 구현된다. 3차원 입체 음향의 대표 방법은 5.1채널의 서라운드 스피커를 활용한 방법과 머리전달함수(Head Related Transfer Function: HRTF)를 이용한 방법이 있다. 서라운드 스피커를 이용하는 방법은 음향을 녹음하거나 재생할 때 서로 다른 마이크와 스피커의 위치에서 시간차를 이용해 구현한다. 머리전달함수를 활용한 방법은 서로 다른 위치에서 들려오는 음성 신호의 주파수 대역 에너지 변화를 미리 함수화해 모도 사운드에 이를 적용하는 방법이다. 이론적으로는 3차원 공간 음향 생성이 가능하지만, 실제적으로는 2차원 평면에서 전후좌우로 들려오는 음향만을 구분할 수 있는 형태로 구현되는 것이 보통이다. 촉각기술은 실제적인 인터액션을 제공하는 데 중요한 역할을 할 수 있지만, 로봇이나 모션 플랫폼 같은 햅틱 및 역감 전달 기기들은 쉽게 설치하고 사용하는 것이 아직 불편하고 가격적인 한계점을 지니고 있다. 진동 모터 등을 이용한 슈도(Pseudo) 햅틱 효과를 활용하면 저렴하면서도 비교적 높은 사용성으로 햅팁 및 촉감 인터페이스를 구현할 수도 있다. 후각 자극은 어느 냄새나 합성할 수 있게 하는 시간의 삼원소에 해당하는 구성 요소가 없다. 그래서 다양한 냄새를 발생시키기 어렵고, 한 번 공중에 뿌려진 향의 여운이 사라지려면 시간이 걸려 적용에 어려움이 따른다. 미각은 혀에 약한 전기 자극을 통한 자극 제시기를 연구하고 있는 초기 단계이다(교보증권, 2016b; 모자이크 파트너스, 2015; 서기만 외, 2016).

나. 센서 및 입력/인식

'센싱(sensing)'은 데스크톱에서 쓰는 마우스같이 기본적으로 공간이 3차원 가상 환경에서는 x, y, z축으로 선형 운동, 그리고 회전을 추적할 수 있는 '트래커'가 가장 중요한 센서다. '트래커(tracker)'는 자기장, 초음파, 가속도/자이로 센서, 카메라 기반 등의 여러 가지 작동 원리가 있지만, 2000년 초반까지만 해도 수백만 원까지 호가했으며 정확도는 좋지 않았다. 대부분 유선 형태로 사용성이 낮았다. 현재는 가속도/자이로 센서에 기반을 둔 트래커 가격이 100달러 이하로 낮아지고 있으며 정확도도 높아졌다. 마이크로소프트의 키넥트(Kinect) 같은 깊이 센서 및 몸/뼈대 구조 추적, 립모션(Leap-Motion)/구글 '프로젝트 솔리(Soli)' 등과 같이 정교한 손가락 센싱이 비교적 낮은 가격으로 구현이 가능해졌다(교보증권, 2016b; 모자이크 파트너스, 2015; 서기만 외, 2016).

다. 콘텐츠 개발과 소프트웨어

2000년대 초까지만 하더라도, 게임이나 가상현실 콘텐츠는 API(Application Programming Interface)[19]나 엔진 등을 이용해 독립 애플리케이션으로 개발했다. 이러한 엔진이나 툴킷(toolkit)들은 수천만 원 호가하는 등 매우 고가였다. 이후 개발하는 과정을 쉽게 하기 위해 게임 콘텐츠 저작 도구들이 나타나기 시작했다. 이 저작 도구들은 무료로 배포되거나 오픈 소스 솔루션[20]이 존재하기도 한다. 이제는 프로그래밍 초보자들도 가상현실 콘텐츠를 만들 수 있는 시대

---

19) 관련 기능을 제공하는 라이브러리.

20) 예: 유니티(Unity), 언리얼(Unreal), 오픈신그래프(OpenSceneGraph: OSG) 등.

가 성큼 다가온 것이다. 웹 문서와 웹 브라우저같이 콘텐츠와 콘텐츠 플레이어의 이원화가 가상현실에서도 이루어지고 있으며 가상현실의 대중화를 촉진하고 있다(교보증권, 2016b; 모자이크 파트너스, 2015; 서기만 외, 2016).

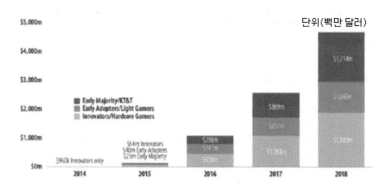

자료: KZERO(2014. 7.)

<그림 2-45> VR 관련 소프트웨어 시장 전망

라. 가상현실 기술의 한계 및 개선방향

가상현실의 대중화에 미치는 기술적 한계로 멀미감, 사용성과 인터액션, 가격의 시장성 등을 들 수 있다. 가상현실에서 느끼는 '멀미감'은 '시뮬레이터 시크니스(Simulator sickness)'의 한 종류다. 가상현실 시뮬레이터를 이용해서 생기는 여러 불편한 증상들은 시각 정보와 실제 신체 정보의 불일치에서 일어나는 현상으로 가상현실 멀미(VR sickness)는 우리가 일상적으로 경험하는 멀미와는 다르다. 가상현실 멀미는 실제로는 아무런 움직임이 없는 상태에서 시각 정보만 움직임이 일어나는 것처럼 느껴지므로[21] 차멀미 등에서처럼 실제 움직임에 기인해 일어나는 멀미와는 달리 불편함을 느끼게 되는 것을 의미한다. 가상현실 멀미의 원인으로는 영상 왜곡, 시스템 반응 지연 시간 같은 시스템적인 요인, 가상 이동, 입체 효과를 위한 양안의 영상시차(Binocular Disparity), 영상의 시야각(Field of View: FOV) 등으로 인해 나타난다. 영상의 시야각은 하드웨어적으로 개선되고 있지만 넓은 시야각과 좋은 해상도가 시각적 운동 자극을 촉진시켜 멀미감을 유발하는 딜레마를 낳기도 한다. 이와 같은 이유로 콘텐츠적으로 사용 시간을 제한하거나 급격한 3D 운동 효과를 피하거나 사용자 시점 자유도를 조절해 멀미감 효과를 최소화하려고 노력한다(교보증권, 2016b; 모자이크 파트너스, 2015, 서기만 외, 2016).

가상현실의 사용성과 인터액션의 문제점은 가상현실을 구현하기 위해서 시스템적으로 절차적 문제와 셋업(setup)의 과정을 거쳐야 한다는 것이다. HMD를 포함해 센서 등 많은 기기가 여전히 유선으로 작동되고 보정(Calibration) 절차와 모드 전환을 거치거나 몸에 부착을 해야 하고 이로 인해 인터액션이 자연스럽지 못하다는 것이다. 햅틱 장비들은 무게감과 사용 공간이 제한적이다. 가상현실은 HMD의 사용이 중요한데 HMD의 무게감과 피로감 및 멀미감과 상당한 피로감을 느끼게 되는 어려움이 있다. 가상현실 멀미는 균형과 방향감각을 잃게 되고, 메스꺼움을 느끼며, 눈에 피로감을 가중시키는 증상을 동반한다(교보증권, 2016b; 모자이크 파트너스, 2015; 서기만 외, 2016).

가상현실 산업이 새로운 플랫폼으로 자리 잡기 위해서는 지속적인 기술혁신과 연구가 필요하다.

멀미감의 주요 요인으로는 영상의 왜곡을 들 수 있다. 그동안의

---

21) 가상 이동에 의한 자가 운동감으로 벡션(Vection)이라고 한다(서기만 외, 2016).

컴퓨터 계산 능력 발전으로 실시간에 고해상도의 영상에 담긴 렌즈 등에 의한 왜곡 현상을 보정할 수 있게 되었다. 아이러니컬하게도 고해상도 영상과 개선된 디스플레이의 시야각은 멀미감을 증대시킨다. 렌즈 시스템과 상대적으로 눈의 위치가 상황 속에서 변화하거나 사용자가 실제로 어디에 초점을 두는지 알 수 없어서 보정할 수 없다. 사용자마다 얼굴 크기와 눈 사이의 거리가 다르므로 그 왜곡 효과를 완벽하게 보정할 수 없다. 이를테면 HMD에 아이트래킹(Eye Tracking)[22]기능을 추가할 수 있다. 이를 통해 사용자 시청 매개변수(parameter)들을 알아내 적응형 렌더링을 할 수 있게 된다. 가상현실에서 자연스러운 인터액션을 하기 위해서는 사용자 손의 움직임, 제스처 혹은 음성 따위를 센싱하고 인식해야 한다. 이를 위해서 번거로운 센서를 따로 부착하지 않고 HMD에 모든 것을 통합하는 시도가 이루어지고 있으며, 앞으로 이들과 같은 디스플레이 기기의 가격이 낮아진다면 사용성에 대한 진입 장벽이 개선될 것이다. 최소한의 기기를 이용해 휴대성을 극대화하면서 사용자의 오감을 자극하기 위해 착각 및 모달리티(modality) 대체 효과에 대한 연구가 진행 중이다. 가상현실 기술의 활용은 고해상도 영상 및 자연스러운 인터액션 등을 동원하지 않더라도 이미 실용 단계에 와 있다. 공포증, 중독증, 정신분열 등의 각종 정신질환 치료, 교육이나 훈련, 원격 현실 기반 회의나 가상 여행, 몰입형 게임 등이 성공사례이다. 꼭 오감을 동원하지 않더라도 해당 적용 분야에서 중요한 콘텐츠 요소에 집중해 그 실재감(reality)을 최대한 높이고, 다양한 상호작용을 통해 사용자가 실재감을 느낄 수 있게 된다면 목표하는 효과를 이룰 수 있

---

22) 사용자의 눈 위치와 측정을 위한 장치(서기만 외, 2016).

다. 가상현실의 지속적 성장 요인으로 증강현실을 들 수 있다. 증강현실은 모든 것이 가상으로 표현된 공간과 달리 현실에 일부 가상 객체를 그려 넣고 이를 통해 서비스를 제공하는 형태의 미디어로서 가상현실과는 다르다. 구현방법도 가상현실 기술에 기반을 두고 있으며, 향후 발전 가능성이 높다고 볼 수 있다.

2) 가상현실 비즈니스

페이스북은 콘텐츠를 만들고 저장하기 위한 수단은 계속 진화하고 발전할 것이며, 커뮤니케이션의 최종 말단이 가상현실이라고 생각했다. 페이스북은 가상현실이 언어로 표현할 수 없고 사진이나 비디오로도 충분히 기록할 수 없는 것까지 다 전달할 수 있으며 SNS(social network service) 같은 개인 콘텐츠의 진화의 종착점이라고 전망했다(교보증권, 2016b; 모자이크 파트너스, 2015; 서기만 외, 2016).

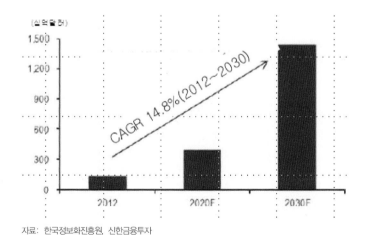

자료: 한국정보화진흥원, 신한금융투자

<그림 2-46> 글로벌 가상현실 시장 규모 추이 및 전망

구글(Google)도 가상현실이 콘텐츠 유통과 소비의 새로운 방법이라는 점이라 보았다. 구글은 콘텐츠 플랫폼인 유튜브와 스트리트 뷰에 360VR이라는 이름으로 가상현실 대응 콘텐츠를 이미 유통시켰다. 게임 목적의 오큘러스와 달리 SNS, 짧은 동영상 등 작고 가벼운 콘텐츠를 유통시키는 입장인 구글은 스마트폰을 활용한 가상현실의 가능성을 크게 내다보았다. 가상현실 구현을 위해서는 영상 정보 처리를 위한 기기가 있어야 한다. 이때 어떤 전용 기기나 PC가 아니라 스마트폰을 이용할 수 있다. 스마트폰을 이용한 방법은 다른 어떤 방법보다 비용 측면에서 유리하다. 실제 오큘러스 같은 가상현실 전용 기기에서 렌즈나 기구 자체는 저렴하게 생산할 수 있다. 높은 원가는 정보 처리와 디스플레이에서 발생한다. 따라서 누구나 1대 정도는 소지한 스마트폰이 정보 처리와 디스플레이를 담당해 준다면 이용자 입장에서는 추가 비용을 거의 들이지 않고 가상현실을 이용할 수 있게 된다. 실제 구글은 골판지를 이용한 간단한 가상현실 HMD를 2천 원 정도의 가격에 시판한 바 있다(교보증권, 2016b; 모자이크 파트너스; 2015, 서기만 외; 2016).

다음으로 마이크로소프트는 가상현실과 증강현실이 컴퓨팅 환경을 전혀 새롭게 바꿀 수 있을 것으로 본다. 가상현실은 언어의 한계를 뛰어넘는 충실한 커뮤니케이션을 가능하게 할 것이기 때문이다. 가상현실을 이용하면 표정이나 몸짓, 손짓 같은 전형적인 비언어적 대화 수단은 물론, 상대방의 현재 상황이나 주위 환경의 특징까지도 충분히 전달할 수 있다. 마이크로소프트는 홀로렌즈(HoloLens), 홀로스튜디오 (HoloStudio), 홀로그래픽 API 등 홀로 시리즈를 제안한다. 궁극적으로 가상현실 자체가 윈도우 동작 환경으로 통합될 것이라고 한다(교보증권, 2016b; 모자이크 파트너스, 2015; 서기만 외, 2016; 전해영 2016).

소니는 게임 자체를 제작하는 기업이 아니라 다수의 게임을 유통시키는 플랫폼 기업이었다. 그러나 2015년 가상현실을 기반으로 한 게임을 대대적으로 홍보하기 시작했다. 게임 개발자인 반다이 남코는 2014년에 소니 플레이스테이션 VR, 즉 모피어스를 위한 '서머 레슨(Summer Lesson)'이라는 가상현실 게임을 선보였다(서기만 외, 2016).

글로벌 시장에서 이용자 수는 2015년까지 하드코어 게임 시장을 중심으로 600만 명 정도 형성되어 있다. 2016년부터는 2,600만 명으로 이용자가 급격히 증가한 것으로 보인다.

<그림 2-46>은 가상현실과 증강현실 시장 성장에 대한 전망치이다. <그림 2-47>에서 볼 때, 2016년에는 2억 달러 정도 수준이지만, 2018년 약 50억 달러, 2020년에는 약 1,500억 달러로 VR은 300억 달러이고 AR은 1,200억 달러 규모로 급성장할 것으로 전망했다. AR은 공간의 제약이 없다는 특징 때문에 VR보다 성장 규모가 월등히 클 것으로 보인다.

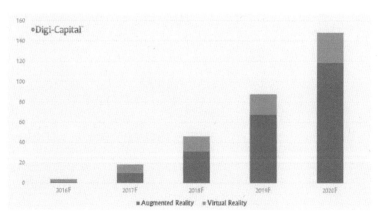

자료: 영국의 Digi-Capital(2015)

<그림 2-47> AR의 시장 성장 규모 전망

다음의 <표 2-8>에서와 같이 오큘러스를 인수한 페이스북과 HTC (Vice)를 비롯하여 구글, 소니, 마이크로소프트, 삼성전자와 LG전자가 경쟁 중에 있다.

<표 2-8> 가상현실 디바이스 업계 현황

구분	투자 및 개발 현황
페이스북	오큘러스 VR 23억 달러 인수, 오큘러스 리프트 상용버전 출시('16.1.)
구글	매직리프社에 5억 4천만 달러 투자, VR플랫폼 'DayDream' 발표('16.5.)
소니	PS4용 PSVR 발표('16.10. 출시예정), 전용 VR게임 제공 예정
마이크로소프트	홀로렌즈 개발자 버전 공급('16.3.), 윈도우10에서 홀로렌즈 지원 예정
삼성전자	"기어360"카메라 출시('16.4.)와 3D 360인 비욘드 프로젝트 추진 중
LG전자	'360VR'과 '360Cam' 출시('16.4.)와 '프렌즈' 개발자 생태계 구축 추진

자료: 기획재정부 · 미래창조과학부 · 문화체육관광부 · 산업통상자부(2016)

<표 2-8>에서와 같이 페이스북은 2013년 VR 헤드셋 전문업체인 오큘러스 VR을 23억 달러에 인수해 기기시장 진출을 준비했다. 페이스북은 <그림 2-48>의 페이스북의 10년 로드맵을 통해 AI를 중심

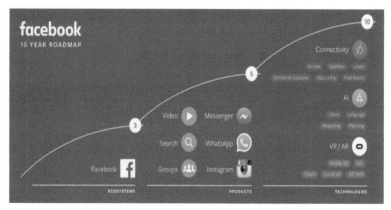

자료: Facebook(2016. 4. 12.), F8 개발자 컨퍼런스 발표 자료

<그림 2-48> 페이스북의 10년 로드맵

으로 네트워크 환경에서의 VR과 AR이 회사의 비전이라고 발표한 바 있다. 개인 커뮤니케이션즈(콘텐츠)의 궁극적인 목표가 가상현실이라 전망하고 미래 준비를 위해 투자를 아끼지 않고 있다.

구글은 VR은 콘텐츠 유통과 소비의 새로운 방법으로 이미 유튜브와 스트리트 뷰에 360VR이라는 이름으로 가상현실 대응 콘텐츠 유통을 시키고 있으며, HMD의 확대를 위해 골판지를 이용한 HMD를 싼값에 판매해 VR로의 체험을 극대화시키는 데 노력하고 있다. 이 밖에 주목할 만한 사업자 중의 하나는 뉴욕타임스이다. 뉴욕타임스도 VR의 한계점 중의 하나인 HMD가 필수적이라는 부분과 가격적 측면을 고려해 독자들에게 무료 헤드셋을 배포하고 무료 VR 콘텐츠 체험 기회를 제공하는 등 VR을 통한 뉴스 기업의 사업다각화를 모색하고 있다. 또한 마이크로 소프트는 가상현실이 언어의 한계

자료: 이호기(2016. 6. 14.), 한국경제, B3면

<그림 2-49> MS 홀로렌즈

를 뛰어넘는 커뮤니케이션이 가능하다고 전망했다. 홀로렌즈, 홀로스튜디오 등의 홀로시리즈를 제안해 VR 자체가 윈도우 동작 환경으로 통합될 것으로 전망했다.

아무리 기술적으로 우수한 혁신이라 해도 상업적으로 의미 있는 것이 되기 위해서는 2가지 조건을 만족시켜야 한다. 첫째, 이용자·소비자 관점에서 더 나은 가치를 더 낮은 가격에 제공해야 한다. 기존 제품에 비해 더 뛰어난 가치를 제공하거나 기존에 없던 전혀 새로운 가치를 제공해야 한다. 둘째, 사업자 관점에서 혁신을 통해 사업자의 이익이 더 커져야 한다. 원가 절감을 이루어 단위 판매량에서 이익률이 좋아지는 등 한계이익이 상승해야 하고, 같은 이익률에서 더 많이 팔 수 있어야 한다. 이 두 조건은 제품이나 산업을 불문하고 절대적이다. 첫째 조건이 충족되지 않으면 해당 제품은 시장에서 팔리지 않고 둘째 조건이 만족되지 않으면 제품이 만들어지지도 않을 것이다. 기업들이 그 제품이 아니라 투자 수익률 측면에서 더 매력적인 다른 제품 생산에 자원을 투입할 것이기 때문이다(교보증권, 2016b; 모자이크 파트너스, 2015, 서기만 외, 2016, 전해영 2016).

갤럭시 기어VR이 처음 등장했을 때 콘텐츠는 한정적이었으나 가상현실에 대한 관심도가 급증하면서 유튜브나 페이스북 같은 글로벌 플랫폼들이 가상현실 콘텐츠를 유통 가능한 기능들을 제공하고 있다. 가상현실 시장에서 어떤 콘텐츠가 킬러 콘텐츠가 될지는 가상현실 시장이 본격적으로 열리고 사람들이 다양한 경험을 하고 난 이후에나 결정될 것이다. 초기 플랫폼들은 주로 이전의 유모 콘텐츠의 유명세를 이용하거나 가상현실이 내세우는 경험을 강조하는 경우가 많다. 어떤 콘텐츠가 성공할지 아직은 미지수다. 또한 기술만을 강조하는 콘텐츠는 콘텐츠가 가지고 있는 이야기와 현출 등을 무시함으로 인해, 과한 기술쇼가 될 수 있다. 처음에는 시기해 시도해 볼 수 있으나 콘텐츠가 시간을 가지고 지속적인 재미를 줄 수 있느냐는 기술이 주는 경험만으로는 부족하다. 따라서 킬러콘텐츠는 콘텐츠가 가지고 있는 본연의 속성인 이야기와 영상미가 함께 가상현실에 적합한 연출과 경험이 잘 어우러져야 한다(교보증권, 2016b; 모자이크 파트너스, 2015, 서기만 외, 2016, 전해영 2016).

3. VR 정책 동향 및 시사점

1) 정책 동향

미국 및 유럽은 MIT, Garner, RAND 보고서를 기반으로 10대 미래 핵심전략기술로 지정해 연구 개발에 적극 투자하고 있다. 또한 미국 NRC에서는 세부기술을 엔터테인먼트 분야에 적용하는 기술을 연구하고 있으며, EU는 가상투어를 중심으로 핵심 콘텐츠를 기반으로 한 정책 추진에 박차를 가하고 있다.

일본은 이미 2004년 6월에 콘텐츠진흥법 제정 및 신기술 R&D 지원과 인재를 양성하고 비즈니스를 지원함은 물론 재원을 다양화하는 등의 종합적인 산업 진흥방안을 추진하는 Virtual Reality Techno Japan 정책을 시행하고 있다.

독일은 국책연구기관인 Fraunhofer IGD를 중심으로 자동차 산업에 응용된 Virtual Engineering 기술 개발 및 BMW나 벤츠 등의 자동차 회사에 지속적으로 적용하는 정책 지원을 추진하고 있다.

지난 2016년 7월에 국내에서는 정부 부처가 합동으로 가상현실 산업을 본격 육성하겠다는 의지를 발표했다. 기획재정부, 미래창조과학부, 문화체육관광부와 산업통상자원부는 VR선도 및 VR 콘텐츠 제작지원 등을 통해 가상현실 산업을 본격적으로 육성하기 위해 400억 원 규모의 전문 펀드를 조성하고 VR 기술에 대한 R&D 세액공제로 VR 투자기업들에 세제혜택을 부여하겠다는 의지를 담아 제 10차 무역투자진흥회의에서 「투자 활성화 대책」을 발표했다.

미래창조과학부는 2016년부터 2017년에 걸쳐 500억 원을 투입하는 <플래그십 프로젝트>를 추진하겠다고 발표했다. 이는 VR게임, 체험, VR테마파크 및 스크린 X 등을 통해 구현할 계획이다. 산업통상자원부는 <지식서비스 산업 핵심 기술 개발 사업>을 추진하여 3D 콘텐츠 제작기술 개발 사업 등 이트레이닝 시스템 공통 플랫폼 코어엔진 개발을 지원하겠다고 발표했다. 문화체육관광부는 게임을 중심으로 차세대 플랫폼 생태계 구축을 지원하고, 차세대 게임 핵심 기술에 대한 R&D 사업을 지원하는 것은 물론 글로벌 신시장 전략적 진출 지원 확대 등을 통해 <게임산업 진흥 중장기 계획(15~19)>을 수립하고 지원하겠다고 발표했다.

2) 시사점

한국과학기술기획평가원(KISTEP)에서 선정한 10대 유망 기술로 가상현실 구현 핵심기술이 선정되었고, 스마트폰 다음으로 차세대 동력으로 부상하고 있는 가상현실 분야의 생태계 조성을 위한 정부 발표도 뒤따랐다. 아직까지 가상현실 시장은 성장 초기 단계이며, 아직 생태계 형성이나 산업적으로 성장이 기대되는 분야이다.

VR은 오랜 기간 국방 분야 등에서는 활용이 되었으나 산업적으로 보편화되기에는 아직 초기 단계이고 다양한 한계점을 지니고 있다. 첫째, 기술적 한계를 들 수 있다. VR HMD 등은 아직까지도 착용이나 사용성에 있어서 여러 가지를 지적받고 있다. HMD를 포함해 센서 등이 유선으로 작동되는 불편함이나 햅틱 장비들은 부피와 무게감으로 사용에 대한 피로감을 이용자들은 호소한다. 아직 가격이나 표준화 문제 등이 대중적 보편화에 문제가 있다는 지적이다. 둘째, 콘텐츠의 한계를 들 수 있다. 게임을 중심으로 발달해 온 VR 산업은 그 외 구현할 수 있는 콘텐츠의 부족으로 개발이 필요하며, 저작 도구의 개발도 절실하다. 현재는 HMD 중심의 디바이스 시장에서 향후 콘텐츠 및 애플리케이션 시장 성장이 예상됨에 따라 이에 대한 대비가 필요하다.

미국이나 유럽 등의 사례를 볼 때 기업의 핵심 경쟁력을 바탕으로 VR 사업으로의 영역 확대를 계획하거나 중장기 전략을 수립해 가고 있다. 페이스북, 구글 등의 글로벌 미디어 기업들은 콘텐츠의 최종 목표가 가상현실이라고 외치고 있다. ICT 생태계에서 경쟁력 있는 플레이어가 되기 위해서 VR은 필수적인 요소가 되고 있다. 가까이 일본도 10년 전 관련법 제정을 통해 VR 관련 정책을 시행하고 있다.

국내 환경을 살펴보면, ICT 최강을 자랑하며, ICT 생태계 발전을 위해 전 분야에 걸쳐 애쓰고 있다. 그러나 VR 측면에서는 아직 초창기 상태로 국가 차원의 중장기 비전 제시 및 정책적 지원책이 만들어져야 하며, 기업들도 핵심 경쟁력을 바탕으로 비즈니스 모델의 수립과 연구개발 및 시장 투자가 필요한 시점이다.

국내 VR서비스의 경쟁력 강화를 위해 국내 문화 및 한류 콘텐츠를 중심으로 한 VR 융합서비스를 만들어 가는 것도 필요하다. 디바이스, 플랫폼 및 네트워크 측면에서의 적극적인 개발과 지원이 필요함을 시사한다. 이와 함께 전문 인력 양성에 대한 학제 간 융합형 인력 양성 및 전문 커리큘럼이 필요하다.

가상현실이 기존 제품의 기능 강화 용도로 사용되는 경우와 가상현실을 이용해 기존의 산업이나 제품이 줄 수 없었던 가치를 주는 것이다. 기존 제품의 기능 강화 용도로는 콘텐츠 기반 산업에서 관찰할 수 있다. 최초 오큘러스 리프트가 탄생한 배경에는 몰입감 높은 게임을 하고자 하는 목적이 강했다. 방송이나 영화 같은 미디어 산업도 가상현실을 이용해 콘텐츠 소비의 품질을 높일 수 있다. 또한 기존의 산업이나 제품이 줄 수 없었던 가치를 주는 것은 여행·관광·레저같이 어떠한 형태의 경험이나 체험이 상품의 본질인 산업 영역에서 나타난다. ICT 기술에 기반을 둔 가상현실 기업은 이들 산업에서 전통적인 기업이 제공하던 방식과 전혀 다른 방식으로 소비자들이 원하는 경험이나 체험을 제공하려고 노력한다(교보증권, 2016b; 서기만 외, 2016; 이호기, 2016).

가능성은 무궁무진하지만, 일부 영역을 제외한 많은 콘텐츠 산업 영역에서 가상현실의 미래는 밝지 않다. 맨 먼저 가상현실 콘텐츠 사업이 성공적이기 위해서는 HMD를 기꺼이 구매해서 이용하려는 소비자가 많아야 한다(교보증권, 2016a; 기획재정부 외, 2016).

HDM를 이용하는 가상현실 콘텐츠의 소비방식이다. 가상현실 콘텐츠를 이용하기 위해서는 지금까지 콘텐츠를 이용하던 방식과 상당히 달라야 한다. 이를테면 TV를 보던 것처럼 소파에 편히 눕거나 기대는 식으로는 가상현실 콘텐츠를 이용하기 어렵다. 이용자의 움직임과 자세에 따라 보이는 내용이 바뀌기 때문이다. TV를 틀어 두고 먹을 것을 가지러 갈 수도 없다. 당장 부엌이 보이지도 않고 이용자가 움직이는 순간 영상 내용이 바뀔 수도 있다. 가상현실은 본질적으로 이용자와 가상현실 세계의 상호작용에 따라 콘텐츠가 결정되는 방식이다(서기만 외, 2016).

사업자 입장에서도 가상현실은 매력적인 아이템이 아닐 수 있다. 가상현실 콘텐츠는 제작을 위해 많은 카메라가 필요하고 훨씬 더 복잡하고 어려운 제작 과정을 거쳐야 한다. 그 어려움에 비해 소비자들이 콘텐츠에 대해 추가 비용을 지불하려는 의사는 그다지 높지 않을 수도 있다. 단순 시청을 원하는 소비자들은 가상현실 콘텐츠를 오히려 외면할 수 있는 것이다(교보증권, 2016a; 기획재정부 외, 2016).

게임이나 SNS는 가상현실을 쉽게 적용할 것이다. 게임 이용자는 HMD 현실을 쉽게 적용할 것이다. 게임 이용자는 HMD 같은 보조 장비를 이용하는 데 거부감이 매우 낮다. 게임 자체가 이용자의 적극적인 참여를 기반으로 하는 것이어서 가상 현실화되어도 이용 행태가 거의 변하지 않아서이다. 게임이 주는 현실감과 내용에 대한 몰입감이 높아진 만큼 해당 게임 콘텐츠에 대한 추가 지불 의사가 비교적 쉽게 발생할 가능성이 높다. SNS나 인터넷 콘텐츠의 경우, 가상현실 이용 환경이 스마트폰 기반으로 구현되어 추가 비용이 거의 들지 않는다. 가상현실을 적용해도 기존 콘텐츠에 부가되는 형식이 될 가능성이 높고, 필요할 때 잠깐 이용하는 수준이므로 이용 행태를 크게 바꾸지 않아도 된다. 소비자 가치는 모호하지만 추가 비용이 거의 발생하지 않아 가성비 측면에서 유리한 셈이다. 사업자 가치도 그다지 명확하지 않다. 콘텐츠를 제작하는 데 비용이 꽤 들지만, 더 높은 가격을 요구하기는 어렵다. 다만 이를 통해 이용자를 더 강하게 묶어 둘 수 있으며, 이용자 규모에 기반을 둔 다른 수익 모델을 강화하는 효과가 있을 수 있다(교보증권, 2016b; 기획재정부 외, 2016; 서기만 외, 2016).

가상현실을 통한 경험 상품의 가능성에 대한 기술적 잠재력은 매우 크나 상업적 성공과의 상관관계는 아직 미지수이다. 상품성 또는 시장성의 문제는 가상현실 상품의 산업화와 연결되어 있다. 기존 상품에 비해 소비자 가치가 낮아 시장 경쟁력이 부족하다면 상업적으로 성공할 수 없을 것이다. 동시에 사업자 입장에서도 매력적인 아이템이 되어야 하는데 다른 제품을 취급하는 것에 비해 더 나은 수익을 가져다주지 않는다면 아무도 그 사업에 뛰어들지 않을 것이다. 가상현실 경험 상품의 가치는 기존 경험 상품과 비교가 아니라 그 자체로서 얼마나 충실하고 즐거웠는지에 따라 결정될 것이다. 상품 수준에서는 경쟁 자체가 일어나지 않는 셈이다. 다만 개인이 가진 시간과 재원은 한정되어 있고, 사람들은 그 시간과 재원으로 여행을 갈 것인지 가상현실 테마파크에 갈 것인지 선택하게 될 것이라는 점에서 산업 간 경쟁이나 대체는 발생할 수 있다. 가상현실 경험 상품의 소비자 가치가 아무리 높아도 사업자 가치가 낮으면 상용화되지 않을 것이다(교보증권, 2016b; 기획재정부 외, 2016; 서기만 외, 2016).

가상현실산업의 애로사항 중 하나는 콘텐츠의 문제이다. 가상현실 테마파크를 만들기 어려운 이유 중에는 가상현실 기기 제작의 기술 문제가 아니라 스토리가 있는 콘텐츠를 만들기 어렵다는 것과 동작 및 운동 반응 장치가 아직 개발되지 않았다는 한계가 있다(교보증권, 2016a; 기획재정부 외, 2016; 서기만 외, 2016).

가상현실에 대한 또 다른 이슈는 안정성의 문제이다. 안전성에는 생리적 안전성과 사회적 안전성이 있다. 생리적 안전성이란 가상현실을 이용하면서 우리 건강에 혹시 문제가 생기는 것이 아닐까 하는 우려를 말한다. 장시간 가상현실 기기를 이용했을 때 눈의 피로, 시각적 멀미, 기존의 인지 경험과 다른 경험이 누적될 경우에 대한 부작용 등의 문제이다. 사회적 안전성이란 가상현실로 인해 사회적 문제가 발생하는 것은 아닐까 하는 우려이다. 사회적 안전성에는 리셋 증후군(Reset syndrome)과 리플리 증후군(Ripley syndrome)이다. 리셋 증후군이란 컴퓨터가 오작동할 때 리셋을 누르면 정상화되는 것처럼 지금까지 자신이 현실 세계에서 벌여 놓은 일이나 마음관계가 마음에 들지 않으면 리셋 할 수 있다고 믿는 심리적 상태로, 개인은 즉흥적이고 무책임과 배려 없는 행동이 돌출하게 된다. 리플리 증후군은 거짓을 반복하다 그 거짓을 스스로도 사실로 믿어 버리는 일종의 정신질환이다. 성취 욕구가 강하지만 현실적으로 꿈을 이룰 수 없는 무능력한 개인이 열등감과 피해 의식에 시달린 나머지 현실을 부정하며, 자신이 바라는 환상을 기반으로 거짓으로 꾸며 내는 경우가 생길 수 있다. 그렇게 꾸며 낸 거짓을 상습적으로 반복하다 보면 마침내 스스로도 그 거짓이 실제 사실이라고 믿어 버리게 되는 일이 생기는 것이다. 가상현실이 발달하면서 매우 사실적인 나머지 가상현실 세계와 현실 세계가 반전되는 일이 생길 수 있다는 지적도 있다. 지금 현실 세계는 가상현실 세계를 유지하기 위한 물리적 조건을 갖추기 위한 것이고 진짜 자신의 삶은 가상현실 세계 속이라고 생각하게 되는 것을 말한다. 이에 대한 우려이다(서기만 외, 2016; 이호기, 2016).

가상현실 산업의 발달은 지금의 우리가 ICT 기술과 제품을 일상적으로 이용하듯, 가상현실 기술과 제품을 일상적으로 이용하게 될 것이다. 가상현실 멀리 떨어져 있는 친구와 만나서 대화하고, 가상현실 학교에서 전 세계의 학생과 교육을 받고, 가상현실 공원에서 하늘을 날며 놀 수도 있다. 인간의 인지 구조 자체가 가상현실을 가능하게 하는 특성이 있고 기존의 정보통신 산업 자체가 태생적으로 가상현실 지향적이라는 점을 고려할 때, 가상현실은 지금보다 훨씬 더 고도의 수준으로 발전할 것이다.

VR이 적용되는 시뮬레이터, 교육 훈련 등 산업 활성화를 위한 법·제도 정비 및 협력 체계를 구축하여 VR 생태계에서 한국 VR산업의 경쟁력이 강화될 것이라 기대해 본다.

제2절 가상현실과 콘텐츠

1. 가상현실 기술의 발달과 가상현실 세계의 전개

1) 가상현실의 세계

가상현실은 원격지의 현실을 지금 이곳에 충실하게 재현할 수도 있고, 아예 원본이 존재하지 않는 것을 마치 현실인 것처럼 만들어 낼 수도 있다. 가상현실이 가진 특성을 직접적으로 활용하면 경험 그 자체를 상품화할 수 있다. 가상현실은 경험 자체를 디지털 콘텐츠로 제공할 수 있다. 가상현실을 이용하면 실제로 여행 가지 않아도 마치 여행을 간 것 같은 경험이 가능하다. 구글이 서비스하는 '스트리트 뷰(Street View) 360'을 이용하면 일부 지역이지만 마치 그 도시에 여행을 간 것처럼 거리 모습을 자유롭게 둘러보고 구경할 수도 있다. 루브르 박물관이나 대영 박물관 등에서는 소장품을 가상현실 콘텐츠로 만들어 온라인으로 제공하는 방식을 시도했다. 구글 문화연구원(Google Cultural Institute) 역시 '아트 프로젝트', '역사적 순간', '세상을 놀라게 한 사건' 같은 가상현실 콘텐츠를 구성하는 데 꾸준히 노력한다. 향후 추가 장비 이용을 통해 현실감과 몰입감이 증가할 것이고 가상현실 경험 콘텐츠 이용은 증가할 것으로 보인다. 교육 분야나 훈련에도 가상현실이 쓰이게 되면, 지리공부를 할 때, 말로 듣고 사진으로 보는 것보다 직접 그곳에 가 볼 수 있다면 교육 효과가 높아질 것이다. 시뮬레이터(simulator)란 이름으로 다양한 훈련용 기기들이 쓰이는 실정이고 가상현실은 훈련을 더욱 실감나게 해 줄 것이다(서기만 외, 2016).

가상현실 경험 콘텐츠의 상품화는 2가지 이점이 있다. 첫 번째는 쉽고 안전하다. 경험이나 체험을 하려면 일정한 수준의 훈련을 해야 경우도 있고, 위험한 경우도 있다. 윙수트(wingsuit)와 같은 익스트림 스포츠는 고도의 숙련 기술이 없으면 즐길 수 없고 숙련자라 할지라도 사고의 위험이 늘 있다. 하지만 가상현실 세계에서는 추락이라든가 충돌 사고가 발생할 수 없다. 더보이드(The Void)라는 회사는 가상현실 테마파크를 만들고 있다(교보증권, 2016a, 서기만 외, 2016).

가상현실이 주는 경험 가치가 사용자에게 긍정적인 가치를 부여하는 것은 기술적인 가능성과 비즈니스 생태계가 유지될 수 있는 지속성 기반하에 사람들의 근본적인 욕구를 꾸준히 충족시킬 수 있는 매력도를 가질 때 지속될 수 있다. 가상현실의 경험 가치는 3가지 가치를 지니는데, 첫째는 제약 극복 가치이고 두 번째는 경험 증강 가치, 세 번째는 신경험 창조가치로 볼 수 있다(문형철, 2016).

첫째, 제약 극복 가치는 그동안 하고 싶었지만 못 했던 경험들을 가능하게 하는 부분이다. 그 이유는 여러 가지 제약들이 있는데 시간과 공간적인 제약과 더불어 신체적인 제약 및 상황적인 제약 등 다양하게 존재하고 있기 때문이다. 언제 어디서나 원하는 곳으로 가상 여행을 간다거나 볼 수 있는 가상현실 콘텐츠는 단순히 평면 모니터로 즐기던 동영상과는 비교할 수 없는 현실감을 제공하는 것이다. 신체적인 제약을 지닌 장애인들에게도 큰 경험의 장을 제공하는 것이다.

둘째, 경험 증강 가치는 현실보다 더 짜릿한 경험이 가능하다는 부분이다. VR 기기들과 센서들의 발달로 특정 경험을 보다 생생하게 만들어서 그 기분을 증폭시킨다는 것이다. 오프라인의 서바이벌 게임보다 VR 헤드셋 안에서 동료들과 통신하며 마치 아이언맨처럼 느끼게 하는 요소들이 추가로 자극한다면 그 경험 가치는 배가 될 것이다. 이처럼 VR 콘텐츠는 현실보다 더 생생하고 더 몰입하게 만들기 때문에 그 가치는 독보적일 수 있다.

마지막으로 신경험 창조 가치는 가상세계 안에서 사용자가 직접 개입하고 조작함으로써 전에 없던 새로운 경험들을 만들어 내는 부분이다. 헤드 마운트 디스플레이가 VR을 경험하게 하는 초기 디바이스이다 보니 VR로 할 수 있는 경험을 대부분 '감상'으로 생각하기 쉽다. 그러나 시각적인 장치와 함께 동작과 음성을 인식하고 사용자가 컨트롤 할 수 있는 각종 기기들과 함께 하면서 VR이 만들어 낼 새로운 경험들은 무궁무진해질 수 있다. 게임뿐만 아니라 영화나 SNS 등도 가상현실 속에서 재탄생할 수 있고 사용자가 만지고 대답하면서 달라지는 스토리가 주는 경험은 지금까지의 미디어 세상과 전혀 다른 새로운 것이 될 수 있다.

2) 가상현실의 기술의 발달과 산업적 전개

가. 제약 극복 가치 측면의 VR 콘텐츠

　시공간적 제약과 신체적 제약 및 환경적 제약을 극복하는 VR 콘텐츠에는 여행 콘텐츠, 전시관 서비스, 타인 경험 공유, VR 쇼핑몰 등을 예로 들 수 있다. VR 여행 콘텐츠는 VR 기기를 통해 세계 어느 곳이든 우주 어느 곳이든 체험할 수 있는 경험을 제공할 것이다. VR 여행사 사이트가 등장해서 많은 유료 상품과 패키지 상품을 제공하고 가이드 쇼핑까지 하게 될 수도 있다. VR 전시관 서비스 콘텐츠는 세계적 박물관이나 미술관들이 전 세계 사람들을 상대로 VR 전시관을 마련할 것이다. 좀 더 많은 보통 사람들이 비싼 돈을 내고 해외를 가지 않아도 세계적인 작품을 쉽게 감상할 수 있게 된다. 입장료에 대한 경제적 효과도 생길 수 있을 것이다. 이외 신체가 부자유스러운 사람들에게는 그 어떤 것보다 값진 경험들을 할 수 있다. 또한 현실

자료: http://vimeo.com/99664617

<그림 2-50> VR 쇼핑몰 예시 - Trillenium 쇼핑몰

에 있는 쇼핑몰과 전혀 다른 쇼핑몰이 가상세계에 펼쳐진다. VR 쇼핑몰 콘텐츠는 옷장에 걸린 옷을 둘러보며 쇼핑을 하는 것이 아니라 VR 안에서 돌아다니는 모델들을 보며 착용한 모습을 라이브로 체크하며 쇼핑하고 그 옷에 대해 물어볼 수도 있는 경험을 가질 수 있다.

플랫폼 네트워크 분야 측면에서 살펴보면, 글로벌 유통 및 결제 플랫폼은 모든 가치 측면에 모두 필요한 공통 필수 플랫폼이다. 시공간 제약이 사라지는 가상현실에서 VR 콘텐츠와 서비스는 원클릭으로 전 세계에 유통될 수 있다. VR 편집 소프트웨어는 다양한 장치에서 수집되는 소스들을 그래픽을 편집하는 VR용 소프트웨어는 강력한 필수 도구일 것이다. VR 환경에 맞는 특수효과나 파일 포맷은 재정의되어야 하기에 경쟁 또한 치열해질 것이다. 또한 VR 콘텐츠를 전달하기 위해서는 타인이 보고 듣는 콘텐츠를 실시간으로 경험하게 하는 시점공유 플랫폼이 필요하다. 연예인 또는 연인이 경험하고 있는 콘텐츠를 함께 VR로 공유할 수 있다면 멋진 일일 것이다.

디바이스 측면에서 살펴보면, 촬영 기기는 VR 감상 기기와 함께 가장 많이 접하게 될 디바이스이다. 이미 360도 카메라 같은 초기 제품들이 나오고 있지만 가벼운 대중형 촬영 기기에서부터 전문가형 기기까지 그 진화는 빠르게 이뤄질 전망이다. 해상도 외에도 360도 환경에서 사용자의 움직임에 따라 시각적 원근감이나 소리의 현장감이 충분히 편집될 수 있게 수집되는 것이 VR 콘텐츠의 생동감을 높이는 데 관건이 될 것이다. 이와 함께 VR 제작 스튜디오는 VR 콘텐츠 제작을 위해 전문적인 스튜디오들이 등장할 것으로 예상된다. 장애인 전용 VR 기기는 신체적인 제약이 있는 장애인들도 충분히 VR을 즐길 수 있도록 많은 전용 기기들이 등장할 것으로 보인다.

나. 경험 증강 가치 측면의 VR 콘텐츠

현실에서의 콘텐츠 체감보다 VR을 통한 콘텐츠 경험은 더 많은 호기심과 자극을 불러일으킬 수 있는 콘텐츠 적용의 효과가 증가할 것으로 예상된다.

대표적으로 VR 교육서비스는 책과 강의로는 이해가 제한적이었던 교육 분야에 혁신적인 효과를 기대할 수 있고 과학이나 의학 분야는 VR을 통해 인간의 장기나 물리 현상들을 실제처럼 보고 듣고 느낄 수 있는 교육 효과를 증가시킬 수 있을 것이다. 또한 VR 헬스나 스포츠도 각광을 받을 것이며, 고인이 된 가수의 콘서트를 실제 콘서트장에 있는 것보다 더 실감나게 표정과 소리를 느낄 수 있고 특유의 열기와 냄새를 느끼게 해 주는 오감 엔터테인먼트가 발달하고 VR 테마파크에서 기존 테마파크보다 더 극적이고 짜릿한 VR 놀이기구를 타게 될 수도 있을 것이다.

자료: 김시소(2016. 5. 9.)

<그림 2-51> The Void가 만들 예정인 VR 테마파크 장면

VR을 통한 집체 교육과 같은 서비스가 이뤄지기 위해서는 멀티
로 참여자를 초대하고 관리할 수 있는 플랫폼이 필요하다. 그 안에
서 같이 작업하고 피드백을 받으며 가상의 결과물을 만들고 기록 관
리가 가능한 네트워크 지원이 필요하다.

VR 콘텐츠의 발달은 노래방이나 PC방 같은 VR 체험 공간을 만
들어 낼 것이다. VR이 대중화돼서 각 가정에 VR 감상 기기가 있다
고 해도 좀 더 많은 사람이 풍부한 경험을 느끼기 위해서는 다양한
장치와 공간이 필요할 것이다. VR 헬스기구나 체험의자, VR-아이맥
스 극장 등 VR 콘텐츠를 즐길 수 있는 공간과 기기들이 사람들의
감각을 자극하게 될 것으로 기대된다.

자료: http://youtu.be/iUkjaNQlZO8 / Virtuix Omni

<그림 2-52> VR 콘텐츠를 즐기기 위한 장치

다. 신경험 창조 가치 측면의 VR 콘텐츠

가상현실에서 사용자의 개입과 조작에 의해 새롭게 창조되는 경험들은 VR게임, 심리치료 서비스, VR채팅 및 인터렉티브 미디어 등의 VR 콘텐츠 분야를 경험할 수 있게 될 것이다.

VR게임은 디스플레이를 통해 즐기던 게임 화면이 사용자가 직접 들어가 개입하는 게임이 되어 지금까지와는 차원이 다른 게임을 경험하게 될 것이다. 또한 특정 환경하에서 심리나 정신 반응 등을 진단하고 치료하게 된다면 훨씬 강력하고 효과적인 치료가 될 것으로 기대된다. VR채팅은 화상채팅이나 아프리카TV 같은 형태의 채팅 형태에서 벗어나 또 다른 현실 속에서 사람을 만나고 직접 음성이나 동작을 통해 커뮤니케이션 하는 경험은 새로운 경험이 될 것이다. 페이스북이 선보일 VR SNS가 기대되는 이유도 새로운 경험을 기대할 수 있기 때문일 것이다. 인터렉티브 미디어는 지금까지 정해진 스토리대로 일방적인 감상을 해 왔던 미디어들이 가상현실 안에서 양방향적으로 진화하여 드라마나 애니메이션 또는 다큐멘터리 같은 미디어에 사용자가 개입해서 상황을 선택하고 그 선택에 따라 스토리가 변화하는 새로운 미디어의 경험을 기대할 수 있다.

2. 가상현실과 콘텐츠 연계

1) 교육 콘텐츠 분야에서의 가상현실

1987년 마이크로소프트에서 파워포인트를 개발할 당시에는 기업의 발표 자료를 위한 프레젠테이션을 위해 소프트웨어를 개발했었다. 그러나 30년이 지난 지금에는 기업뿐만 아니라 교육 현장에서 파워포인트가 교실 풍경을 바꿔 놓았다. 초등학교에서 대학교까지 파워포인트 없이는 교육이 불가능할 만큼 큰 위력을 발휘하게 됐다.

자료: 버추얼 스미스(2015)

<그림 2-53> '교실을 박물관으로' 예시 화면

자료: 버추얼 스미스(2015)

<그림 2-54> '교실 안의 공룡 세상' 예시 화면

최근에는 파워포인트의 역할을 가상현실 기기들이 물려받을 것으로 보고 있다. 더 컨버세이션(The Conversation)에 따르면 많은 교사들이 자신의 수업 시간에 AR 기기 및 VR 기기를 도입하고 있다고 조사되었다(이강봉, 2017. 1. 12.). 물론 국내의 조사 결과는 아니지만 가까운 미래에 국내의 학교에서도 흔히 볼 수 있는 관경이 될 것이다.

최근 등장하고 있는 가상현실 기기들은 사용자들이 마치 실제인 것처럼 착각하면서 눈앞에 펼쳐지는 영상에 몰입게 하고 있다. 실제로 일부 초·중등학교 수학·과학 교실에는 VR 기기를 도입해 학습에 활용하고 있는 것으로 알려졌다.

의과대학에서는 가상현실 기기를 이용해 학생들로 하여금 실제 치료 상황을 체험하면서 진료·수술 등의 현장 실습교육을 진행하고 있다고 한다. 가상현실을 통해 현장에서 혹시 있을지 모르는 실수를 방지할 수 있다는 장점도 있다. 대학 언어 교육 과정에서도 가상현실 기기가 도입되어 중국어를 배우는 학생들을 위해 중국을 방문한 것과 같은 상황을 만들어 중국 생활을 체험하도록 하고 있다. 언어 교육 분야에서는 더 강력한 가상현실 환경을 구축하고 있는 중이라고 한다.

교육 관계자들은 학생들에게 교육을 위한 이 가상현실 세계를 반복해 경험하게 할 경우 놀라운 학습 효과를 거둘 수 있다고 보고 있으며 실제로 학습 현장에서 기대 이상의 학습 효과를 거둔 사례들이 보고되고 있다. 가상현실 기기의 기능도 계속 업그레이드되고 있으며 호주 멜버른에 있는 왕립 식물원(Royal Botanic Gardens)에서는 학습 효과를 위해 새로운 교육용 가상현실 기기인 'TPACK(Technological,

Pedagogical and Content Knowledge)'를 개발하고 있다.

자료 : 위키트리(2016)

<그림 2-55> VR 기기를 통한 교실 모습의 변화

2) 미디어 산업: TV, 영화, 저널리즘, 애니메이션

가상현실에 기반을 둔 콘텐츠는 기존 매체가 도저히 줄 수 없는 사용자 경험을 줄 수 있다. 특히 현장감이나 몰입감이 중요한 영화에서 이 경험은 대단한 장점이 될 수 있다. 공포영화를 볼 때, 우리의 시선은 화면에 고정되어 있을 뿐이지만 가상현실에서는 무심코 왼쪽이나 뒤를 돌아봤을 때 범인이나 괴물이 아무런 기척 없이 나를 노려보는 오싹함이 더해질 것이다. 사실에 기반을 둔 콘텐츠인 뉴스, 다큐멘터리도 영화와 마찬가지로 사실감이 더해지면 현장감이 살아날 것이다. 대표적으로 노니 데 라 페냐(Nonny de la Peña) 감독이 만든 시리아 내전을 다룬 다큐멘터리 <프로젝트 시리아(Project

Syria)>(2016)는 내용뿐만 아니라 가상현실이라는 전달 방식으로 화제가 되었다. 갑자기 포탄이 시청자 옆으로 날아든다거나, 포연이 자욱한 길거리로 이동시키거나, 바로 옆에 서 있던 사람이 총이나 파편에 맞아 쓰러지는 것을 목격하게 한다거나 하는 등으로 재구성된 가상현실은 그 어떤 글이나 동영상하고도 비교할 수 없는 생생함을 전달했다. 영화 <말레피센트(Maleficent)>(2014)의 감독 로버트 스트롬버그(Robert Stromberg)를 포함해 4명의 영화인이 설립하고, 스티븐 스필버그 감독이 어드바이저로 참여하는 신생기업 VRC(Virtual Reality Co.)는 영화를 포함해 다양한 가상현실 콘텐츠를 제작한다. 오큘러스도 오큘러스 스토리 스튜디오를 설립하고 할리우드의 인재들을 영입해 제작한 가상현실 영화를 선보인 적이 있다(김시소, 2016, 5, 9; 기획재정부 외, 2016; 서기만 외, 2016).

VR 애니메이션은 VR의 특징을 살려 360회전 영역을 고려한 스토리텔링과 배경 설정이 보는 이의 흥을 돋우기 때문에 각광받고 있다. 국내에서도 모바일 및 유튜브, 곰플레이 등을 통한 서비스 준비에 많은 기업들이 관심을 모으고 있다. VR애니메이션은 게임적 요소와 흥행요소를 함께 갖게 된다면 비즈니스로서도 매우 우수한 콘텐츠 분야가 될 것으로 기대된다.

국내 미디어 기업들 중 KT는 홀로그램 원천기술 확보를 위해 꾸준히 개발을 진행해 왔다. 기존 45도 각도의 빛을 반사하는 홀로그램 기술에는 한계가 있다. 높이가 6m를 넘어야 하고, 암실 환경, 전문적인 설치와 유지 관리가 필요했다. 하지만 융기원과 함께 KT는 독자 기술로 투명 소재를 만들었다. 일반조명, 야외환경에서도 시청할 수 있으며, 층높이가 낮은 공간에서도 사용할 수 있다. 실시간 원격 홀로그램(Tele-presence) 기술도 빼놓을 수 없다. 영화에서나 보던 3차원 영상통화를 할 수 있는 기술이다. 5G 시대가 되면, 빠른 네트워크 속도를 이용해 홀로그램 통화를 할 수 있게 될 것으로 보인다. 이 외에도 홀로그램을 이용한 사이니지도 개발한 상태다. 현재 KT는 K-Live를 중심으로 실감미디어 전략을 펼치고 있다. 송도, 광주에 K-Live 상영관을 준비하고 있으며, 이미 올 2월에 싱가포르에도 상영관을 개관한 바 있다. 싱가포르는 케이팝뿐만 아니라 다양한 콘텐츠를 수출하는 곳으로 활용할 계획으로 실감미디어를 위한 상설 공간이 마련되었다는 점에서 의의가 있다.

자료: 김태우(2016)

<그림 2-56> KT VR 콘텐츠 서비스 제공을 위한 환경 조성

3) 가상현실과 공포증 치료

VR은 정신과 영역에서 공포증이 있는 사람의 치료를 위해서 사용된다. 예를 들어, 고소공포증이나 밀실공포증 등이 있는 사람에게 해당 공포에 적절하게 노출되는 훈련을 하는 것이다. 이런 훈련은 안전하고, 필요할 경우 즉시 중단하거나 동일한 조건을 반복할 수 있기 때문에 공포증 치료에 효과적일 수 있다.

국제시장조사업체 GIA(Global Industry Analysts)에 따르면, 미국, 캐나다, 유럽, 일본, 아시아를 포함한 여러 국가들이 수술, 진료 등 의료 분야에서 가상현실 기술을 이용한 의료 시장 규모가 2018년 북미에서만 24억 3,000만 달러를 형성할 것으로 예상했으며, 앞으로 의료 분야와 가상현실 기술 간 접목 가능성이 매우 높을 것으로 예상하였다. 사실, 가상현실 기술과 의료 접목에 대한 학계의 논의는 오래전부터 되어 왔지만 기술적 한계와 고가의 하드웨어로 인해 발전이 미약하였다. 하지만 최근 고해상도 디스플레이, 강력한 하드웨어 등 가상현실 기술을 실현하기 위한 기술력이 비약적으로 발달하

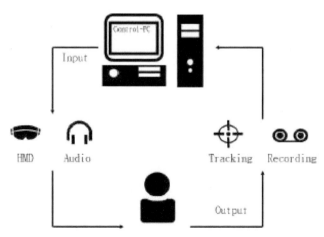

자료: 김슬기·석혜정(2015)

<그림 2-57> 가상현실 공포증 치료 시스템

였고, 하드웨어의 비용이 하락함에 따라 가상현실 기술을 이용한 치료를 제공할 수 있는 환경이 조성되었다. 특히 가상현실 기술을 이용하여 정신과 치료를 시도한 것은 공포증 치료가 처음으로 가상현실 기술을 이용한 치료 중 가장 긴 역사를 가지고 있다(김슬기·석혜정, 2015).

가상현실 기술을 이용한 기관 중심의 치료는 이미 국내외 심리치료 분야 전문기관에서 치료의 보조적인 수단으로 많이 사용되고 있다. 즉, 정신적으로 장애를 겪고 있는 환자들을 대상으로 기존의 치료 방식에 가상현실 기술을 적용하여 치료에 도움을 주는 방법을 채택하고 있는 것이다. 먼저, 국내에서는 1999년 한양대 의공학연구실에서 운전공포증, 사회공포증, 고소공포증 등 가상현실 기술을 치료에 접목한 연구를 시작했다. 사회공포증, 비행공포증, 고소공포증, 폐소공포증 등을 상상노출방법의 일환으로 가상현실 기술을 활용하고 있다.

국외의 경우 국내보다 가상현실 기술을 이용한 공포증 치료 상용화가 더 활발히 이루어지고 있다. 먼저 가상현실 기술을 이용한 치료에 있어 세계에서 가장 유명한 VRMC(Virtual Reality Medical Center)는 1997년부터 운전공포증, 고소공포증, 선단공포증, 사회공포증 등 가장 다양한 분야의 공포증을 가상현실 기술을 이용하여 치료하고 있다. VRMC는 가상현실 기술을 이용한 의학 분야 치료에 있어 시뮬레이션과 가상현실 기술이 특화된 곳으로, 치료 결과와 치료에 관련한 연구들을 꾸준히 발표하고 있다. 이곳은 공포증 치료 이외에도 가상현실 시뮬레이션을 이용하여 군사 훈련과 PTSD, 교육용 프로그램 등을 제공한다. 공포증 치료로는 비행공포증, 사회공포증, 고소공포증, 폐소공포증 등의 공포증을 치료하며, 이 외에도 PTSD 치료, 알코올중독증, 도박중독증 등 공포증 이외의 분야에서도 가상현실 기술을 이용한 치료를 사용하고 있다.

자료: 김슬기·석혜정(2015)

<그림 2-58> 가상현실 기술을 이용한 공포증 치료의 예

4) VR과 쇼핑 패러다임의 변화

월스트리트저널에 따르면 AR/VR이 모바일 쇼핑 분야에 본격 도입되면서 쇼핑 패러다임 변화를 주도할 것이라고 전망했다. 구매 전 가상으로 가구를 배치하거나 옷을 입어봄으로써 구매로 연결할 수 있어 쇼핑몰의 AR 도입이 확대될 것이라는 전망이다.

의류회사 갭은 가상 피팅앱인 '드레싱룸(Dressing Room)'을 내놓았다. 이 앱은 자신의 체형과 비슷한 가상 마네킹에 마음에 드는 옷을 입혀 볼 수 있다. 이 앱은 심도센서를 이용해 주변 사물과 지형을 인식, 더욱 실감나고 정확한 AR을 경험할 수 있는 구글 '탱고폰'에서 구동 가능하다. 탱고폰은 현재 중국 레노버가 제조해 판매하고 있지만 올해 말에는 에이수스(Asus)도 탱고폰을 출시할 예정이다. 아마존은 '프로덕트 프리뷰(Product Preview)' 앱을 제공하고 있다. 이 앱은 TV 등 가상 가전제품을 실제 거실에 배치해 보는 등 구매 전에 집에 어울리는지 살펴볼 수 있다. 조립가구 브랜드 이케아도 소개 책자와 앱을 이용하면 가구가 집과 잘 어울리는지 손쉽게 점검할 수 있다. 앱을 켜고 배치하고 싶은 위치에 스마트폰을 갖다 댄 뒤 가구를 선택하면 증강현실로 나타난 가구가 현실 위에 겹쳐 보여 주변과의 조화를 가상으로 확인할 수 있는 등 해외 쇼핑몰들을 중심으로 VR 쇼핑몰 구축에 박차를 가하고 있는 실정이다.

5) VR게임 콘텐츠

1990년대 PC게임에서 출발해 2000년대 온라인 게임과 2010년대 모바일 게임을 거쳐 향후 VR게임으로 플랫폼이 바뀔 것으로 생각된다. VR게임은 차별적인 특성과 콘텐츠가 활발히 개발될 것으로 기대하고 있는 상황이다.

VR게임은 기존에 개발했던 게임들의 그래픽 리소스 등을 VR게임으로 전환 및 연계 개발이 용이하다는 점이 강점으로 작용한다.

향후 VR 효과를 극대화하기 위해서는 기존의 물리적 공간이나 장비들을 활용하여 몰입감이나 현장감 같은 VR의 강점을 강화해 과거/현재/미래, 우주/심해/극지/오지 등 다양한 환경 설정 및 그 환경들에 부합하는 경험들을 제공하는 새로운 콘텐츠 개발이 과제로 남아 있다.

갈락티카(Galactica)는 VR 롤러코스터로 2016년 3월에 영국 알톤 타워 리조트에 개장했다. VR 헤드셋과 모션인식 센서를 이용해 우주를 비행하는 것과 같은 VR 경험을 제공하고 VR영상들은 고개를 돌리는 방향에 따라 360도로 관람이 가능함은 물론 가속/상승/낙하와 같은 롤러코스터의 작동과도 일치하여 실제적인 움직임과 VR 경험이 동일하다는 특징을 갖고 있다. 버추얼 엔터테인먼트 센터(Virtual Entertainment Center: VEC)는 VR 테마파크로 미국 솔트레이크시티에 스타트업 보이드(Void)가 개발 중에 있다. 가로 18m, 세로 18m 크기의 공간에 실제 벽과 장애물, 바람과 물방울 분사 장치 등을 갖추고 VR 헤드셋을 착용한 채 VR게임을 즐길 수 있는 일종의 VR 아케이드 게임장이다. 공간 내부의 벽과 장애물들은 모듈 형태로 설계되어 제거 혹은 재배치가 가능한데, 이들 벽이나 장애물은 VR 헤드셋을 통해 우주선의 외벽이나 판타지 배경의 고목과 같은 게임 내 요소로 새롭게 묘사된다고 한다. 국내에서는 2016년 4월에 드래곤플라이가 체감형 VR 게임 개발을 통해 아케이드 진출 계획을 발표한 바 있다.

6) VR을 활용한 추억 콘텐츠

과거는 기억 속에서만 존재했다. 나의 초등학교 입학식, 딸의 결혼식 등 순간을 영원히 간직하고 싶어 하는 사람들이 많이 있다. 영화 <어바웃 타임(About Time)>(2013)에서 주인공 '팀'은 시간 여행을 할 수 있는 능력을 갖춘 자신을 상상하곤 했다. 이러한 상상이 혹은 기억의 순간들을 복원시키는 VR 및 AR 콘텐츠가 등장한다.

지난 CES 2017에서 스타트업 오렐리(Owlii)는 원하는 상황을 3D 기억장치로 재생하는 독자적인 VR, AR 기술을 공개했다. 오렐리는 과거 현장 속으로 당사자와 마주하는 듯한 3D 이미지를 제작하는 방식으로, 예를 들어 가족들은 딸의 결혼식에서 아버지가 흘리는 눈물을 평생 간직할 수도 있게 된다.

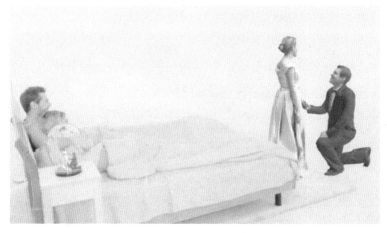

<그림 2-59> VR 청혼 장면 회상 사례

3. 향후 과제

교육현장에서의 VR 기기 활용은 대화 부족으로 인간관계의 훼손 우려가 제기되고 있다. 이 기기 안에는 가상현실(VR)과 증강현실(AR) 기능이 모두 들어 있어 교사가 해 오던 일을 대신할 수 있다.

특히 AR의 기능은 놀라울 정도다. 탄소순환 체계를 실감나게 체험할 수 있도록 시각/청각/후각/촉각적인 자료들이 모두 동원되고 있다. 학생들은 탄소순환과 관련된 수많은 자료들 가운데 자신에게 필요한 정보를 선택해 학습에 활용할 수 있다. 문제는 이 같은 첨단 기기가 교육 현장에 본격적으로 도입될 경우 교사들의 역할이 크게 줄어든다는 것이다. 증강현실 기기를 학습 현장에 도입할 경우 교사가 할 일은 매우 단순해진다. 이 AR 기능에 어떤 학습 정보를 집어넣을지 고민하는 일 외에 학생들을 가르치는 시간 동안 뚜렷하게 할 일을 발견하기 힘들 정도다.

교육계에서는 이들 디지털 기기가 교사들의 개성을 묵살하고 교육 과정을 획일화할 수 있다는 우려가 일고 있다. 교육과정이 학생/교사와의 진지한 대화 없이 단순히 지식을 전달하는 과정으로 전락해 본질적인 학습 효과를 저해할 수 있다는 것도 지적하고 있다. 학생들이 가상현실 속의 아바타들과 어울리면서 교사는 물론 사람과의 인간적인 관계를 갖지 못하는 부작용이 발생할 수 있다는 지적이 제기되고 있다. 교육의 중요한 목적인 인간관계 형성에 손상을 줄 수 있다는 주장이다.

한 보고서는 가상현실에 몰입한 학생들에게 언어 구사는 물론 보디랭귀지, 표정 관리 등에 있어 심한 결함이 발견됐다는 사례를 제시하고 있다. 학생들의 창의력을 증진할 수 있을지에 대해서도 의문이 제기되고 있다.

교육현장에 가상현실 기기가 선보이면서 많은 학생과 교사가 놀라운 학습 효과에 열광하고 있는 것은 분명하다. 과거 파워포인트와 비교가 안 될 만큼 학생들의 학습동기를 유발하고 뛰어난 체험학습 효과를 거두고 있다. 그러나 긍정적인 효과와 함께 여러 가지 부작용이 노출되고 있는 중이다. 교육계가 지적하고 있는 대화 부족, 교사들의 역할 감소, 창의력 증진 문제 등을 어떻게 해소할 수 있을지 기술적 대처방안에 관심이 쏠리고 있다.

이와 함께 VR게임이나 콘텐츠들을 즐기기 위해서는 공간과 기기, 네트워크 등의 한계점 등이 아직 존재한다. 이러한 부분의 단계별 개발/지원 및 개선책이 필요한 시점이다.

제3절 올림픽과 실감형 미디어

1. 스포츠와 미디어

미디어는 스포츠 보도 수단으로서 매우 중요하다. 스포츠 경기결과를 전보로 전달하는 것은 '세계를 뒤흔든 위대한 샷'의 충분한 디테일을 제공할 수 있었고, 인쇄된 뉴스는 스포츠의 세부 동작에 대한 기술적 설명과 함께 경기장에 가지 않은 사람들에게 그곳에 있는 것 같은 느낌을 관찰해서 세밀하게 묘사해 줄 수 있었다. 확실히 경기에만 집중하기보다는 관중석 분위기나 주변 환경까지 시선을 돌리게 됨으로써 그 전에는 볼 수 없었던 것이 즐길 만하고 심지어는 교육적이라는 것을 알게 해줬다. 이것들은 특히 스포츠광(처음에는 주로 남성들이었다)이 신문과 잡지를 길거리 가판대에서 사고 나중에는 보다 편리하게 구독 신청을 하게끔 한 매력적인 유인책이었다. 생생하면서 드라마틱한 사진이 가미된 전문적인 스포츠 잡지와 신문, 그리고 사진을 곁들여 활자체만의 한계를 개선한 신문의 스포츠면은 스포츠를 주말뿐만 아니라 평일의 문화적 스펙트럼 안에도 자리 잡게 해 주었다. 이후에는, 라디오 방송이 실시간 스포츠 중계에 '현장음'을 제공해 주었다(기술적 한계로 인해 현장음을 전달할 수 없을 때에는 경우에 따라 음향효과를 내서 재현하기도 했다). 잡지나 신문과 달리, 라디오는 주파수 가청권의 제약이 있고, 그래서 (유럽의 많은 국가들처럼) 공적 소유의 지배를 받거나(미국의 경우처럼) 상업적 통제라는 제약을 받았다. 그러나 방송 제도의 유형이나 방송 철학과는 무관하게, 라디오와 인쇄 매체를 통한 스포츠의 확산은 스포츠의 문화적 유효성과 상업적 가치/잠재력을 모두 증가시켰다. 그 이후 텔레비전이 스포츠 경기를 실시간으로 중계하거나 녹화된 시청각적 이미지를 방송함으로써 다른 미디어들을 보완하고 지배하게 되었을 때, 스포츠의 경제적 잠재력은 분명해졌다. 그다음에 인터넷과 모바일 폰 및 다른 기기들로 모든 종류의 텍스트를 전달할 수 있게 됐을 때, 스포츠 중계는 장소에 구애받지 않게 됐고, 아직은 '건설 중'이긴 하지만 계속 글로벌한 지위를 실현해 나갈 수 있었다.

지난 20세기 말에 이르러서 글로벌 미디어 스포츠라는 개념이 미약하게나마 형성되기 시작되었다. 물론 1964년 도쿄올림픽 이후에 인공위성 중계 기술의 발달로 인해 전 세계 어디로든 스포츠 동영상을 실시간으로 전송할 수 있게 되었다. 그러나 글로벌이라는 단어는 미디어와 스포츠에 관해 논의할 때에는 단순히 국제적이라는 것을 넘어서 그 이상의 의미를 내포하게 되었다. 글로벌 미디어 스포츠는 편재성, 불가피성과 보편적 접근 가능성 그리고 결과적으로 지역적인 특수성과 고유성의 실질적 잠식과 같은 특성을 암시한다. 위성

전송이 일반화되고 특히 세기말의 인터넷이 스포츠의 다방향적 그리고 다매체적 벡터로 성장함으로써, 글로벌 미디어 스포츠의 가능성은 분명해졌다. 서구의 논평자들 중에는 지구상에 아직도 방송, 전화 그리고 컴퓨터가 보급되지 않은 지역이 있음을 망각하는 경향에 대항하기 위해서라도 여기서는 일단 현실성보다는 가능성에 대해 거론하는 것이 중요하다. 그럼에도 불구하고, 비서구 지역에 거주하며 그리 풍족하지도 않은 다른 많은 이들에게 미디어 스포츠를 둘러싼 문화적 형태와 경험은 매우 익숙해졌기 때문에 그에 대한 검토는 이제 당연한 권리인 것처럼 필수적이다.

따라서 올림픽이나 월드컵 축구 경기와 같은 주요 미디어 스포츠를 공중파 텔레비전으로 무료 시청하는 것은 이제 '인류 가족'의 일원임을 보여 주는 기호로 간주할 수 있다. 각 행사의 주관단체인 국제올림픽평의회(the International Olympic Committee: IOC)와 국제축구연맹(the Fédération Internationale de Football Association: FIFA)은 스포츠의 참가자와 관람자를 위해 글로벌한 역할 수행의 중요성을 강조한다. FIFA의 강령(2010a)에는 '전 지구적인 사회 진보의 수단으로서 축구라는 스포츠를 이용하여 '게임 자체를 발전시키고, 세계와 조우하며, 더 나은 미래를 건설할 것'을 맹세한다는 표현이 있다.

우리는 축구의 힘과 인기를 이용함으로써 세계를 위해 더 나은 미래를 건설하는 데 이바지하는 것을 우리의 사명으로 삼는다. 이 사명은 FIFA가 관여하는 모든 활동에 의미와 방향을 부여하며(축구는 우리 사회와 통합된 일부분이다…), 세계와 조우한다. 세계적 수준의 축구 활동과 모든 수준의 열정을 208개 가입 협회를 통해 전 세계에 전파한다. 광범위한 경쟁은 축구의 다양한 측면을 보여 주는데, 이러한 모습은 FIFA 월드컵이 선도하고 있다.

그런 교훈적인 정서를 경쟁이라는 명칭의 법적 구속력이 있는 보호와 더불어 배치하는 것과 FIFA의 구조와 활동에 대한 일부 비판적인 문헌을 고려하면 일종의 아이러니가 있음은 주목할 만하다. 그럼에도 불구하고, 신체적 단련과 미디어 재현을 통해 그리고 유엔보다 더 많은 가맹 회원이 많은 단체를 통해 지구 구석구석까지 활동이 미치게 하는 것은 그 야심과 범위가 전 지구적임을 확실히 보여 주고 있다.

이와 유사하게, IOC도 전 지구적인 확산이라는 거창한 계획을 주창한다. 2010년 2월 11일에 발효된 올림픽 헌장 49조1항, '올림픽 경기의 미디어 보도 범위'는 'IOC는 올림픽 경기가 각기 다른 미디어에 의해 보도되고 가능한 최대로 전 세계의 수용자에 전달될 수 있도록 보장하기 위해 필요한 모든 조치를 취한다'고 천명한다(IOC 2010: 96). 그러나 수익성이 높은 방송(그리고 다른 미디어) 중계권에 대한 IOC의 지나친 감시, 그리고 올림픽의 미디어 재현에 대한 엄격한 통제는 헌장의 다음 법 조항과 부대 조항에 명시된 '최대한의 보도fullest coverage'라는 원칙과 명백하게 상충될 수 있다.

2. 올림픽의 역사와 시기구분

올림픽의 역사는 1896년 아테네올림픽을 시작으로 120년이 되었다. 이 기간 동안 올림픽은 하계올림픽 27회(제1, 2차 세계대전으로 중단된 6, 12, 13회 올림픽은 제외), 동계올림픽 22회가 치러졌는데, 1회 대회인 아테네올림픽과 가장 최근에 열린 30회 하계 런던올림픽과 22회 동계 소치올림픽 사이에는 참가인원이나 경기장 시설 같은 규모뿐만 아니라 인류에게 미치는 영향력, 관심 등에서 엄청난 발전이 있었다. 1회 아테네올림픽에서 13개국 311명이 4개 종목 28개의 금메달을 두고 경쟁한 반면, 30회 하계 런던올림픽에서는 204개국 19,000명이 26개 종목 302개의 금메달을 두고 경쟁하였고, 22회 동계 소치올림픽은 88개 종목 3,000여 명이 15개 종목에서 99개의 금메달을 두고 경쟁하였다. 외형상으로 참가인원은 71배, 메달 수는 14배가 늘어났다.

올림픽의 120년 역사는 정착기-성장과 갈등기-상업올림픽기의 3기로 구분할 수 있다. 첫 번째 시기는 1회 아테네올림픽에서 11회 베를린올림픽까지 이어진 올림픽의 정착기이다. 1896년 아테네에서 제1회 올림픽이 개최되었다. 1회 대회에는 13개국 올림픽 위원회를 대표하는 311명의 남자 운동선수들이 출전하였고, 12개의 육상종목, 8개의 체조경기, 5개의 표적 사격, 그리고 3개의 펜싱경기에서 경쟁을 벌였다. 정착기의 올림픽은 대체로 낮은 관심과 재원 부족으로 인해 많은 어려움을 겪었다. 2, 3회 올림픽의 경우 동일한 시기에 열린 박람회의 부속 행사로 치부되기조차 했다. 초기 올림픽의 대체로 저조한 관심과 낮은 위상은 11회 베를린올림픽을 계기로 규모나 위상이 크게 바뀌게 되는데, 이는 당시 올림픽을 독일민족주의를 과시하려는 무대로 만들려 했던 히틀러와 나치의 전폭적인 지원 덕분이었다.

올림픽은 베를린대회 이후 세계대전으로 12, 13회 대회는 중단되었고, 1948년 런던올림픽을 계기로 다시 화려하게 부활하게 된다. 올림픽 역사의 두 번째 단계는 12회 런던올림픽부터 25회 바르셀로나올림픽까지로 구분할 수 있다. 이 시기의 올림픽의 특징은 두 가지로 요약할 수 있는데, 하나는 올림픽이 진정한 지구촌의 축제로 발전했다는 것이고, 다른 하나는 이 시기를 규정하는 동서냉전의 그늘에서 벗어날 수 없었다는 점이다.

전쟁 직후 개최된 48년 런던올림픽을 기점으로 올림픽은 회가 거듭될수록 양적·질적으로 크게 성장한다. 92년 바르셀로나올림픽에는 170개국에서 9,364명의 선수들이 참가하는 규모로 성장했고, 75억 달러라는 천문학적인 개최비용이 지불되었다. 이 기간에 진행된 12번의 하계올림픽과 동계올림픽은 발달한 방송통신기술에 힘입어 전 세계를 대상으로 중계되었으며, 이로 인해 세계인의 진정한 축제로 발전하게 되었다. 하지만 이 기간 동안 올림픽은 동서냉전으로 비롯된 세계정치의 영향을 받게 되었고, 인종적·종교적·민족적 갈등으로 인한 테러와 참가 보이콧 등으로 얼룩지기도 했다.

1996년 미국 애틀랜타에서 열린 100주년 기념 올림픽은 올림픽의 역사에 새로운 장을 열게 된다. 애틀랜타올림픽은 스포츠행사로서의 올림픽 그 자체는 성공적으로 평가할 수 있지만, 가장 큰 논란을 불러온 것은 올림픽의 상업화였다. 애틀랜타올림픽에서 미국의 NBC 방송국은 4억 5천6백만 달러를 올림픽 중계권료로 지불하였다. 이 액수는 4년 뒤 시드니올림픽에서는 7억 1천5백만 달러로 늘어나게 된다. 애틀랜타올림픽은 천문학적인 방송중계권료 외에도 올림픽 공식 후원업체를 선정하여 특정 상품의 올림픽 관련 독점적 홍보를 허용하였고, 각국의 대표팀들은 공식 후원사를 통해 신발이나 스포츠장비를 사용해 주는 대가로 지원을 받았다. 애틀랜타올림픽은 당시 늘어나는 올림픽 개최비용을 감당하기 위해 불가피한 측면도 있었지만, 여전히 많은 사람들에게 올림픽을 상업화시켰다는 비판을 받기도 한다.

<표 2-9> 역대 올림픽 개최지와 시기구분

시기구분		하계			동계	
	1	1896	아테네(그리스)			
	2	1900	파리(프랑스)			
	3	1904	세인트루이스(미국)			
	4	1908	런던(영국)			
정착기	5	1912	스톡홀름(스웨덴)			
	6	1916	-			
	7	1920	안트베르펜(벨기에)			
	8	1924	파리(프랑스)	1	1924	샤모니(프랑스)
	9	1928	암스테르담(네덜란드)	2	1928	장크트모리츠(스위스)
	10	1932	로스앤젤레스(미국)	3	1932	레이크플래시드(미국)
	11	1936	베를린(독일)	4	1936	가르미슈파르텐키르헨(독일)
전쟁 중단	12	1940	-			
	13	1944	-			
	14	1948	런던(영국)	5	1948	장크트모리츠(스위스)
	15	1952	헬싱키(핀란드)	6	1952	오슬로(노르웨이)
	16	1956	멜버른(오스트레일리아)	7	1956	코르티나담페초(이탈리아)
	17	1960	로마(이탈리아)	8	1960	스퀘밸리(미국)
	18	1964	도쿄(일본)	9	1964	인스부르크(오스트리아)
성장과 갈등	19	1968	멕시코시티(멕시코)	10	1968	그르노블(프랑스)
	20	1972	뮌헨(독일)	11	1972	삿포로(일본)
	21	1976	몬트리올(캐나다)	12	1976	인스브루크(오스트리아)
	22	1980	모스크바(러시아연방)	13	1980	레이크플래시드(미국)
	23	1984	로스앤젤레스(미국)	14	1984	사라예보 (보스니아헤르체고비나)
	24	1988	서울(대한민국)	15	1988	캘거리(캐나다)
	25	1992	바르셀로나(스페인)	16	1992	알베르빌(프랑스)
	26	1996	애틀랜타(미국)	17	1994	릴레함메르(노르웨이)
	27	2000	시드니(오스트레일리아)	18	1998	나가노(일본)
	28	2004	아테네(그리스)	19	2002	솔트레이크시티(미국)
경제 올림픽	29	2008	베이징(중국)	20	2006	토리노(이탈리아)
	30	2012	런던(영국)	21	2010	밴쿠버(캐나다)
	31	2016	리우데자네이루(브라질)	22	2014	소치(러시아)
	32	2020	도쿄(일본)	23	2018	평창(대한민국)

현재 애틀랜타올림픽 이후 올림픽을 개최하려는 많은 나라나 도시들의 가장 큰 고민거리는 개최비용의 문제라고 할 수 있다. 실제로 2004년 28회 올림픽을 개최한 그리스의 경우 국가재정의 파탄을 걱정할 정도로 개최비용은 개최국의 중요한 문제가 되었다. 21세기 들어 올림픽을 개최하는 대부분의 국가들은 올림픽을 흑자로 치르기 위해 고민하고 있으며, 올림픽을 통해 얻을 유무형의 경제적 이익을 극대화하려는 전략을 취하고 있다. 이러한 경제적 관점의 올림픽이 관심을 받게 된 이유는 그동안 올림픽을 얼룩지게 했던 동서냉전이 구소련의 몰락과 함께 종결됨으로써 더 이상의 체제경쟁이 무의미해졌다는 국제정치상황의 변화 때문이기도 하고, 신자유주의의 확산으로 인해 글로벌화된 다국적 자본의 이익추구와 개별국가들의 경제적 실익이 최우선 관심사로 떠오른 시대상황을 반영하기 때문이기도 하며, 정보통신기술의 발전으로 전 세계가 공간적으로 압축되는 디지털 시대의 시대상을 반영한 것이기도 하다. 그 이유가 무엇이든, 현재 올림픽을 개최하는 나라들의 주요한 관심은 개최비용을 최소화하고, 개최국의 경제발전을 위한 모멘텀으로 올림픽을 활용하려는 경제적 상업적 동기가 올림픽을 전반적으로 규정하고 있다는 사실이다.

3. 올림픽에 부여되는 3가지 가치: 아레테와 아곤/국가주의/경제올림픽

고대 그리스 올림픽에 참가한 선수들에게 최고의 가치는 아레테(Arete)와 아곤(Agon)이었다. 아레테는 인간의 잠재력을 모두 끌어낸 노력을 의미하며, 이는 곧 인간한계의 도전을 의미한다. 그리스 사람들은 이런 인간한계에 도전하는 정신적 상태를 매우 중요하게 생각했으며, 이를 덕(virtue)을 실천하는 행위로 이해하였다(Mechikoff, 2013). 아곤은 스포츠에서 경쟁과 투쟁(struggle or contest)을 의미한다. 올림픽의 정신이 아레테와 아곤이라는 의미는 곧 경쟁을 통한 인간한계의 도전으로 이해할 수 있다. 근대 올림픽은 이러한 고대 그리스 올림픽의 정신적 기초 위에서 세워졌다. 근대 올림픽의 아버지로 불리는 쿠베르탱 남작은 올림픽을 통해 세계 젊은이들이 인종, 신념, 이데올로기를 넘어서 만나고 경쟁하면서 인간한계에 도전하는 무대를 꿈꿨으며, 올림픽을 통해 페어플레이 정신과 평화, 조화, 협력을 끌어내기를 바랐다. 올림픽의 정신에는 여전히 고대 그리스의 올림픽 정신인 아레테와 아곤의 자취가 남아 있다. 실제로 지난 백여 년의 기간 동안 올림픽이 경쟁과 도전을 통해 지구촌의 화합과 평화에 큰 기여를 해 온 것은 명백한 사실이다.

그렇지만 올림픽을 지구촌의 화합과 평화를 위한 축제라는 관점에서만 볼 수 없는 것도 엄연한 현실이다. 올림픽에 쏟아지는 관심만큼 올림픽을 이용해서 정치, 경제, 외교적 이익을 두고 벌이는 치열한 경쟁 역시 무수히 존재해 왔다. 100여 년의 올림픽 역사의 이면을 보면, 거기에는 인종, 이데올로기, 국가주의, 식민주의 등 올림픽이 개최된 시기의 인류가 직면한 온갖 갈등으로 얼룩져 온 것도 사실이다. 올림픽을 정치외교의 무대로 활용하고자 했던 1936년 베를린올림픽이 좋은 예다. 당시 독일제국의 힘을 과시하고자 했던 나치 정부에 의해 올림픽은 순수한 스포츠 행사를 넘어서 나치의 우수성을 알리는 선전무대로 활용되었다. 개최 국가의 위상제고와 국내 정치적 모멘텀이라는 국가주의적 올림픽의 역할은, 냉전 올림픽의 극점을 달렸던 모스크바올림픽과 미국 LA올림픽을 거치면서 인류가 처한 동서냉전을 올림픽에 투영하게 된다. 지금도 여전히 올림픽에는 개최국의 국가주의적 관점은 사라지지 않고 있다. 지난 2014년 소치 동계올림픽이 새롭게 도약하고자 하는 러시아 국민들의 열망과 정치적 불안을 잠재우려는 푸틴 정부의 정치적 목적을 반영해서 강한 러시아를 전면에 내세운 것도 그렇고, G2로서 위상을 과시한 29회 북경올림픽이나, 전후 일본의 부활을 알렸던 18회 동경올림픽, 우리나라에서 개최되었던 24회 서울올림픽 역시 국가주의 올림픽의 요소들을 쉽게 찾을 수 있다.

올림픽을 둘러싼 국가주의 내지 갈등의 역사는 90년대 들어 경제 올림픽이란 새로운 시대로 접어들게 된다. 이러한 변화의 배경에는 90년대 들어 본격화한 전 세계적인 신자유주의의 물결에 따라, 국제화와 개방이라는 시대적 조류가 생겨났고, 낡은 이념적 갈등보다는 개별 국가의 경제적 이익을 우선하는 추세가 자리 잡았기 때문이다. 이런 변화와 함께 등장한 용어가 경제올림픽이다. 90년대 이후로 올림픽은 기본적으로 스포츠 행사를 근간으로 하면서, 문화/환경/관광/경제를 포괄하는 더욱 거대한 구조로 조직되고 있다. 올림픽은 개최국의 경제적 파산이 거론될 정도로 양적 규모의 확대와 첨단 기술의 경연장이라는 질적 측면에서 팽창을 거듭하고 있다. 지구촌 전체가 발달한 방송과 ICT 기술에 힘입어 촘촘하게 연결되고, 이 거대해진 지구촌의 공연무대를 활용한 다양한 시도가 이루어지게 된다. 스포츠 빅이벤트를 계기로 자국의 문화적·산업적·기술적 업그레이드를 꾀하는 것은 90년대 후반 이후 메가 스포츠 행사를 개최하는 모든 국가에 공통적으로 나타나는 현상이다.

정리하면, 올림픽에 부여되는 3가지 사회적 의미구성은 아레테와 아곤으로 이야기되는 올림픽 정신과 더불어, 올림픽을 통해 개최국의 국가적 위신과 명예를 높이려는 국가주의적 의미, 개최국이 직면하고 있는 사회적·산업적·정치적 국면을 돌파하고자 하는 모멘텀이라고 할 수 있다.

일반적으로 올림픽을 준비한다는 것은 올림픽에서 치러질 각 종목들의 경기장 시설 및 운영관리시스템을 준비하고, 참가하는 선수들의 숙박, 교통 등에서 불편함이 없도록 한다는 의미로 이해할 수 있다. 하지만 이제 올림픽은 스포츠 행사를 넘어서서, 개최국의 국가적 비전을 달성하는 모멘텀으로 확고히 자리 잡고 있다. 올림픽을 준비함에 있어서 가장 어렵고 신중하게 결정해야 하는 부분이 바로 올림픽을 통해 우리는 무엇을 얻고, 달성해야 하는 비전을 사회적으로 합의하는 부분이다. 평창올림픽에 대한 우리 사회의 합의는 ICT 올림픽이다.

ICT 올림픽을 지향한다는 것은 올림픽이 가진 올림픽정신-인간한계의 도전, 국가주의, 경제올림픽-이라는 3가지 의미를 모두 충족시킨다. 첫째 디지털미디어 기술은 현시점에서 인류의 한 단계 도약을 위한 프론티어라고 할 수 있다. 지난 시기에도 그랬지만 앞으로도 디지털 기술의 발전에 따라 인류의 능력은 무한히 확장할 것이다. 새로운 실감형 기술을 개발하고, 그것을 응용한 다양한 첨단 서비스를 만들어 내기 위해 노력하는 것은 인류의 한계를 넓히는 과정과 동일하다. 둘째, 정보화는 대한민국의 대표적인 브랜드이다. 국가주의적 시각에서 봤을 때, 첨단 ICT 미디어를 올림픽의 전면에 내세우는 것은 대한민국의 국가 위상을 높이는 역할을 충분히 수행할 수 있다. 셋째, 올림픽을 통해 ICT 기술개발 및 산업생태계 구축이라는 경제적 목적을 달성할 수 있다. 2015~2018년의 기간은 디지털의 역사에서 볼 때, 새로운 단계로의 도약이 예상되는 시점이다. 5G무선통신, IoT, 실감미디어(UHD, 3D TV, 다시점 TV, 홀로그램 TV, 오감미디어) 등의 첨단 ICT 서비스들이 개발되거나, 상용화가 예정된 시기이다. 평창올림픽을 첨단 ICT 서비스의 한 단계 도약을 위한 모멘텀으로 활용하는 것은 경제적으로도 중요한 의미를 갖는다.

4. 올림픽과 방송통신기술

올림픽에 어떤 가치를 부여하는가는 전통적 올림픽 정신, 국가적 위상제고, 국가적 도약의 모멘텀 3가지에 의해 결정된다. 이런 3가지 가치에 가장 부합하는 것이 바로 최첨단 테크놀로지라고 할 수 있다. 인간한계에 도전이라는 올림픽 정신에도 부합하고, 최첨단 하이테크를 과시하는 것 자체가 국가적 위상과 결부되며, 통신/전자/영상 산업은 올림픽을 개최하는 주요 국가들의 산업적 지향점이기도 하다. 그렇기 때문에 올림픽과 방송/통신/디지털 같은 첨단테크놀로지는 항상 함께 해 왔다.

1) TV 중계

전통적으로 올림픽에 있어서 ICT의 꽃은 TV라고 할 수 있다. TV를 통해서 안방에 중계된 올림픽은 1936년으로 80년의 역사를 가지고 있습니다. 올림픽 초기에는 신문이 주요 올림픽 정보 매체 역할을 수행했고, 라디오를 통해서는 초보적인 수준의 중계방송이 수행되었다. TV 중계가 시작된 것은 1936년 베를린올림픽이다. 당시 나치는 자신들의 정치이데올로기를 선전하기 위해 대대적인 라디오와 TV의 보급을 하였는데, 당시 많이 보급된 라디오와 TV를 이용해 올림픽 중계를 한 것이다. 당시 TV 중계는 베를린을 포함한 독일 일부 지역에서 수신이 가능했고, 대략 16만 명 정도의 사람들이 시청했다고 알려져 있다.

전 세계를 대상으로 한 TV 중계는 1964년 도쿄올림픽 때 처음으로 가능해졌다. 당시 전 세계를 대상으로 중계가 가능했던 이유는 새롭게 등장한 첨단 기술인 인공위성을 통한 중계가 가능했기 때문이다. 정지궤도 위성인 인텔셋(intelsat)을 통해서 태평양 건너로 위성 중계가 가능해진 것이다. 1970년 멕시코시티올림픽에서부터는 컬러TV방송이 시작되었다.

2008년 베이징올림픽에서는 디지털로 하는 HD TV 중계가 시작되었다. 디지털로 중계시스템이 전환되면서, 중계시스템 구축의 주요한 관심은 네트워크로 용량의 확보라는 문제를 가져왔다. 2008년 베이징올림픽에서 시작된 디지털 전송은 2010년 밴쿠버올림픽 때 네트워크 용량이 4Tbps 수준으로 늘었고, 가장 최근에 치러진 2014년 소치올림픽에서는 54Tbps 수준의 네트워크가 운용되었다. 밴쿠버올림픽 때는 3만 명의 관계자가 1인 1대의 기기만 허용하는 조건에서 네트워크를 이용되었지만, 소치올림픽에서는 다수 사용자가 다수의 기기를 문제없이 사용하는 환경을 구축했다. 또한 소치올림픽에서는 인터넷을 통해 HD급으로 전송되는 올림픽 전용 방송 채널을 운영하기도 하였다. 소치올림픽의 방송중계에서 또 다른 특징은 본격적으로 N스크린 서비스가 도입되었다는 점이다. 지구촌 사람들은 N스크린 서비스 덕분에 주요 경기뿐만 아니라 보고 싶은 거의 모든 경기를 인터넷을 통해 스마트폰 등으로 시청할 수 있었다.

2) 올림픽의 또 다른 중계시스템, 인터넷

21세기 들어와서 올림픽의 중계는 기존의 방송 중심의 구조에서 인터넷이라는 새로운 매체로 확장되었다. TV 중계의 역사가 80년에 이르는 반면, 인터넷이 올림픽에 등장한 시기는 20년 전인 1996년 애틀랜타올림픽이다. 애틀랜타올림픽에서는 홈페이지를 통해서 다양한 정보를 제공하기 시작했는데, 이 당시는 인터넷 중계가 도입되었다고 알려져 있지만, 여러 기술적 문제와 인터넷 인프라의 미흡으로 관련 분야에 익숙한 사람이 아닌 대중들이 인터넷을 활용해 올림픽을 즐기기에는 한계가 많았다.

2012년 런던올림픽에서는 트위터나 페이스북 같은 SNS가 새롭게 대두되면서 인터넷 중계는 스트리밍뿐만 아니라 이들 SNS를 통해서도 중계가 되기 시작했다. 런던올림픽에서 사용된 네트워크 용량은 과거에 비해 비약적으로 늘어났다. 런던올림픽에서는 60기가바이트의 데이터가 초당 전송되고, 직전 올림픽 때보다 30% 더 많은 데이터가 생성되었다.

SNS가 본격적으로 활약하기 시작한 것은 소치올림픽부터이다. 선수촌의 화장실 문이 뜯겨지고 엘리베이터에 갇히는 등의 열악한 소치 숙소 상황이 선수들의 SNS를 통해 알려져서 파문을 일으키기도 했다. 사람들은 SNS를 통해 정보를 교환하거나, 경기 감상평을 실시간으로 공유했고, 이 과정에서 올림픽과 관련된 다양한 이슈를 양산하는 역할도 담당했다. 심지어 일부참가국의 선수들은 대회기간 내내 팬들과 SNS를 통해 소통하면서 많은 이슈를 만들기도 했다.

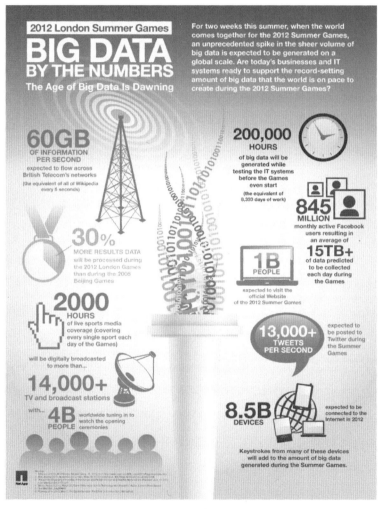

<그림 2-60> 올림픽 포스터

인터넷 홈페이지를 통한 중계의 활성화를 가로막는 가장 큰 문제
는 중계권의 문제이다. 중계권이 본격적으로 문제가 된 것은 2000년
시드니올림픽으로 30여 개의 사이트가 폐쇄되기도 했다. 이후 2004
년 아테네올림픽에서는 하이라이트 정도만 인터넷에 올리는 것으로
이어졌고, 2008년 베이징올림픽 때는 TV보다 인터넷으로 중계를
보는 사람이 더 많아졌다고 조사되었고, 2012년 런던올림픽에 이르
러 인터넷 중계가 주요 중계 시스템으로 자리 잡게 되었다.

5. 올림픽의 첨단미디어

올림픽에 채택되는 방송통신시스템은 항상 그 시점의 첨단미디어
가 활용되어 왔다. 올림픽은 항상 첨단미디어의 경연장이었다고 할
수 있고, 이것은 현시점에서도 동일하다. 특이한 점은 21세기 들어
올림픽에 첨단미디어가 선보이거나 활용되는 경향이 더욱 가속화되
고 있다는 사실이다.

2010년 밴쿠버올림픽에서는 당시 실감미디어 서비스로 Immersing
Technology[23]를 이용한 서비스를 선보이기도 했고, 2012년 런던올
림픽에서는 생산되는 모든 미디어, 방송 서비스에서 몰입형 3D TV
를 통해 세계 최고의 스포츠 이벤트 시청이 가능한 서비스를 제공하
기도 하였다. 특히 런던올림픽은 빅데이터 올림픽으로 트위터, 페이
스북 등 소셜 미디어의 활용이 두드러진 올림픽으로 런던올림픽 방
송을 주관하는 BBC는 TV, PC는 물론 스마트폰, 태블릿에 맞춘 콘

---

23) 우주, 심해, 극한상황에서 사용되는 로봇과 시각적 인식 및 힘, 토크 등 상호작용하는 기술을
의미한다. 원거리에 있는 조정대상을 고도로 실제감을 갖고 조정, 통제하는 기술인데, 증강현
실과 관련이 깊다. 영화 '아바타'에서 아바타를 조정, 통제하기 위한 장치로 등장한다.

텐츠까지 따로 제공하며 스마트 시대에 어울리는 중계 방식을 선보였으며, 모든 경기를 인터넷으로 제공해 PC, 태블릿, 스마트폰 등에서 시청이 가능하였다.

2014년 소치 동계올림픽에서는 36개의 HD 비디오 채널을 지원하는 IPTV 기술을 선보이며, 대형 무선 네트워크 구축을 통해 최초로 전 경기를 인터넷으로 생중계하였다. 소치올림픽은 밴쿠버올림픽 대회보다 10배가 넘는 트래픽 전송 기술을 활용해 올림픽 경기를 중계하는 취재진들과 일반관중들이 언제 어디서나 초고속 와이파이(WiFi) 서비스에 무료로 접속해 뉴스보도와 경기이미지, 영상을 실시간으로 공유할 수 있도록 경기장 곳곳에 2천500여 개의 무선 접속 포인트를 설치하기도 하였다. 또한, 동계올림픽을 체험해 볼 수 있는 애플리케이션을 제작하여 360도 파노라마 영상을 통해 선수들의 생생한 숨소리와 동작을 그대로 느껴 볼 수 있는 등의 서비스를 지원하였고, 특히 이 애플리케이션은 자이로스코프를 적용했기 때문에 스마트폰을 기울이면 360도 앵글과 얼굴샷, 풀샷 등 다양한 앵글로 바꿔 가며 경기 영상을 볼 수 있는 신기술을 도입하여 이목을 끌었다.

2020년으로 예정된 도쿄올림픽에서는 스마트 내비게이션의 서비스를 제공할 예정으로 올림픽을 방문하는 관람객이 길을 잃지 않고 교통 혼잡 없이 이동할 수 있도록 내비게이션 기술을 개발 중에 있다. 여기에는 사람이 많이 몰리거나 교통 혼잡이 있을 때 빅데이터 분석기술을 통해 스마트폰 등 기기에 이 정보를 제공해 주는 서비스도 포함되어 있다.

이번 2018년 평창올림픽에서는 정보화 강국으로 불리는 한국에서 열리는 만큼 UHD TV, 3D TV, 5G무선통신, IoT 서비스, 실감미디어, 소셜 TV 등 다양한 첨단 서비스들이 제공될 예정이며, 인간기술의 극한을 보여 주는 홀로그램TV, 5감TV, 감성인식TV 등도 시범적으로 운용될 예정이다. 평창올림픽에서는 IT 기술을 활용하여 경기장 주변 및 평창, 강릉, 정선 등 강원도 지역에 첨단 자동기상관측장비를 구축하여 상세 기상예측정보를 실시간으로 수집하고 도로교통 기상장비 및 CCTV, 터치스크린, 홈페이지 등을 통해 영동고속도로와 올림픽 경기장별 실시간 기상관측정보 및 기상예보서비스를 제공할 예정이며, 수집된 기상정보는 2018년 올림픽이 성공적으로 개최될 수 있도록 평창 동계올림픽 예보 기초자료로 활용될 예정이다.

실감형 방송과 영상

제1장

UHD 실감형 방송

제1절 실감형 방송: UHD

1. 실감형 UHD 방송은 무엇인가?

UHD(Ultra High Definition)TV는 기존 HD(1,920×1,080)보다 영상의 해상도가 최소 4배(3,840×2,160, 4K)에서 최대 16배(7,680×4,320, 8K)까지 향상되어 더 큰 화면으로 현실감(presence)을 극대화시키는 초고화질 실감형 방송이다. 오디오에 있어서도 HD의 음질(5.1ch)보다 뛰어난 다채널 음질(10.2~22.2ch)을 제공하여 입체적인 음향을 통해 현장감을 재현한다. 고정형이나 이동형 UHD TV를 갖추면 실내외 어디서나 무료로 직접 시청할 수 있다. 또한, 다시 보기나 양방향·맞춤형 서비스, 재난정보 등 다양한 부가 서비스도 즐길 수 있다. 우리나라에서는 지난 2012년부터 세계 최초로 지상파 UHD 실험방송을 실시한 바 있고, 2014년에는 브라질월드컵과 아시안게임의 경기 일부를 UHD로 실험 생중계하기도 하였다. 이어 2016년 말에 지상파 UHD 본 방송을 위한 방송 허가를 부여하였다. 하지만 2017년 1월 KBS, MBC, SBS 등 지상파방송 3사는 수신환경, 단말기 문제 등으로 당초 2017년 2월로 예정된 본 방송을 연기해 달라고 요청하였다. 결국 예정보다 3개월이 늦은 2017년 5월 31일, 세계 최초로 지상파 UHD 본 방송이 수도권부터 실시되었다. 본 방송의 실시에 앞서 KBS는 2월 28일부터 시험방송을 실시하였는데 시험방송 기간 드라마 <태양의 후예>를 비롯해 특별 제작 다큐멘터리 <백두산> 등의 UHD 프로그램을 방송하였다. 앞으로 UHD 본 방송의 서비스 권역은 2017년 12월에 평창 동계올림픽이 열리는 평창/강릉 일원, 그리고 부산, 대구 등 광역시로 확대될 예정이며 오는 2020년까지 전국으로 확대한 후 2027년에 현재의 HD 방송을 종료하고 UHD로 전면 전환될 예정이다.

차세대 실감형 방송으로서 지상파 UHD TV는 다음과 같은 특성을 지닌다(미래창조과학부/방송통신위원회, 2015).

먼저, 기술 진화적 측면에서 UHD TV는 HD TV 대비 4배 선명한 화질을 구현하고 현장감, 몰입감을 구현하는 차세대 실감형 방송이다. 또한 WCR(Wide Color Gamut)과 HDR(High Dynamic Range)을 구현하여 다양한 컬러를 구현함과 동시에 역광 상황 등에서도 선명한 화면을 구현할 수 있다.

둘째, 시청자 친화적 수신환경을 제공하여 실내외 어디서나 직접 수신이 가능하다. 즉, SFN(Single Frequency Network)이 가능하여 전국에 같은 TV 서비스를 하나의 TV 채널 대역으로 동시 서비스가 가능하다.

셋째, 다양한 부가서비스가 가능하다. 특히, IP 기반의 양방향 맞춤형 서비스를 제공하게 되는데 가령, 전파와 인터넷을 동시에 활용하여 새로운 형태의 양방향 복합 서비스가 가능하여 N 스크린 서비스 및 IoT 연계 서비스가 가능하다.

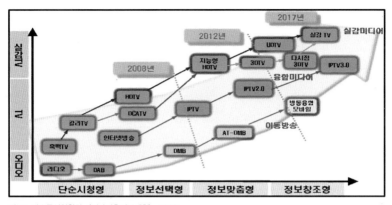

자료: 방송통신위원회, 〈전파진흥기본계획〉, 2009

<그림 3-1> TV의 기술사적 진화방향

　이상과 같이 고화질, 쌍방향, 수용자 맞춤형적 특징을 지님으로써 UHD TV는 차세대 TV로서 자리매김될 전망이다.

　한편, 산업적 측면에서도 UHD TV는 미래의 핵심 전략산업으로 부상하고 있다. 시장조사기관인 디스플레이서치에 따르면 전 세계 UHD TV 시장(매출 기준)은 2013년 26억 7,000만 달러, 그리고 2014년 86억 7,100만 달러로 성장하였고 오는 2017년에는 220억 4,200만 달러 규모까지 커질 것으로 전망되고 있다. 국내 UHD 시장은 2013년 762억 원에서 매년 64%씩 성장하여 오는 2019년 1조 4,843억 원으로 성장할 것으로 전망되고 있다. 전체 디지털TV 시장에서 UHD TV가 차지하는 비중 역시 2016년 43.5%에서 2019년 66%로 증가할 것으로 예상된다. 국내 판매규모 면에서도 2013년 약 1만 대에서 2019년 104만 대로 증가할 것으로 전망되고 있다(미래부/한국전자통신연구원, 2013). UHD TV 보급에 따른 생산유발 효과는 2013년부터 2020년까지 누적 18조 735억 원이며, 부가가치 유발 효과는 2020년 연간 12조 6,979억 원, 고용창출 효과는 총 11만 6,755명으로 연평균 14,594명의 규모로 분석되고 있다. UHD TV의 수출도 증가하고 있는데 삼성전자의 UHD TV는 북미 시장에서 2013년 11월 48.3%, 12월 49.8%의 시창 점유율을 기록하여 시장 점유율 1위를 기록하였고(김준배, 2014), 오는 2020년 수출액은 약 2조 4,113억 원으로 증가할 것으로 전망되고 있다. 이처럼 디지털 전환 이후 UHD와 같은 실감형 방송의 도입은 향후 방송 산업 및 관련 내수시장이 지속적으로 성장하는 견인차 역할을 할 것으로 기대되고 있다.

제2절 UHD 방송, 어디까지 다가왔나?

1. 주요국의 UHD 도입현황[24]

현재 세계 주요국에서는 약 60여 개의 유료채널을 통해 UHD 방송을 서비스하고 있다. 우리와 달리 미국, 일본, 영국 등 해외 주요 국가의 UHD 방송은 주로 광역성, 대용량 데이터 전송이 가능한 위성방송 위주로 추진되고 있다. 해외 위성방송사들은 대체적으로 다큐 및 드라마, 스포츠 등을 UHD 콘텐츠로 제작하여 점진적으로 확대하고 있는 단계이다. 해외 주요국의 UHD 방송 도입현황을 구체적으로 살펴보면 다음과 같다.

---

24) 주요국의 도입현황은 김희경(2015)의 내용을 바탕으로 재구성하였음.

1) 미국

미국은 실감미디어 및 엔터테인먼트 산업을 군수산업에 이은 제2의 수출전략 산업으로 선정하고 세계시장의 70% 점유를 목표로 하고 있다. 이를 추진하기 위해 미국은 2012년 3월, UHD TV 시험방송 추진 계획을 발표하였다. 이어 2013년 2월에는 FCC가 수도 워싱턴 D.C. 일대에서 OFDM 방식의 DVB-T2 UHD TV 시험방송을 허가하였다. 2013년 3월 27일 동부표준시를 기준으로 새벽 3시 35분에, 미국 메릴랜드주 볼티모어에서 40번 채널을 활용하여 6MHz의 주파수 대역폭 안에서 DVB-T2(OFDM) 800-plus kW ERP 송출을 활용한 UHD TV 지상파 실험방송을 실시하였다. 실험방송은 할당된 6MHz 대역을 이용하여 OFDM(DVB-T2)을 이용한 UHD TV 서비스의 가능성을 확인하는 데 가장 중요한 목표를 두고 실시되었다. 해당 실험방송은 최근 타이탄 브로드캐스트 매니지먼트의 방송국을 1억1,540만 달러에 매수해 화제를 모은 싱클레어방송 그룹이 담당하였다(위키트리, 2013년 10월 30일자).

한편, FCC는 2013년 8월에는 그해 3월에 실시했던 UHD TV 실험방송을 연장 허가하며 UHD TV 가능성을 지속적으로 타진하고 있는 상황이다. 즉, FCC는 서비스 대상 지역에 대한 대표적인 Link Budget을 산정하고 모바일, 고정수신 등 다양한 전송 모드를 통한 Scalable QoS에 대한 검토를 실시하였다. 더불어 실험방송을 연장한 데는 방송구역(coverage)과 서비스 영역(service contour) 매칭 기술 도출에 기존 6MHz 채널 대역기반 UHD TV 전송을 위한 OFDM 시스템의 성능을 확인하기 위해서였다. FCC의 UHD TV 실험방송

연장은 DVB-T2 방식으로 UHD TV 실험방송을 연장했다는 점과 6MHz 채널 대역을 기반으로 한다는 점에서 비슷한 채널 대역폭을 이용하고 있는 국내 상황에 시사하는 바가 크다. 또한 실험방송 연장은 ATSC를 추구하는 미국이 UHD TV를 지상파에도 추진하겠다는 의지의 표현으로 간주되며, 그 방식에 있어 DVB-T2 방식을 선택한 것은 국내 UHD TV 실험방송에도 미치는 영향이 상당할 것으로 예측되고 있다.

가. 정책 동향

지상파를 통한 UHD 송출을 위해서는 주파수가 확보되어야 하는데 미국에서도 주파수 문제가 아직까지 해결되지 않고 있다. FCC는 국가광대역계획(National Broadband Plan: NBP)에 따라 지상파 TV 주파수 중 120㎒를 회수하기 위해 자발적 인센티브 경매제도(Voluntary Incentive Auction)를 추진하고 있는데, 이는 방송사들이 방송용 주파수를 자발적으로 포기하고 경매에 포함시킬 경우 경매수익의 일부를 방송사에 돌려주는 방식이다. 그리하여 2012년 9월 28일, FCC는 <주파수 인센티브 경매제를 통한 경제적·혁신적 기회 확대(Expanding the Economic and Innovation Opportunities of Spectrum Through Incentive Auctions-NPRM, FCC Proceeding 12-268)>를 발표하여 2014년 세계 최초로 인센티브 경매 계획을 발표한 바 있다. 하지만 FCC의 주파수 인센티브 경매계획에 대해 Sinclair를 주축으로 한 방송사업자들은 현재 주파수 경매 참여제안을 거부할 움직임을 보이고 있다. 이미 Sinclair는 FCC에 향후 차세대 방송기준으로 전환하기 위한 새로운 계획 주파수 계획 수립이 필요하다고 요구하고 있고, CBS 등의 방송 사업자들도 UHD TV 지상파 방송을 하기 위해서는 주파수가 필요하다는 점을 주장하고 있다. 구체적으로 2013년 11월 4일에 '방송사업자연맹을 위한 더 나은 기회(The Expanding Opportunities for Broadcasters Coalition)'와 '소비자가전협회(and the Consumer Electronics Association)' 등의 단체에서는 FCC의 주파수 인센티브 경매제 실행에 대한 견해를 보고서를 통해 발표하였다. 여기에서는 현재의 주파수를 그대로 방송 사업자가 사용할 수 있는 안을 주장함으로써 방송 사업자들이 FCC의 주파수 계획에 동의하지 않을 수도 있음을 암시하였다. 당시 FCC 위원장 역시 2013년 1월 31일 연두회의에서 주파수의 원활한 활용을 위해서 보다 유연한 주파수의 실험과 개발(R&D)을 도울 계획이라고 발표한 바 있어 경매제 계획의 변경 가능성에 주목하고 있다. 2013년 2월에 Sinclair Broadcast Group에 의해 실시된 626MHz 주파수 대역에서의 UHD TV 실험방송은 이러한 분위기를 반영한 것으로 볼 수 있다.

나. 콘텐츠

미국에서도 UHD의 조기 확산을 위해 UHD 전용 콘텐츠 수급에 사활을 걸고 있는 상황이다.

먼저, CBS를 비롯한 미국의 메이저 지상파 방송사들은 대형 스포츠 이벤트를 UHD로 실험적으로 제작하고 있다. 2012년 CBS는 NEP Broadcasting과 제휴하여 슈퍼볼을 UHD TV 시험방송으로 송출하였으며, ESPN, Fox 등이 미국 프로미식축구(NFL) 2012 시즌 경기의 반 정도를 Sony의 F65 카메라를 통해 4K 영상 촬영 시스템

테스트 한 바 있다. CBS는 NEP Broadcasting과 제휴를 통해 미국 최대 인기 스포츠 경기인 슈퍼볼(Super Bowl)을 60대의 HD 카메라와 6대의 4K UHD TV 카메라로 촬영하여 송출하였다. 그리고 UHD TV 촬영분을 활용하여 시청자들이 일반 HD 화면으로 시청하다가 특정 주요장면을 확대(zoom-in)하여 볼 수 있도록 하는 화면 다시 돌리기(replay)용으로 활용하였다. 넷플릭스(Netflix), 아마존 등의 OTT 동영상 업체들 역시 UHD 콘텐츠 제작에 적극 나서고 있는 상황이다. 넷플릭스는 2013년 10월부터 내부 테스트용 4K 콘텐츠를 제작하기 시작했으며 2014년 4월 오리지널 드라마 시리즈 <하우스 오브 카드(House of Cards)>를 4K 화질로 제공한 바 있다. 또한, 2014년 6월에는 소니(Sony)가 제작한 드라마 시리즈 <브레이킹 베드(Breaking Bad)>의 62개 에피소드 전체와 애니메이션 <스머프 2(Smurfs 2)> 및 영화 <고스트 버스터즈(Ghostbusters)> 시리즈 등을 4K로 제공하였다. 한편 아마존(Amazon)은 지난 2014년 12월부터 자사 온라인 동영상 서비스 아마존 프라임 인스턴트 비디오(Amazon Prime Instant Video)를 통해 4K 콘텐츠를 정식으로 제공하기 시작하였다. 그 예로 아마존이 자체 제작한 드라마 시리즈 <트랜스 페어런트(Transparent)>, <알파 하우스(Alpha House)> 등이 대표적이며 이 밖에도 <필라델피아(Philadelphia)>와 <힛치(Hitch)> 등의 영화 콘텐츠를 4K 화질로 제공한 바 있다. 또한, 올 6월에는 아마존 프라임 회원을 위한 HDR 콘텐츠 서비스를 시작하면서 자체 제작 드라마 시리즈 <모차르트 인 더 정글(Mozart in the Jungle)> 첫 시즌을 삼성 SUHD TV를 통해 제공했기도 하였다(한국경제, 2015년 8월 7일자). 한편, 위성방송 사업자인 DirecTV의 경우, 2012년 3월 UHD

TV 시험방송 추진계획을 발표하여 빠르면 2016년, 늦으면 2018년과 2020년 사이까지 UHD TV 포맷 방송을 실시 예정으로 있다. 미국 최대 케이블업체인 컴캐스트도 UHD 영화를 스트리밍과 주문형 비디오(VoD) 방식으로 제공하고 있다(홍종배, 2014).

다. 수상기 보급

미국의 시장조사업체 스트래티지애널리틱스(SA)가 발표한 보고서에 따르면 미국인의 55%가 앞으로 2년 안에 새 UHD TV를 구입할 의사가 있는 것으로 나타났다. 즉, '가격과 품질이 적당하다면 앞으로 2년 안에 새로운 UHD TV를 살 것 같은지'를 묻는 질문에 미국인 응답자 가운데 20%는 '꼭 사게 될 것 같다'라고 답했고, '아마도 사게 될 것 같다'라는 답은 38%로 나타나 전체적으로 긍정적인 답변이 58%에 달하여 가격이 중요한 변수가 될 것임을 시사하였다. 실제, 올해 UHD의 가격은 많이 하락하고 있다. 2015년 11월 USA투데이는 올 블랙프라이데이 시즌에 삼성과 LG 등 TV메이커가 1,000달러 이하 UHD TV를 대거 내놓았다고 보도했다. 지난해에는 일부 모델이 1,000달러 선이었으며 2년 전에는 UHD TV 대부분이 7,000달러 정도였음을 감안하면 가격이 급속하게 하락하고 있음을 알 수 있다.

한편, 시장조사업체 NPD에 따르면 2015년 7월 기준, 북미 UHD TV에서 삼성전자가 55.7%의 시장 점유율을 기록했다. 이는 1·4분기보다 4~5% 포인트가량 높은 수치로 삼성전자는 올해 들어 50% 이상의 점유율을 꾸준히 유지하고 있다. 이어 19.3%의 점유율을 보인 일본 소니는 2위를 차지했다. 하지만 점유율은 연초 대비 2% 포

인트 가까이 떨어졌다. 이어 저가형 제품으로 시장을 공략하고 있는
미국 TV 제조사인 비지오가 14.6%를 기록하며 3위에 올랐다.

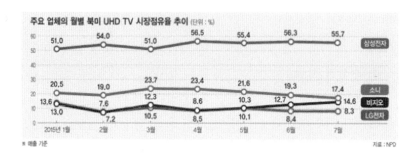

2) 영국

영국의 OFCOM은 그간 지상파 HD TV 무료방송 서비스 정책의
일환과 디지털 지상파 방송 고도화의 일환으로 UHD TV 도입에 호
의적인 정책을 펼치고 있다. 예를 들어, 오프컴은 최근 모바일 브로
드밴드 서비스용으로 사용되는 600MHz 대역의 주파수를 디지털
지상파 TV 서비스용으로 전환해 상대적으로 넓은 대역폭을 디지털
지상파 TV 서비스에 할당할 계획을 발표했다. 이 계획에 따르면
2018년 12월 31일까지 UHD TV 주파수를 확보하고 지상파 8MHZ
대역에서 약 1~4개의 UHD TV 서비스를 도입할 수 있을 것으로
전망된다(김국진·최정일, 2013). 방송 사업자별 UHD 콘텐츠 제작
현황을 살펴보면, BBC는 위성사업자인 BSkyB와 제조업체인 Sony
와 함께 2012년 10월에 영국에 소재한 Arsenal의 UEFA 챔피언스
리그전을 4K UHD TV로 실험 방송한 바 있으며 지속적으로 UHD
TV용 스포츠 콘텐츠를 제작하고 있는 상황이다.

3) 프랑스

프랑스 방송정책기관인 CSA는 2016년 프랑스에서 열리는 '유로 2016' 축구 이벤트에 지상파 UHD 도입을 위해 지상파 플랫폼의 UHD 도입계획을 준비하도록 지시하였다. 이를 위해 지난 2013년 1월 24일, CSA는 방송규제의 적용에 대한 CSA의 안을 통해 현재의 HD 채널 고도화와 UHD TV 도입을 목적으로 한 기존 DVB-T와 MPEG-4 기반의 디지털 지상파 방송 신호의 종료 및 DVB-T2와 HEVC 기반의 차세대 디지털 방송 전환계획을 발표하였다. 구체적으로 CSA는 4K UHD TV의 지상파 전송을 실현화할 목적으로 DVB-T2와 HEVC로의 단계적 전환을 계획 중에 있다. 즉, 2015년 연말까지 MPEG-2 기술을 적용한 방송신호 전송을 중단하고 2018년 DVB-T2와 HEVC로 전환을 시작하고 2020년을 기준으로 DVB-T와 MPEG-4를 최종 종료할 계획이다. 이를 위해 프랑스에서는 CSA가 700MHz 대역 주파수를 UHD 방송용으로 재할당해야 한다는 내용의 보고서를 대통령과 의회에 제출하기도 했다. 하지만 프랑스 정부는 기존 DTV 대역 내에서 신규 압축기술을 도입할 경우 여유채널을 확보해 이를 활용하는 것이 가능할 것으로 분석하고 있다. 공영방송사인 F2는 2013년 지상파 UHD 방송실험을 성공적으로 마친 상황이나 아직까지 콘텐츠를 비롯한 구체적인 도입계획은 미진한 상태이다.

4) 독일

독일에서는 대표적인 위성TV 사업자 Sky Deutschland의 주도로 현재 독일과 오스트리아 시청자를 대상으로 UHD TV 서비스 제공을 목표로 하고 있다. 2013년 9월 6일부터 11일에 열리는 IFC 소비자 가전박람회에서 SES Astra, Fraunhofer HHI, Harmonic, Sony 등의 제조업자 및 UHD 기술보유업자들과 함께 SKY의 UHD TV 콘텐츠를 선보였으며, 현재 UHD TV 시험방송을 위한 채널확보를 추진 중이다.

5) 일본

일찍이 UHD를 전략산업으로 선정한 일본은 UHD 방송의 조기 도입을 위해 박차를 가하고 있는 대표적인 국가이다. 특히 최근 도쿄가 2020년 하계올림픽 개최지로 결정되면서 차세대 방송을 국가 성장 전략 차원에서 추진하고 있다. 총리 자문기관인 IT종합전략본부에서는 <세계최첨단 IT 국가창조선언>을 마련하였고 2013년 6월 14일 각의(閣議)에서는 차세대 방송서비스를 국가성장 전략산업으로 결정하였다. UHD 방송의 경우, 차세대 방송서비스를 실현해 영상산업 분야에서 새로운 사업을 창출하고 국제 경쟁력을 강화하는 수단으로 혁신적인 신산업/신서비스로 간주되어 적극 추진하고 있다.

국가창조 선언에서는 UHD 도입에 대한 구체적인 일정도 제시되었는데, 4K와 스마트TV는 2014년부터, 8K는 2016년부터 위성방송 등에서 방송을 시작하며, 2020년에는 시판되는 수신기에 4K와 8K 방송, 그리고 스마트TV를 이용할 수 있는 환경을 실현한다는 것으로 되어 있다.

<표 3-1> 일본의 UHD TV 서비스 추진 로드맵

연도	추진내역
1995년	UHD(Super Hi-Vision) 개념 도입
2000년	NHK, UHD TV 기술 개발 프로젝트 착수
2005년	아이치현 국제박람회, UHD TV 기술 최초 시연
2007년	H.264인코더와 디코더 16개를 병렬로 구성, 광케이블 전송 및 위성 전송 기술을 이용한 UHD TV 실시간 중계 시연
2012년 5월	세계 최초로 4K UHD TV 시험방송 개시
2012년 7월	'2012 런던올림픽', 4K, UHD TV 시험방송
2014년 7월	4K UHD TV 상용서비스 개시 (브라질월드컵 결승전, 위성방송을 통해 UHD TV로 생중계)
2016년	8K UHD TV 시험방송 개시
2020년	일반 가정 대상 8K UHD TV 시험방송(상용화 단계)

출처: NHK, 한국방송통신전파진흥원(2013. 4.), UHD TV 시장 전개 양상과 본격 확산의 전제조건, 『동향과 전망: 방송·통신·전파』, 통권 제61호에서 재인용

이러한 로드맵이 계획된 일정대로 추진될 수 있도록 최근 일본에서는 내각법 및 IT기본법을 개정해 2013년 5월부터 공포, 시행하고 있다(김국진·최정일, 2013).

가. 정책동향

일본은 차세대 방송 서비스를 국가 전략산업으로 결정하고 이를 위한 정책을 적극적으로 추진하고 있다. 먼저, 2012년 11월 총무성은 <방송서비스 고도화 검토위원회>를 설치하였고, 2013년 2월에는 총무대신이 이끄는 <ICT성장전략회의>를 설치하기도 하였다. 이 회의에서는 UHD 발전전략을 위한 보고서를 발간하였는데 여기서는 일본의 UHD 정책에 대한 개괄적인 정책방향이 제시되었다. 이 보고서에서 제시된 일본의 UHD에 대한 주요 정책방향을 살펴보면 다음과 같다.

첫째, 슈퍼 하이비전의 조기보급에 역점을 두고 있다. 즉, 가전업체 등 방송산업의 국제경쟁력을 강화하기 위해서는 슈퍼 하이비전와 관련된 방송서비스를 제공하고 수신기를 보급하는 것이 불가피한 것으로 지적하였다. 그리하여 8K 서비스의 확산을 위해 당초 계획보다 4년 앞당겨 2016년에 실험방송을 시작하고 오는 2020년 도쿄올림픽에 맞춰 8K UHD 방송을 상용화할 예정이다.

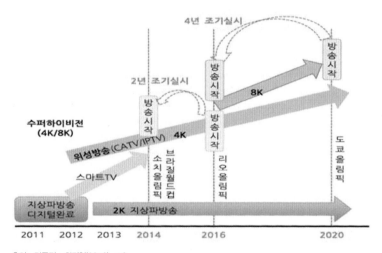

출처: 김국진 · 최정일(2013), p.9

둘째, 전송 매체로는 지상파보다는 유료방송을 중심으로 추진할 것으로 결정되었다. 즉, 주파수 활용이 상대적으로 용이한 통신위성 및 방송위성, 그리고 케이블 TV와 IPTV 등을 중심으로 하는 추진 방향을 결정하였다. 일본이 이처럼 지상파 방송을 중심으로 하는 UHD TV 발전 로드맵을 수립하지 않고 유료방송 중심의 UHD TV 발전전략을 추진하는 데는 일본의 주파수 할당정책 때문이다. 현재 일본은 700MHz 대역 주파수의 상당 부분을 통신에 할당한 상황이다. 구체적으로 718~748MHz 대역인 30MHz 폭과 773~803 대역인 30MHz 폭 등 모두 60MHz 폭이 통신에 할당되어 있다. 따라서 UHD TV를 위한 주파수가 할당되지 못해 지상파 플랫폼을 활용할 엄두를 못 내고 있는 상황이다(위키트리, 2013년 9월 27일자). 더불어 현재 일본 내 보급되어 있는 주요 수상기는 위성 튜너를 내장하고 있고, 전체 가구의 약 30%가 유료인 NHK 위성방송을 시청하고 있다. 여기에 각 민영방송이 소유한 위성채널의 가시청 범위까지 합하면 60% 내외의 가구가 위성방송 수신이 가능한 것으로 파악되고 있다. 따라서 UHD 수신을 조기에 구축하기 위해서는 위성방송을 활용하는 것이 효과적인 것으로 판단되었기 때문이다.

셋째, 로드맵을 실현하기 위해 조기에 기술표준을 결정하기로 하였다. 예컨대, 영상부호화, 프레임주파수, 음성부호화, 음성채널 수, 필요한 비트 레이트(bit rate), 변조방식, 대역폭, 회선가동률, 다중화 방식, 데이터방송, CAS, 프레임포맷, 크로마포맷, 비트길이(bit length), 색대역 등 필요한 기술표준은 2014년 3월까지 구체화한 뒤, 6월까지 기술기준을 정비하기로 하였다.

넷째, UHD 확산을 위한 정부 차원의 추진체계를 구축하기로 하였다. 예를 들어, 이미 방송사업자, 가전업체 등 관련사업자 등이 참여하는 <차세대방송추진포럼>을 설치하여 채널운영에 필요한 기술, 설비, 콘텐츠, 운용에 필요한 노하우 등을 공유하고 있다. 또한 총리실 산하에 차세대 방송을 포함한 IT정책을 추진할 사령탑으로 <내각정보통신정책감>, 즉 정부CIO(Government Chief Information Officer)를 설치하였다.

나. 콘텐츠

UHD 콘텐츠도 활발하게 제작되고 있다. UHD 콘텐츠는 영화와 방송 프로그램을 중심으로 제작, 보급되고 있다. 영화의 경우, 2012년 5월 소니픽쳐스가 4K에 대응한 영화제작지원시설(소니 디지털 모션픽처 센터)을 마련하였고, 일부 4K로 제작된 영화가 등장하고 있다.

방송 분야에서는 NHK를 중심으로 드라마 등을 주로 4K로 제작하고 있다. NHK는 2014년 1월 방송되는 시대극 <사쿠라호사라>를 풀HD보다 해상도가 4배 높은 4K로 제작하였다. 이는 NHK가 제작하는 첫 번째 4K 드라마로 미니드라마를 만든 적은 있지만, 일반적인 드라마를 제작하기는 이 드라마가 처음이다. 최근 대형 스포츠 이벤트에 대한 UHD 제작도 활발하게 이루어지고 있다. 예를 들어, NHK는 2012년 7월에 영국의 BBC와 함께 2012년 런던올림픽을 영국 런던, 브래드포드, 글래스고를 포함해 일본 도쿄, 후쿠시마, 미국 워싱턴 DC 등에 UHD TV 방송으로 생중계하였다. 또한, 최근 소치올림픽 개막식을 포함한 일부 경기를 8K와 4K UHD로 제작하였으며, 브라질월드컵 경기 일부를 4K로 제작하기도 하였다. 또한, NHK는 2016년 리우올림픽에서는 4K 본 방송 및 8K 시험방송을, 이어 2020년 도쿄올림픽에서 8K 본 방송 송출을 계획하고 있다.

유료방송에서는 스카파 JSAT에서 축구경기를 4K로 제작해 방송하고 있으며, 유료 방송사업자인 WOWOW는 <치킨레이스>를 2013년 11월 무료로 방송하기도 하였다. 또한, 일본 케이블TV연맹(JCTA)은 2015년 12월부터 UHD 전용 채널 <케이블 4K>를 개국할 예정으로 있다(아주경제, 2015년 9월 24일자). UHD 방송 전용 채널인 <케이블 4K>는 전국의 케이블 사업자가 제작한 콘텐츠를 중심으로 지역 문화와 각 고장의 매력을 아름다운 4K 영상으로 제공한다. 현재 케이블TV연맹 회원사 중 110개 사업자가 <케이블 4K>의 송출을 검토하고 있다. 전용채널에서는 UHD 전용 콘텐츠의 부족에 따라 초기에는 오전 6시부터 0시까지 하루 18시간만 방송할 예정이다. 한편, 케이블TV연맹은 UHD 콘텐츠 부족 문제를 해결하기 위해 지난 17~18일, 관계자들이 한국을 찾아 UHD 전용 채널 유맥스(UMAX)를 운영하는 케이블TV VOD 측과 UHD 콘텐츠 구매, 업스케일링 솔루션 도입 등에 대해 논의하는 등 UHD 콘텐츠 보급 확대에 심혈을 기울이고 있다.

다. 수상기 보급

일본에서도 대형 LCD TV 시장이 급속도로 UHD(4K) TV로 넘어가고 있는 추세이다. 최근 일본조사기관인 BCN 집계 디지털 가전 판매 동향에 따르면 2015년 10월, 50인치 이상 LCD TV 판매 중 UHD TV 비율이 52.9%로 절반을 넘어섰다고 발표했다(전자신문, 2015년 11월 22일자). 이는 금액 기준으로는 69.6%에 해당하는 것으로 대형 TV에서는 UHD가 대세로 자리 잡았다고 볼 수 있다. UHD 평균 단가는 20만 520엔이며 UHD 판매량은 지난해 같은 기간 대비 두 배 이상 늘었다. 더불어 일본 시장조사업체 퓨처소스컨설팅은 2018년께 UHD TV 출하량은 1억 대를 넘어 전체 TV 판매량의 38%를 차지할 것으로 전망했다(전자신문, 2015년 11월 22일자). 일본 TV제조업체는 이러한 분위기에 힘입어 2020년 도쿄올림픽을 UHD 판매 확대 계기로 삼고 국내 TV시장 활성화와 해외시장 공략에 나설 계획으로 있다. 지난 2011년 지상파 아날로그 방송이 종료되면서 HD TV를 구입한 소비자의 TV 교체 시기가 2020년과 겹칠 것으로 예상되고 있기 때문이다.

이처럼 세계 주요국의 UHD의 도입현황을 살펴보면 국가별로 추진속도의 차이는 있으나 UHD TV가 대체적으로 차세대 방송 서비스의 핵심적 영역으로 간주하고 있음을 알 수 있다. 즉, 미국과 일본 등은 차세대 국가 핵심 산업으로 정책적 측면에서 도입을 적극 추진하고 있으며 영국과 프랑스 등은 시청자 복지 차원에서 UHD 도입을 긍정적으로 추진하고 있다. 다만, 지상파를 중심으로 추진할 것인지 혹은 위성방송 중심으로 추진하느냐에 따라 도입의 속도는 다소 차이를 보이고 있다. 이는 지상파 UHD를 도입할 경우 주파수 문제가 해결되어야 하나 미국과 프랑스의 사례에서 보듯이 주파수 경매를 추진하고 있는 등 지상파 주파수가 확보되지 않기 때문이다. 이 밖에도 해외 사례는 UHD 조기 확산을 위해서는 다음과 같은 정책적 고려가 필요함을 시사하고 있다.

첫째는 국가적 차원에서 효율적인 대응체계가 구축되어야 한다는 것이다. UHD 도입에 박차를 가하고 있는 일본의 경우, 총리실 산하에 차세대 방송정책을 전담하는 내각정보통신정책감을 설치하여 컨트롤 타워 역할을 부여하였고, 정부와 관련 사업자, 그리고 추진단체 간 연합체를 구성하는 등 체계적인 시스템을 구축하고 있다. 예컨대, 2013년에 설립된 <차세대방송추진포럼>이 대표적인데 이 추진 포럼은 방송사업자(NHK, WOWOW, J:COM, 스카파JSAT 등)와 가전업체(샤프, 소니, 파나소닉, 도시바), 통신사업자(KDDI, NTT, 소프트뱅크), 광고대리점, 종합상사, 제작사 등 관련 사업자가 모두 참여하여 유기적으로 변화상황에 대응하고 있다.

둘째, 정책결정이 신속하게 이루어져야 한다는 것이다. 일본의 경우, 이미 변조 방식 및 대역폭, 프레임 포맷 등 필요한 기술 표준을 일찍이 정비하였고, 위성방송의 UHD 도입과 관련된 법 개정도 조속히 마무리하였다. 이러한 조속한 정책적 결정은 UHD의 로드맵이 차질 없이 진행되는 데 중요한 여건으로 작용하고 있다. 반면, 미국의 경우 주파수를 경매에 붙여 UHD를 위한 지상파 주파수 확보가 어려워지자 지상파 방송사들의 콘텐츠 제작에 관심을 기울이지 않고 있다. 이는 UHD 확산의 걸림돌로 작용하고 있다. 아무래도 콘텐츠 경쟁력이 있는 지상파 방송사들이 UHD 콘텐츠를 제작할 동인이 없기 때문에 확산이 그만큼 지지부진할 수밖에 없는 것이다. 그런 의미에서 우리의 경우 올해 UHD 송출을 위한 주사파 분배가 완료된 것은 그나마 다행스러운 일이다. 그럼에도 불구하고, 이상과 같은 해외 추진 사례는 앞으로도 표준화를 비롯한 관련 법적 제도적 대응체계가 능동적으로 구축될 필요가 있음을 시사하고 있다.

2. 우리나라의 도입현황

외국과 달리 우리나라는 지상파 방송사를 중심으로 UHD 방송을 확산시키고 있다. 이를 위해 2015년 UHD 방송을 위한 주파수를 배정하였고 2016년에는 기술표준을 미국식으로 확정하였으며, 2017년 초부터 본 방송을 실시할 예정으로 있다.

1) 채널 배치

지상파 UHD 방송을 시청하기 위해서는 우선 전용 주파수가 할당되어야 한다. 우리나라에서는 2015년 7월, 700MHz 대역의 이른바 황금 주파수를 지상파 3사에 무상 분배하여 세계 최초의 지상파 UHD 방송 도입기반을 마련하였다. 700MHz 대역의 주파수 분배결과는 기 확정된 재난통신망 20MHz, 이동통신용 40MHz 외에 지상파 UHD TV용으로 30MHz가 배정되었다(이상운, 2015). 이에 따라 지상파 방송사인 KBS1, 2·MBC·SBS·EBS 5개 지상파 채널은 각각 6MHz 폭씩 주파수를 배분받아 UHD 방송을 실시할 수 있는 기반이 마련되었다.

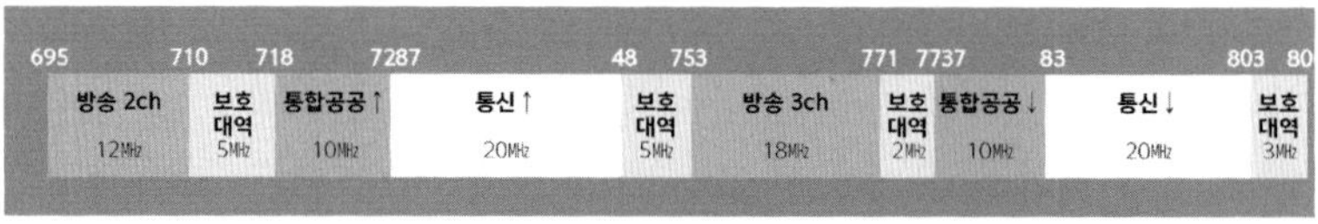

출처: 김광호(2015), 700MHz 주파수의 대역과 UHD 방송의 과제. 『한림 정책저널』, 창간호

<그림 3-2> UHD 방송을 위한 주파수 배정안

이어 2016년 7월에는 UHD 방송 기술표준방식으로 미국식 표준기술(ASTC 3.0)을 확정하였다. 그간 국내 지상파방송의 UHD TV의 도입 준비현황을 살펴보면, 2012년부터 세계 최초로 지상파 UHD 실험방송을 실시하였다. 2014년에는 브라질월드컵 및 아시안게임 경기 일부를 UHD로 실험 생중계 한 바 있다. 또한, 2015년에는 ATSC 3.0 기반 실험장비를 이용한 UHD 실험방송을 실시하기도 하였다. 현재, UHD 본 방송을 앞두고 신규 프로그램 대부분을

UHD로 촬영하면서 UHD 콘텐츠를 확보하고 있는데 가령, MBC는 2016년 2~3월에 <쇼! 음악중심>을 UHD 카메라로 촬영하여 지상파 HD 방송뿐만 아니라 지상파 UHD 실험방송 채널에도 방송하였고, KBS는 2016년 7월에 <평창 대관령 음악제>를 UHD로 생방송하였다.

지상파 UHD의 본 방송을 위해 방송통신위원회는 2016년 11월 11일 KBS, MBC, SBS가 신청한 수도권 지상파 UHD 방송국 신규 허가를 의결했다. 허가는 지상파UHD 도입 1단계, 수도권 지역의 UHD 본 방송 개시를 위해 허가신청서를 제출한 KBS, MBC, SBS 등 3개 사업자를 대상으로 KBS 2개 채널, 그리고 MBC와 SBS 2개 채널 등 모두 4개 채널에 허가가 부여되었다(미디어스, 2016년 11월 11일자). 심사과정에서 허가신청서상 콘텐츠 투자계획이 미흡하다는 지적이 제기되어 허가조건으로 허가신청서에 기재한 콘텐츠 투자금액 이상 집행하고 UHD 투자, 편성 실적, 계획 등 전반적인 UHD 추진상황이 포함된 UHD 추진 실적 계획 보고서를 매년 방통위에 제출, 부과하도록 하였다. 또한 UHD 콘텐츠 활성화를 위해 2017년 UHD 프로그램을 5% 이상 편성하고 매년 5%씩 확대하도록 허가 조건을 부과하고, 보도/오락/교양 등 다양한 분야의 UHD 프로그램을 편성할 것을 권고사항으로 부과했다.[25]

본 방송은 2017년부터 이루어질 계획이다. 단계별 UHD 방송 도

---

25) 한편, 이번 허가에서 EBS가 허가 신청서를 제출하지 않아 UHD 방송 신규허가를 받지 못했다. 신청서를 제출하지 않은 이유는 KBS가 EBS의 송신 지원 요청에 합의하지 않았기 때문으로 알려졌다. 즉, EBS는 송신장비 구매와 운영을 KBS에 지원요청 하였으나 KBS는 운영만 지원해 줄 수 있다는 입장을 보였기 때문이다. 현행 방송법 제54조에 따르면 KBS가 송신지원을 하도록 되어 있으나 구체적으로 지원 범위가 명시되지 않고 있다. EBS의 UHD 인프라 구축 비용은 수도권 기준으로 연간 20억 원 정도로 알려졌다.

입일정을 살펴보면 1단계로 오는 2017년 5월 말에 수도권 방송을 실시하였다. 이어 2단계로 2017년 12월까지 광역시도 및 강원권(평창올림픽 개최지 일원), 그리고 3단계로 오는 2010년 전국 시, 군 지역으로 확대할 예정이다. 2027년 최종적으로 현재의 HD 방송 서비스를 종료할 예정으로 있다.

○ **주요 도입 연혁**
   - 2015년 7월: 지상파 UHD용 주파수 배정
   - 2016년 7월: 기술표준 방식을 미국식 표준기술(ASTC 3.0)로 확정
   - 2016년 11월: 수도권 UHD 채널 허가
   - 2017년 2월: 시험방송 실시
   - 2017년 5월: 수도권 본 방송 실시
   - 2017년 말: 광역시 확대 실시
   - 2020년: 전국으로 확대 실시
   - 2027년: HD 종료하고 UHD로 전면 전환

3. 유료방송의 도입현황

한편, 유료방송에서도 UHD 서비스가 확대되고 있다. 케이블 SO, 위성, IPTV 등 국내 주요 유료 방송사는 2014년부터 UHD 서비스를 상용화하고 있다. 현재 전체 유료방송 가입자는 2016년 7월 기준, IPTV가 약 194만, 위성방송 25만, MSO 3만 명 등이며, 유료 방송사들이 보유한 UHD 콘텐츠 분량은 연평균 약 1,262시간 정도이나 이 중 대부분이 외산 콘텐츠이며 국내 콘텐츠는 매우 부족한 실

정이다.

매체별 도입현황을 살펴보면 먼저, 케이블TV에서는 복수종합유선방송사업자(MSO)가 공동출자한 <케이블TV VOD>가 2014년 4월 <UMAX> 채널을 세계 최초로 개국하였다. CJ E&M이 2016년 6월부터 <UXN> 채널로 UHD 프로그램을 실시간 채널과 VOD를 통해 서비스하고 있다. 한편, KT스카이라이프는 2015년부터 <스카이 UHD> 1, 2채널을 운영하고 있다. IPTV 사업자 중에서는 <Btv UHD> 서비스 가입자가 최근 100만을 돌파하였다. SK브로드밴드의 <Btv UHD> 서비스는 2014년 9월 1일 서비스를 시작해 현재 UHD 전용 영화관 및 프리미엄 채널(UXN, UHD Dream TV, Asia UHD)을 포함해 5개의 실시간 UHD 채널을 제공하고 있다. 또한 이 서비스는 HD 대비 4배 선명한 UHD 콘텐츠와 함께 멀티뷰, Btv Surround와 온가족 이어폰 등의 서비스를 제공하고 있다(안희정, 2017년 2월 9일자). 또한, 넷플릭스 및 유튜브 등 OTT 사업자들도 4K 콘텐츠를 스트리밍으로 지원하고 있다. 이들 사업자가 4K 콘텐츠에 HDR까지 지원하는 콘텐츠를 제공하면서 HDR 지원이 가능한 LG전자와 삼성전자의 프리미엄 UHD TV의 판매량 증가에 기여하고 있다.

4. 수상기 보급현황 및 인지도

UHD TV 수상기의 판매량 역시 점진적으로 증가하고 있다. 2015년까지만 해도 UHD 해상도 TV의 가격이 풀HD TV보다 많이 비쌌지만 2016년에는 가격차가 상당히 좁혀져 소비자들 대부분이 UHD

TV를 선택했다. 또 HDR을 지원하는 LG전자의 올레드(OLED)와 기존 퀀텀닷 필름을 더한 SUHD TV의 명칭을 QLED TV로 변경한 삼성전자의 공격적인 마케팅에 힘입어 수상기 보급이 확대되고 있다.

하지만 올해(2017년) 2월 지상파 초고화질(UHD) 본 방송을 앞두고 있음에도 수용자들은 아직까지 이를 체감하지 못하고 있는 실정이다. 단적인 예로, UHD코리아가 2016년 11월 25일부터 12월 5일까지 한국리서치에 의뢰해 전국 만 20~69세 성인 남녀 1,001명을 상대로 실시한 여론조사 결과 UHD TV에 대해 알고 있다는 응답이 71.5%였으며 '모른다(들어 본 적 없다)'는 응답은 28.5%로 나타났다. 아직도 국민 10명 중 3명은 UHD TV에 대해 알지 못하고 있다는 의미이다. 보다 구체적인 질문에서의 인지도는 이보다 낮은 것으로 나타났다. 가령, "2017년 2월부터 수도권에서 현재 고화질보다 4배 이상 선명한 고화질로 시청할 수 있는 지상파 UHD 본 방송이 실시되는 것을 알고 있느냐"는 질문에 모른다는 응답이 절반에 가까운 46.3%로 나타나 수도권 UHD 본 방송에 대한 국민들의 인지도가 상당히 낮음을 알 수 있다. 반면, "안테나 내장형 UHD TV를 출시할 필요가 있다"는 응답에 동의 비율은 80.1%였으며 "안테나 내장형 UHD TV를 출시하면 구매 의향이 있느냐"는 질문에는 구매 의사를 나타낸 비중이 86.9%로 그렇지 않은 응답자(13.1%)를 크게 앞질러 향후 UHD 확산에 안테나의 내장 여부가 중요한 요소로 작용하고 있음을 시사하였다.

제3절 실감형 방송 정착을 위한 과제

1. 콘텐츠 확보

차세대 TV의 도입에 있어 가장 중요한 요소는 역시 콘텐츠이다. 디지털 전환이나 3D TV의 도입 초기에도 전용 콘텐츠가 얼마나 공급되느냐에 따라 성공의 여부가 결정되었다. UHD 확산 역시 마찬가지이다. 전용 콘텐츠가 얼마나 확보되느냐가 관건으로 작용할 전망이다.

외국의 경우도 UHD의 조기 확산을 위해 UHD 전용 콘텐츠 수급에 사활을 걸고 있는 상황이다. 예컨대, 미국은 넷플릭스(Netflix), 아마존 등의 OTT 동영상 업체들을 비롯하여 컴캐스트, DirecTV와 같은 유료TV 사업자들도 UHD 콘텐츠 시연에 적극 나서고 있다. 소니의 경우, 소니픽처스가 제작한 4K 영화를 자사 TV 안에 무제한 서비스로 독점적으로 제공하고 있고 게임 콘텐츠와 플레이스테이션 4를 이용하여 자사 TV에 연결하여 제공하고 있다. 또한 소니 방송용 카메라를 주요 방송사인 ESPN 등에 제공하여 방송 콘텐츠를 공유하는 4K 콘텐츠 생태계 구축전략을 취하고 있다(이상진, 2014). 이 밖에도 각국의 메이저 방송사들도 올림픽과 월드컵 등의 대형 스포츠 이벤트를 UHD로 생중계하는 계획을 밝히고 있다.

국내 주요 지상파 방송사의 경우, 현재는 주로 UHD 제작이 용이한 다큐멘터리, 드라마에서부터 시작하여 점차 스포츠, 공연물 같은 생산물로 확대해 갈 예정으로 있다.

<표 3-2> 국내 지상파 방송사의 UHD 4K 콘텐츠 보유현황 및 제작계획

KBS	• 드라마: 추노, 각시탈, 공주의 남자, 굿닥터, 정도전, 드라마 스페셜(제작 중) • 특별기획: 사랑과 전쟁 • 다큐멘터리: 색(4부), 의궤(2부), 요리인류(8부), 한국의 염색, 봉산탈춤 등
SBS	• 뮤직 비디오: 글램, 걸스데이, 인피니티 등 • 다큐멘터리: Soul in Seoul, 가정의 달, 창사특집 다큐멘터리 • 드라마 <별에서 온 그대> 제작 중
MBC	• 상암 신사옥 방송개시 특집 프로그램 • 다큐멘터리: 한·이탈리아수교 130주년 기념다큐(3부), 문화유산재조명 다큐(3부) • 드라마 단막 페스티벌, 호텔킹
EBS	• 교육 및 자연 다큐멘터리: 우포늪의 사람들, Jeju Treasure Island, 서울의 하루(2부), 식물의 사생활(3부), 감각의 제국(6부), 넘버스(5부)

UHD 콘텐츠 확보가 지지부진하자 정부는 지상파 UHD의 조기 정착을 위해 점진적으로 프로그램 편성비율을 높이기 위해 최소 편성비율 안을 제시하였다. 이 안에 따르면 2017년 전체 방송시간의 5%를 권고하고, 2020년 25%, 2023년 50% 등으로 점차 확대하여 오는 2027년까지 UHD 프로그램 편성 비율을 100% 달성한다는 목표를 설정하였다.

<표 3-3> UHD 방송 프로그램 최소 편성비율 정부권고(안)

연도	2017	2020	2023	2027
편성비율	5%	25%	50%	100%

이 같은 편성비율을 산정함에 있어 공익성과 다양성 제고를 위해 다큐, 유아, 어린이, 청소년, 소외계층 대상 프로그램 및 외주 제작물, 그리고 주 시청시간대 편성된 UHD 프로그램은 편성시간을 100분의 150으로 인정해 주기로 하였다.

그러나 문제는 이러한 콘텐츠 확대 방안이 현재의 여건상 회의적이라는 점이다. 통상 UHD 콘텐츠 제작은 HD에 비해 1.5~2배의 제작비가 들어간다. 따라서 콘텐츠 제작을 위한 재원문제가 선결되어야 하는데 현재 지상파 방송의 재원상황이 어려워 UHD 확산의 걸림돌로 작용하고 있다. 당초 지상파 방송사들은 오는 2027년까지 총 6조 7,902억 원의 투자계획을 마련한 바 있다. 제작 및 송신 시설 등 필수 UHD 방송 인프라를 구축하기 위해 9,604원을 투자하고 킬러 콘텐츠 제작에 5조 8,298억 원을 투자한다는 계획이었다.

<표 3-4> 지상파 방송사들의 UHD 투자계획

(단위: 억원)

	'16	'17	'18	'19	'20	'21	'22	'23	'24	'25	'26	'27	소계
시설	510	1,066	585	902	1,417	1,384	551	589	786	1,410	206	199	9,604
콘텐츠	1	715	1,497	1,833	2,577	3,119	4,423	5,651	7,002	8,371	10,299	12,812	58,298
소 계	511	1,781	2,082	2,735	3,994	4,503	4,974	6,240	7,788	9,781	10,505	13,011	67,902

* KBS, MBC, SBS, EBS, 지역MBC(17개사), 지역민방(9개사), OBS 총 31개 방송사 제출 자료

하지만 주파수 신청계획서에 제출된 각 방송사의 투자계획은 정부와 함께 당초 제시한 총 6조 7,902억 원의 투자 약 80% 수준에 불과한 것으로 전해졌다. 이에 방통위가 허가결정을 한 차례 미루기까지 하며 투자 확대를 독려하자 지상파는 2017~2019년 3년간 당초 계획보다 677억 원을 확대한 3,257억 원을 투자하겠다는 계획을 다시 제출하였다.

2. 기술표준

변화된 기술표준 역시 문제로 작용하고 있다. 미래부는 학계와 방송사, 가전사 등으로 구성한 협의회 논의를 거쳐 2016년 9월 말 지상파 UHD 방송 표준을 유럽식(DVB-T2)에서 미국식(ATSC 3.0)으로 변경, 확정하였다.[26] 현재 국내에 보급된 UHD TV 수상기에는 북미식과 유럽식이 섞여 있으며 유럽식이 대부분을 차지하는 상황이다. 따라서 북미식 제품을 가진 시청자는 안테나만 달면 내년 2월부터 무료로 지상파 UHD 방송을 볼 수 있으나, 유럽식 제품을 가진 약 17만 가구는 이를 보려면 가전업체로부터 7만 원 내외의 컨버터 등 별도 기기를 구입해 달아야 하는 문제가 발생하게 된다.[27] 이미 국내에서 판매된 100만 대 정도의 UHD TV와 현재도 팔리고 있는 UHD TV는 유럽식 표준인 DVB-T/2 방식이다.

또한, 미국식 표준이 적용된 UHD TV를 구매하는 시청자도 안테나를 추가로 설치해야 한다. 정부와 방송사들은 가전업체에 시청자의 UHD 직접수신을 위한 안테나의 내장을 요구하고 있지만 현재 가전사들은 트렌드에 역행하는 디자인, 단가상승, 해외 판로 제약 등을 이유로 이를 받아들이지 않고 있기 때문이다. 최근 방송통신위원회와 지상파방송사, 가전사들이 UHD 방송을 위한 마지막 태스크포스 회의에서도 안테나 내장 여부에 대한 합의점을 도출하지 못하면서 안테나는 외장형으로 가게 될 가능성이 높아졌다. 정부는 미국

---

26) 우리나라는 지상파 UHD의 표준으로 미국식 ATSC 3.0을 채택했으나, 정작 미국은 빨라야 2017년 상반기에 최종 표준을 확정할 것으로 알려졌다.

27) 지상파를 직접 수신하지 않고 케이블 방송, 위성방송, IPTV 등 유료방송을 통해 UHD 방송을 보는 경우는 기존의 유럽식 제품을 산 시청자도 그냥 볼 수 있다.

식 표준이 2009년 유럽식 표준보다 업그레이드된 방식으로 방송통신 융합 서비스에 적합하다고 주장하고 있지만 아직 세계에서 서비스된 적 없는 미국식 표준을 정함으로써 이미 유럽식 UHD TV를 구입한 구매자들에게 혼란을 초래하게 된 것이다.

3. 수신환경

직접 UHD 방송을 볼 수 있는 시청자가 극소수에 불과한 수신환경도 걸림돌로 작용하고 있다. 현재 지상파 직접 수신율은 5.3%에 불과한 것으로 나타났다(김희경, 2016). 심지어 그동안 팔린 UHD TV는 유럽식(DVB-T2) 표준 기반이라 별도 컨버터가 필요하다. ATSC 3.0이 적용된 TV는 내년 2월 본 방송과 함께 판매될 예정이다. 이 와중에 지상파와 가전사 사이에 UHD 안테나 내장에 대한 결정은 비용부담 문제로 여전히 해결되지 않고 있다.

상황이 이렇다 보니 케이블이나 IPTV 등 유료 방송사를 거쳐 수신할 수 있는 재송신이 대안으로 거론되지만 이 역시 쉽지 않은 상황이다. 현재 지상파는 유료방송에 UHD 콘텐츠를 재송신할 계획이 없는 것으로 알려졌다. 지상파는 UHD 방송을 제작하고 송출하기 위해서는 기존 HD 환경보다 수배의 비용을 투자했는데 이러한 콘텐츠를 처음부터 바로 재송신하기 어렵다는 입장이다. 약 5년 정도 지나 UHD 방송이 완전히 보편화된 이후 유료방송과 논의를 시작할 계획으로 알려졌다.

현행법에 따르면 디지털(HD) 방송과 UHD 방송은 엄연히 별도 채널이기 때문에 UHD 유료방송 재송신을 위해서는 사업자 간 자율 협약이 필요한 상황이다. 하지만 유료방송은 지상파가 UHD를 통해 재송신료(CPS) 인상을 요구할 것이라 우려하고 있다. 또한, 지상파 방송사들은 UHD를 계기로 직접 수신율을 끌어올리기 위한 계획이다. 사실, 지상파가 보편화된 유럽식이 아닌 이제 막 등장한 미국식을 표준송출방식으로 채택한 것도 직접 수신율 제고와 관련이 있다. 세계 각국에서 UHD 방송은 유럽식으로 제작되고 있지만 최근 인터넷망과 연계할 수 있는 미국식을 채택한 것은 미국식을 통해 지상파 VOD 서비스를 도입해 IPTV 등 유료방송 플랫폼과 경쟁을 하겠다는 계획이었기 때문이다. 그리하여 지상파 방송사들은 당분간 UHD 방송을 유료방송에 재송신하지 않겠다는 방침이다.

4. 정책 방향

차세대 실감형 미디어라는 기대를 바탕으로 지상파를 중심으로 한 UHD 방송의 도입을 차질 없이 준비하기 위해 그간 주파수 배정 및 기술표준이 결정되었다. 그럼에도 앞서 살펴본 바와 같이 여전히 콘텐츠 부족 및 실내 안테나 탑재 문제가 해결되지 않아 단시일 내에 UHD 방송 열풍을 기대하기는 현실적으로 어려운 게 사실이다. 과거 HD 교체 시기에도 수상기 교체, 콘텐츠 제작 등 방송기술 변화가 시청자 속으로 들어오기까지는 상당한 시간이 소요됐다. UHD 방송이 제대로 자리 잡기 위해서는 콘텐츠 공급이 차질 없이 진행되는 것이 무엇보다 중요해 보인다. 따라서 지상파 방송사들이 현재의 재원적 어려움을 타개하기 위해 정부 차원에서도 UHD 방송 프로그램 제작을 위한 재정적 지원을 확대할 필요가 있다. 더불어 가전사의 역할도 중요하다. 가전사 역시 UHD 수상기 보급에 따른 수혜를 받는 만큼 전용 콘텐츠 보급을 위해 방송사와의 전략적 제휴방안이 요구된다. 예컨대, 지난 2014년 국내에서도 미래창조과학부와 삼성전자, LG전자 등 가전 2개사 및 GS홈쇼핑 등 6개 홈쇼핑사, 한국전파진흥협회 등이 연합하여 UHD 콘텐츠 활성화를 위한 업무협력 협약을 체결한 바 있다. 이들 주요 업체는 UHD 콘텐츠 제작에 71억 원 규모의 공동펀드를 조성키로 했는데, 이중 정부가 방송통신발전기금을 통해 25억 원을 투자하고 삼성전자와 LG전자는 각각 15억 원씩 투자하기로 하였다. 이처럼 UHD 조기정착을 위해서는 UHD 콘텐츠를 위한 공동 펀드를 조성하는 등 콘텐츠 제작 및 확보를 위한 전략이 마련되어야 수용자들이 차질 없이 실감형 방송을 즐길 수 있을 것이다.

제2장
OTT 사업자 비즈니스 전략

제1절 OTT 도입 배경과 목적

1. 기술적 측면

OTT는 방송과 영화, BJ 제작물 등을 실시간 혹은 비실시간으로 방송망(전파)이나 폐쇄 인터넷(IPTV)망이 아닌 범용 인터넷망을 통해 다양한 단말기(PC, 스마트폰, 스마트TV, 태블릿 PC, 게임콘솔, 스틱형 단말기, 셋톱박스 등)에서 제공되는 서비스를 말한다. 유사서비스로는 N스크린 서비스가 있다. 즉, OTT는 디지털 케이블TV나 IPTV와 같이 실시간 채널과 VOD(프로그램 단위)를 제공하지만 폐쇄망이 아니라 개방망을 사용하고, TV가 아니라 다양한 단말기에서 이용이 가능하다는 점에서 스마트미디어로 분류되고 있다. 기존의 유료방송 VOD가 유선망이나 무선망을 통해 콘텐츠를 전달했기 때문에 네트워크에 종속되는 문제가 있었지만, OTT는 네트워크나 단말에 제한되지 않기 때문이다. 가입자의 입장에서는 더 이상 네트워크나 단말에 구속받지 않고 콘텐츠의 자유로운 이용이 가능해졌다는 의미다.

범용화된 망에서 단말을 가리지 않고 콘텐츠가 서비스되기 때문에 다양한 레이어의 사업자가 진출하고 있는데, 각각의 사업자는 자사의 경쟁력을 기반으로 다른 레이어의 사업자들과 수직 결합하거나 합종연횡 하는 전략을 통해 서비스를 제공하고 있다. 방송사업자의 경우에는 콘텐츠를 중심으로 단말 사업자와 협업하거나 네트워크 사업자는 기존 유료 가입자를 바탕으로 콘텐츠 사업자와 협업하는 BM을 채택하고 있다. 제조사업자의 경우에는 단말을 기반으로 콘텐츠사업자와 적극적인 제휴를 하고 있다(김희경, 2015).

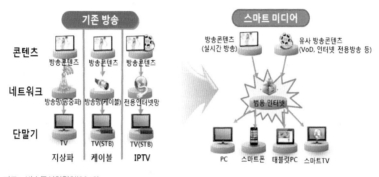

자료: 방송통신위원회(2012)

<그림 3-3> 기존 방송과 스마트 미디어의 비교

다양한 사업자들이 이 분야에 진출하면서 OTT 서비스의 개념은 초기의 개념과 확장된 두 가지 개념이 혼재하게 되었다. 한편에서는 인터넷을 통한 동영상콘텐츠 서비스 전체를 OTT 서비스로 보는 넓은 의미의 개념 정의가 존재하고, 다른 한편으로는 초기의 제3의 독립 사업자들에 의해 셋톱박스에서 출발한 협의의 개념이 존재한다. 현재 광의의 OTT 서비스는 온라인 동영상 서비스의 동의어로 사용

자료: 배병환(2012)

<그림 3-4> OTT 서비스 구현 과정

되고 있고, 협의의 OTT 서비스는 OTT 서비스로 지칭되기도 한다. 이와 같은 맥락에서 온라인 동영상 서비스를 포괄하는 광의의 OTT 서비스를 정의하면 다음과 같다.

① 셋톱박스와 상관없이 유선 네트워크나 무선 네트워크를 통해
② 기존의 제3 독립사업자들(Netflix 등)과 더불어 통신 및 방송 사업자들이 참여하여,
③ 영화, TV 프로그램(실시간 포함), UGC(User Generated Contents) 등의 다양한 오디오, 비디오 콘텐츠를
④ 주문형 비디오(VOD) 방식과 스트리밍(streaming) 방식으로,
⑤ 무료(광고기반)와 유료(월정액, 건당 과금 등)로,
⑥ PC, 스마트TV, 셋톱박스, 콘솔, 블루레이, 스마트폰, 태블릿 등 다양한 단말기를 통해 제공되는 서비스(하윤금, 2014)

<표 3-5> 유사 개념과의 차이

서비스	VOD	모바일IPTV	N스크린	OTT
서비스 형태	- 유선망으로 콘텐츠 제공 - 최근에는 비실시간 콘텐츠 전송을 총칭	- 이동통신망을 통해 동영상 콘텐츠 제공	- 네트워크 기반의 동영상 콘텐츠 서비스 - 이통사와 케이블 사업자의 OTT	- 네트워크와 단말기에 종속되지 않는 동영상 콘텐츠 제공 - 전통적인 웹 기반 사업자
네트워크	유선	무선	유무선	유무선
단말기	고정형	이동형	제한 없음	제한 없음

자료: 김희경, 2015. 9.

2. 산업적 측면

산업적인 관점에서 OTT 서비스를 온라인 동영상 서비스 시장으로 간주하면, Filmed entertainment로 분류할 수 있다. PWC는 Filmed entertainment 부분을 영화(Cinema)와 홈비디오(Home Video)로 나누고, 홈비디오를 다시 전자적 홈비디오(Electronic Home Video)와 물리적 홈비디오(Physical Home Video)로 분류하고 있다. 여기서 온라인 동영상서비스는 전자적 홈비디오에 해당한다. 이는 OTT 서비스 출범부터 독립계 홈비디오 사업자들에 의해 시작되어 이를 반영한 결과로 판단된다(PWC, 2014).

전자적 홈비디오는 다시 협의의 OTT 서비스(OTT/Streaming) 부분과 TV 방송사 중심의 가입형 서비스(Through-TV-subscription) 부분으로 나뉜다. 이는 Netflix 등과 같이 독립사업자 중심의 OTT 서비스 사업자와 애플 등과 같은 스트리밍 사업자를 합쳐서 협의의 OTT 서비스 부분으로 보고, 방송사업자 중심의 가입형 부가서비스로서의 동영상 서비스를 TV 방송사 중심의 가입형 서비스로 분류한다. 그리고 협의의 OTT 서비스인 OTT/Streaming 부분은 다시 SVOD(Subscription VOD) 서비스와 TVOD(Transactional VOD) 서비스로 분류한다. 이는 Netflix와 같은 월정액 기반의 가입형 서비스를 SVOD로, 애플 등의 개별 콘텐츠와 같은 건당 구매에 해당하는 서비스를 TVOD로 나눈 것이다.

자료: PWC, 2014

<그림 3-5> PWC의 전자적 홈비디오 서비스 분류

<표 3-6> PWC의 광의의 OTT 서비스 분류체계

광의의 OTT 서비스(Electronic Home Video)		
협의의 OTT 서비스 - Over-the-Top service provider		TV 가입형 서비스 (Through-TV-subscription) - TV Subscription provider
- 독립형 사업자(Netflix, Hulu, MTG의 Viaplay, SKY의 NOW 등)에 의한 서비스 - TV 가입을 요구하지 않는 서비스 - 브로드밴드, 무선인터넷을 통한 PC, TV, 태블릿, 스마트폰 등을 통한 서비스		- TV방송사에 의해 제공된 TV 가입형 패키지 서비스의 일부분 - TV 프로그램의 부가 서비스 - TV-everywhere 패키지 서비스(유료 TV 서비스에 OTT 번들 서비스, SKY의 GO, Comcast의 Xfinity 등)
TVOD (Transactional VOD)	SVOD (Subscription VOD)	
- iTunes와 같은 오픈 인터넷을 통한 콘텐츠 전달 - Subscription 요구하지 않음. 편당 과금	- Netflix와 같은 오픈 인터넷을 통한 콘텐츠 전달 - subscription 요구, 월정액	

참고) Electronic home video 서비스는 온라인 동영상 서비스, 혹은 온라인 비디오 서비스로서 광의의 OTT 서비스에 해당한다. 여기에는 소비자 지출액, 가입료, 건당 과금 등 광고액이 포함된다.

3. OTT 도입의 배경

OTT가 관심을 받고 있는 이유는 다양하지만 그중에서 산업적인 측면의 배경이 가장 많이 작용하고 있다. 디지털과 네트워크 기술의 발달에 따라 콘텐츠 유통 환경이 변화하고, 제3의 독립사업자들에게 콘텐츠를 보유한 방송사업자, 플랫폼을 보유한 인터넷사업자들이 대거 참여하면서 콘텐츠 산업의 외연이 확장되었다. 독립사업자들에 의해 이루어진 OTT 서비스가 급격한 성장세를 보이면서 유료방송 사업자를 위협하는 cord-cutting,[28] cord-shaving[29] 현상 등이 생겨나고, 이러한 위협에 대처하기 위해 방송사업자들이 시장에 뛰어들면서 지상파 중심의 OTT 사업자인 Hulu.com이 만들어지고, 유료방송 시장에서는 'TV Everywhere'와 같은 부가적인 OTT 서비스를 출시하게 되었다. 그뿐만 아니라 인터넷을 통한 유튜브의 동영상 서비스에 자극받은 애플, 아마존 등의 인터넷사업자들도 스트리밍을 통한 동영상 서비스에 뛰어들면서 인터넷을 통한 동영상 서비스인 OTT 서비스가 난립하게 되고 시장의 경쟁도 치열해지기 시작했다 (하윤금, 2014).

여기에 더해 인터넷은 미디어 시장의 지형마저 바꿔 놓고 있는데 그 근저에는 초고속인터넷 인프라의 보급 확대 및 모바일 스마트 기기의 보급 확대, 양방향 서비스의 증가라는 세 가지 축이 자리 잡고 있다. 초고속인터넷 인프라의 확대는 국가별로 속도 차이는 있으나 온라인과 모바일 모두에서 진행되고 있다. 인터넷 속도의 개선 및

---

28) 유료방송 가입 해지 현상.

29) OTT 서비스로 인해 기존 유료방송서비스를 해지하기보다 유료방송의 프리미엄 채널을 해지하거나 저가의 패키지로 이동하는 현상.

요금의 인하는 좀 더 많은 사람들이 고화질 영상을 공유할 수 있게 하고 라이브 스트리밍 시장의 개화를 앞당길 것이다.

1) 초고속 인터넷의 확대

인터넷은 다양한 OTT(Over The Top) 서비스들을 가능하게 하고 있다. 넷플릭스(Netflix), 훌루(Hulu) 등의 대표적 해외 사업자가 있으며 넷플릭스의 경우 지난 1Q14 기준 4,840만 명의 글로벌 가입자를 확보하고 있으며 이는 미국 케이블TV 사업자 1, 2위인 컴캐스트(2,170만 명)와 타임워너(1,139만 명)의 가입자 수를 합친 것보다 많다. 이와 같은 OTT 업체들의 성공은 ESPN, HBO 등 기존 유료 케이블 채널들이나 BBC 등 지상파 채널들뿐 아니라 구글(크롬캐스트), 애플(애플TV), 아마존(파이어TV) 등 다양한 업체들을 자극하고 있다. TV제조사들은 스마트TV 출시 비중을 늘리며 OTT 시장 확산의 여건을 조성해 주고 있다. 전문가들은 스마트TV의 확대와 함께 기존 방송채널들을 OTT 앱들이 대체해 갈 것으로 전망하고 있다.

2) 모바일 단말기의 확산

또한 모바일 기기의 보급 확대로 인한 멀티스크린화(N스크린화)는 동영상 및 게임 콘텐츠 수요의 확대를 가져올 것이다. 외출이나 이동 시 예전에 없던 '스크린'이 주어졌을 때 이를 활용함에 있어 많은 경우 동영상 혹은 게임으로 귀결될 가능성이 높다고 보기 때문이다.

모바일 스마트 기기의 보급은 TV 시청이 힘들거나 관심이 적었던 사람들을 영상콘텐츠 소비로 끌어들여 영상 콘텐츠 시장의 저변을 확대할 것으로 예상된다. 집에서 TV를 시청할 여건이 안 되는 시청자가 영상 콘텐츠를 '일단' 소비하면 또 다른 영상 콘텐츠의 수요가 발생할 가능성이 높아지게 된다. 이는 아래의 그림에서 확인되는데, 태블릿이나 스마트폰 등 TV 외 단말기를 사용해서 영상 콘텐츠를 소비하는 사람들의 TV 시청 시간이 스마트 단말기에 의해 잠식되기보다 오히려 더 길어진 것을 확인할 수 있다. 이는 멀티스크린화의 진전이 사람들을 더 많은 영상콘텐츠에 종속되도록 만드는 경향이 강한 것임을 시사한다.

자료: 김혁, 2015. 1. 20.

<그림 3-6> 단말기 경쟁

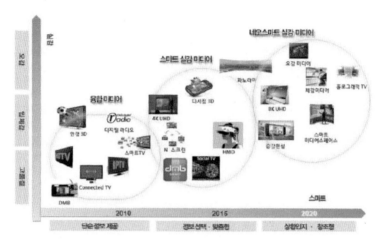

자료: 김혁, 2015. 1. 20.

<그림 3-7> 플랫폼 경쟁

3) 양방향 서비스의 보편화

인터넷이 가능케 하는 영상 콘텐츠 소비의 특성 가운데 또 하나는 양방향성이다. 기존에는 방송 채널에서 보여 주는 영상 외에는 선택의 여지가 없었으나 인터넷은 유튜브와 같은 동영상 공유 사이트를 비롯해, 사용자에게 선택의 기회를 부여해 주고 있다. 이와 같은 능동적인 소비행태는 젊은 층에서 더욱 두드러지게 나타나며, 이는 시간이 지날수록 더욱 보편화될 것임을 의미한다.

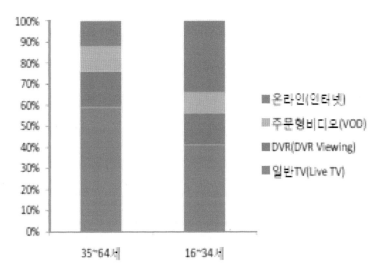

<그림 3-8> 미국 연령별 TV 시청시간 비중(16~54세 VS. 35~64세)

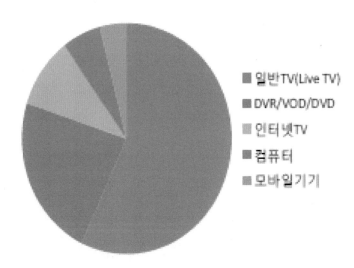

자료: 한국콘텐츠진흥원, KPCB, Horowitz Axxociates, KDB대우증권 리서치센터

<그림 3-9> 미국인의 TV 콘텐츠 시청 단말기(2014년)

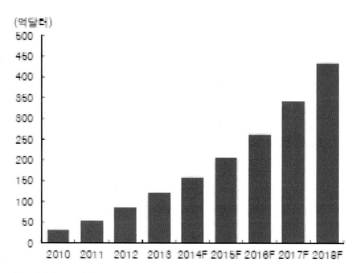

자료: 전자신문, ABI리서치, KDB대우증권 리서치센터

<그림 3-10> 전 세계 OTT 매출액 추이

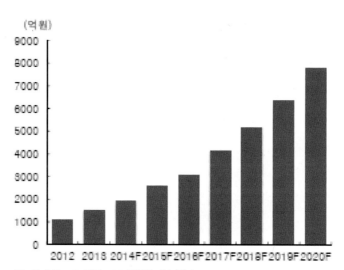

자료: 전자신문, ABI리서치, KDB대우증권 리서치센터

<그림 3-11> 국내 OTT 시장규모 추이 및 전망

제2절 국내 OTT 사업자 현황 및 비즈니스 전략

1. 사업자 분류

OTT 사업자 분류는 사업자 레이어별로 기존에 제공하던 서비스를 바탕으로 새로운 서비스 시장 진출 전략에 따라 유형을 구분할 수 있다. 이에 따라 우선, 플랫폼과 단말기를 바탕으로 미디어 콘텐츠 제작 사업자들과 제휴하는 방식이 있다. 보통 구글이나 애플, MS와 같이 단말기나 OS 플랫폼에 사업의 중심이 있지만 본인들이 보유하지 못한 콘텐츠 등의 자원을 가져오는 방식으로 OTT 사업에 진출한 경우가 이에 해당된다. 네트워크 사업자도 엄밀하게 이 부류에 해당한다고 볼 수 있다. 아직까지 우리나라의 경우는 단말과 플랫폼을 기반으로 하는 사업자가 드문 상황이지만 최근 호핀(hoppin)이나 에브리원(Everyone), 티빙(Tiving) 등이 스틱형 단말기와 제휴하면서 플랫폼 사업자로서의 위상을 제고하는 등 이 사업의 레이어에 포함되는 서비스 형태를 보이고 있다.

두 번째로 플랫폼을 바탕으로 단말기와 콘텐츠 제작 업체들과 협력하는 사업자의 전략이 있다. 이들은 주로 인터넷 웹 기반의 포털 사업자와 OS 플랫폼 사업자로 구분할 수 있는데, OTT가 기본적으로 플랫폼 사업임을 감안하면 이들의 경쟁력이 가장 우월하다고 볼 수 있지만 콘텐츠에 대한 유인이 강하기 때문에 콘텐츠 산업 지형 변화에 민감할 수밖에 없는 문제를 가지고 있다.

세 번째로 OTT 전용 셋톱박스와 같은 단말기 중심으로 시장에 진출하는 경우가 해당된다. 단말사업자가 중심이 되는 경우에 해당

되는데, 게임 콘솔이나 새로운 유형의 스틱형 단말 등 콘텐츠를 단말기에 어떻게 탑재하는가에 따라 사업의 성패가 나뉠 수 있다.

마지막으로 다양한 미디어 콘텐츠 보유의 힘을 바탕으로 사업 확장을 꾀하는 콘텐츠 사업자가 있다. 이들은 주로 콘텐츠를 제작하는 방송사인 경우가 대부분으로 콘텐츠 경쟁력을 바탕으로 다양한 사업자와 합종연횡이 가능하고, 협상력의 우위를 차지하고 있다. 그러나 사업자 간의 이해관계가 다르고, 플랫폼 운영 및 자사 콘텐츠를 제외한 타사 콘텐츠의 운영 능력이 떨어지는 문제점이 있다.

<표 3-7> OTT 서비스 사업자 유형 분류

구분	주요 사업자
플랫폼과 단말기 중심 (네트워크 사업자 포함)	Apple, MS, Google Everywhere, 티빙, 호핀 등
플랫폼 중심	Netflix, Amazon, Google, 다음, 네이버, 아프리카TV 등
단말기 중심	Roku, Boxee 등
콘텐츠 중심	Hulu

1) 네트워크 기반 사업자

우선, 케이블방송사업자와 통신사업자가 운영하고 있는 OTT는 흔히 N스크린 혹은 모바일IPTV로 불리는데, 케이블이나 통신사업자와 같이 기존에 유료 가입자를 보유하고 있는 사업자가 이들을 유지 혹은 확대하기 위한 전략으로 단말기(스크린)를 확장하여 서비스를 제공하는 방식으로 인해 3스크린에서 N스크린으로 진화했고,[30] 최근에는 IPTV에 진출한 통신사업자들의 OTT 서비스를 모바일

---

30) 국내의 경우는 CJ헬로비전의 '티빙', 현대HCN과 판도라TV가 합작한 '에브리온TV'가 있다.

IPTV[31])로 칭하기도 한다. 한때는 유료 가입자를 기반으로 가입자 정보와 이를 활용한 마케팅 노하우를 가진 유일한 플랫폼사업자로서 위세를 떨쳤지만 다양한 사업자들이 범용망을 중심으로 웹과 앱의 OTT 서비스를 제공하게 되면서, 이들이 가진 노하우는 희소가치가 떨어지게 되었고, 이로 인해 네트워크에 대한 경쟁력을 부각시키는 상황이 되었다. 그리고 이와 같은 네트워크 경쟁력은 또 다른 경쟁 이슈들을 초래하는 원인으로 작용하고 있다.

가장 먼저 OTT 서비스를 도입한 제공사업자는 Comcast로서 2008년 초에 도입한 이후 자사의 인터넷 비디오 포털 사이트인 Fancast를 확장, XFINITY TV로 개칭한 후 2009년 말 TV Everywhere 베타 버전을 출시한 바 있다. 이후 2010년 10월 5만여 편의 영화 및 TV 프로그램을 포함한 15만 편의 동영상을 스트리밍 임대와 구매를 통해 제공하는 본 서비스를 제공하기 시작했다. 이러한 콘텐츠 공급은 90여 개의 제작사를 통해 이루어지고 있다(김희경, 2015. 9).

2) 콘텐츠 기반 사업자

콘텐츠 기반 사업자는 콘텐츠 경쟁력을 보유한 방송사업자 중심의 OTT를 의미한다. 지금까지 콘텐츠를 보유하고 있는 사업자들은 TV를 대상으로 콘텐츠를 판매하는 데 그다지 자유롭지 못했고, 이런 이유로 콘텐츠를 보유하고 있는 사업자가 OTT 서비스를 쉽게

---

31) 모바일 IPTV는 통신사업자들이 운영하는 N스크린을 의미하는데, 이들의 IPTV 서비스가 모바일로 확장된 개념이라는 의미에서 업계에서 널리 사용되는 개념이다. 올레TV모바일, Btv 모바일, U+ HD TV가 여기에 해당한다.

제공할 수 있는 환경이 마련되고 있다.

콘텐츠 경쟁력을 보유하고 있는 방송사업자들은 독자적이거나 주도적인 유통 플랫폼을 확보하고 있다. 이와 같은 전략은 대형 유통 플랫폼의 등장으로 인해 콘텐츠가 플랫폼에 종속되는 것을 조기 차단하고, 콘텐츠 소싱에 있어 협상력을 확보하기 위한 수단으로 판단된다. 또한 불법복제나 저작권, 방송시장의 축소로 인한 직접적인 피해를 최소화하자는 취지에서 비롯된 것으로 예상되기도 한다. 이와 같은 방송사의 움직임은 전통적인 BtoB 산업에서 BtoC 산업의 전환이자, BtoB 산업의 심화 버전이라고 볼 수 있다. 국내의 경우에는 지상파방송이 자사 앱이나 웹을 통해 서비스를 시행하고 있고, 지상파 컨소시엄의 형태로 Pooq 서비스가 제공되고 있다. 해외에서는 NBC, CNN, ABC, BBC, Hulu.com이 웹과 앱을 통해 자세 혹은 컨소시엄의 형태로 서비스 진행 중에 있다(김희경, 2015. 9.).

3) 개방형 인터넷 기반 사업자

웹을 이용한 서비스 제공의 노하우와 전문성을 가지고 OTT 서비스를 가장 잘 제공할 수 있는 요건을 갖추고 있는 사업자 군으로 넷플릭스(Netflix)와 훌루(Hulu)를 포함하여 구글, 유튜브(Youtube), 야후(Yahoo), 아마존(Amazon), 페이스북(facebook) 등이 이 사업 군에 포함되고, 국내의 경우는 네이버, 다음, 아프리카TV, 판도라TV, 곰TV가 해당된다. 미국의 경우에는 이 사업자들이 OTT 방송 시장을 주도하고 있다. 월정액 가입자가 약 5,000만 명으로 미국 최대 케이블사업자인 컴캐스트(2,200만) 가입자를 이미 추월했다. 미국 내 cord cutting의 주역인 셈이다.

이들은 전통적인 콘텐츠 수급비용의 문제를 해결하기 위해 자체 제작에도 관심을 가지고 있는데, 대표적으로 넷플릭스는 콘텐츠 소싱 비용에 대한 대안으로 자체 콘텐츠인 'House of Card', '센스8' 등을 제작한 바 있다. 그러나 국내의 경우는 자체제작에 역량을 강화하기보다 개인방송이나 UHD에 집중하고 있다. 네이버는 최근 연내 TV캐스트를 통해 UHD를 시작하기로 했고, 다음도 tv팟을 통해 UHD 방송을 선보일 예정이다. 아프리카TV는 개인방송을 통해 BJ 시스템을 확립하고 있다(김희경, 2015. 9).

2. 사업자별 비즈니스 전략

1) 네트워크 사업자

가. OTT 사업자와의 협력 강화

이전까지 통신사업자는 OTT 사업자가 자사 보유의 통신망을 무료로 이용하여 수익을 창출하고 대용량의 트래픽을 발생시키고 있어 이를 배제하는 입장을 취하였다. 그러나 최근 들어 OTT 서비스가 통신시장에서 차지하는 비중이 증가함에 따라 OTT 사업자를 배제의 대상에서 협력의 대상으로 인식하고 있다. 실례로 2014년 2월, GSMA(Global System for Mobile communication Association)의 주최로 개최된 MWC(Mobile World Congress)에서는 이전과 다르게 OTT 사업자가 주요 행사에 참여함으로써 통신사업자의 OTT 사업자에 대한 시각이 변화했음을 보여 주고 있다. 이러한 시장 환경과 통신사업자의 인식 변화로 양자 간 협력은 증가하고 있다.

이러한 협력을 통해 통신사업자는 신규사업모델을 통한 수익 창출 및 시장 확대가 가능할 것으로 기대하고 있으며 OTT 사업자는 가입자 기반의 안정적인 수익확보가 가능할 것으로 예상된다(홍현기, 2014). 최근 OVUM에 따르면, 통신사업자와 OTT 사업자의 협력은 2006년 1건으로 시작하였으며 크게 증가하지 않다가 2010년 이후 매년 증가하기 시작하여 2014년 3월 말 현재까지 총 271건에 이르는 것으로 조사되었다(OVUM, 2014. 7).

<표 3-8> 네트워크 사업자와 OTT 사업자의 협력 추이

연도	협력 건수	증가율(%)	연도	협력 건수	증가율
2006	1	-	2011	32	357.1
2007	1	0.0	2012	54	68.8
2008	1	0.0	2013	140	159.3
2009	2	100.0	2014.3	33	-
2010	7	250.0	합계	271	-

자료: OVUM(2014. 7.) 재구성

서비스 부문별로 살펴보면 음원 서비스와 메시징 서비스에서의 협력이 가장 활발한 것으로 조사되었으며 다음으로 소셜 미디어, 통신, 게임 등의 영역 순으로 나타났다. 이를 지역적으로 구분하여 보면 아메리카 지역과 유럽 지역에서는 음원 서비스 부문에서 가장 활발한 협력을 보이는 반면, 아프리카, 아시아, 중동 등의 지역에서는 메시징 서비스와 소셜 미디어 부문에서의 협력이 활발한 것으로 나타났다(OVUM, 2013. 12; OVUM, 2014. 7).

<표 3-9> 서비스 부문별·지역별 네트워크 및 OTT 사업자 간 협력 현황(2014. 3.)

구 분	아프리카	아메리카	아시아	유 럽	중 동	합계
통신	1	4	17	4	3	29
디바이스관리/보안	-	1	1	-	-	2
게 임	-	3	14	11	1	29
인터넷검색	2	-	4	1	-	7
인터넷검색/통신	1	-	-	-	-	1
메시지	14	4	29	5	5	57
음원 서비스	1	21	5	30	1	58
내비게이션/지도	-	1	-	-	-	1
결 재	-	1	1	-	1	3
제 조	2	3	4	6	-	15
소셜 미디어	7	4	27	6	5	49
영상 서비스	1	7	5	7	-	20
합 계	29	49	107	70	16	271

자료: OVUM(2014. 7.) 재구성

이를 다시 서비스 부문별로 유·무료 서비스로 구분하여 살펴보면 전체 협력 271건 중 알려지지 않은 8건을 제외한 263건 중 유료 서비스와 무료 서비스가 각각 120건과 140건으로 큰 차이를 보이지 않는 것으로 나타났다. 유료 서비스는 소셜 미디어 부문에서 36건으로 가장 많은 것으로 나타났으며 무료 서비스는 음원 서비스에서 43건으로 가장 많은 것으로 나타났다. 대체로 소셜 미디어, 제조, 인터넷 검색 등의 서비스 부문에서 유료 서비스 관련 협력의 비중이 높으며 음원 서비스, 메시징 서비스, 게임, 영상 서비스 등의 서비스 부문에서 무료 서비스 관련 협력의 비중이 높은 것으로 조사되었다(OVUM, 2014. 7.).

OVUM은 통신사업자와 OTT 사업자의 경쟁 심화로 통신사업자는 음성통화시장에서 수익에 타격을 입을 것으로 예상되며 2018년이 되면 총수익의 4%에 해당하는 630.7억 달러 규모의 손해를 입을 것으로 전망하고 있다(OVUM, 2013. 11). 또한 Gartner는 2018년까지 통신사업자의 30%가 자사의 OTT 서비스나 OTT 사업자와의 협력을 통해 OTT 사업모델을 채택할 것으로 전망하고 있다(Gartner, 2013. 11). 이와 같이 통신서비스와 OTT 서비스의 영역 구분이 무의미하고 OTT 서비스 시장이 확대되고 있어 통신사업자는 더 이상 OTT 사업자를 대용량 트래픽을 발생시키는 존재로만 인식하여 이를 배제할 수 없는 상황에서 전 세계적으로 양자 간 협력은 강화되고 있다. 반면, 국내에서는 통신사업자와 OTT 사업자와의 협력은 상대적으로 저조한 상황이지만 향후에는 국내에서도 통신사업자들의 OTT 사업자에 대한 인식 변화, 소비자의 수요, 기술 발전 등으로 인해 다양한 분야의 협력이 추진될 수 있을 것으로 예상된다.

나. OOT 서비스로의 진화

한편, 네트워크에 기반을 둔 유료방송사업자들도 인터넷 동영상 스트리밍 사업자들의 OTT(Over The Top)에 대응하기 위한 전략으로 OOT(Online Only TV) 서비스를 내놓고 있다. 유튜브, 넷플릭스, 훌루 등 OTT가 등장하면서 전 세계 유료방송 사업자들은 갈수록 늘어나고 있는 '코드컷팅(Cord Cutting · 유료방송 해지)'에 고심하고 있는 상황에서 과거 유료방송사업자들은 TV 서비스와 인터넷 스트리밍을 묶어서 제공했으나 최근에는 TV 서비스 없이도 이용이 가능한 OOT 서비스 형태로 전환되고 있다는 것이다.

자료: 슬링TV.COM

<그림 3-12> 슬링TV 캡션 화면

　미국의 위성TV 사업자인 디시네트워크는 슬링TV를 출시했다. 슬링TV는 유료 TV 가입 없이도 월 20달러에 ESPN, ESPN2, CNN, TBS, TNT, 카툰네트워크, 디즈니 등의 채널을 시청할 수 있다. 이어 미국의 케이블방송사인 케이블비전은 지난 4월 유료TV 가입 없이도 인터넷 서비스와 함께 이용할 수 있는 '코드 커터 패키지'를 내놓았다.

　최근 들어서는 미국의 타임워너케이블(TWC)이 지난 9일 'TWC 로큐(Roku)' 서비스를 테스트한다고 밝혔다. 이 서비스는 케이블TV 가입 없이도 이용 가능하며 로큐의 셋톱박스를 통해 TWC의 실시간 방송채널 300개와 2만여 편의 주문형 비디오(VOD)를 시청할 수 있다.

지난 11일에는 미국 최대 케이블TV 사업자인 컴캐스트도 보스턴 지역에서 OOT 서비스인 '스트림(Stream)'을 출시한다고 밝힌 바 있다. 스트림 서비스는 컴캐스트 인터넷 서비스 이용자들을 대상으로 제공되며 월 15달러에 ABC, NBC, CBS, 폭스, HBO 등의 실시간 채널과 수천 편의 영화 및 TV쇼를 VOD로 이용할 수 있다.

주요 케이블 채널은 HBO와 쇼타임(Showtime)도 OOT 서비스를 내놓고 있다. 타임워너가 소유한 HBO는 'HBO 고(Go)'라는 서비스명으로 케이블TV를 통해 서비스를 제공해 왔으며, 지난 4월에는 애플TV를 통해 유료 TV 가입 없이 시청이 가능한 'HBO나우'를 출시했다. 현재 HBO나우는 애플TV뿐 아니라 아마존의 파이어TV, 로큐, 안드로이드기반 TV, 컴캐스트, 스마트 단말, PC 등에서 모두 이용할 수 있다.

미국 CBS가 소유한 쇼타임은 지난 7월 월 10.99달러에 이용이 가능한 OOT 서비스인 '쇼타임 OTT'를 출시했다. 현재 스마트폰과 로큐 단말을 통해 이용이 가능하며, 훌루나 '플레이스테이션 뷰'에서도 이용할 수 있다.

물론 OOT 서비스가 미래의 TV 모습임에는 틀림없지만, 기존 TV 서비스 가입자가 OOT로 이동을 하기에는 상당한 시간이 걸릴 것으로 전망된다. 유료 TV 사업자들은 OTT 동영상 서비스 확대 속도에 따라 OOT 서비스의 경쟁력을 확대하면서 자체 콘텐츠를 확대해 나가는 노력이 필요할 것으로 판단되기 때문이다(강희종, 2015. 11. 21).

다. 결합 서비스 강화

CJ헬로비전 티빙, SK플래닛 호핀 등 N스크린 서비스 전문업체가 구글 크롬캐스트를 시작으로 OTT 결합 상품 개발에 적극 나서고 있다. N스크린 업체가 제공하는 영상 콘텐츠를 간편하게 대형 TV 화면으로 볼 수 있다는 점에서 크롬캐스트로 실시간 방송, 주문형 비디오(VoD)를 시청하는 수요가 늘고 있기 때문이다.

최근 CJ헬로비전과 SK플래닛은 각각 소셜 커머스 티켓몬스터(티몬)와 온라인 종합몰 GS숍에서 구글 크롬캐스트 결합상품을 선보인 바 있다. CJ헬로비전은 티빙 6·12개월 무제한 이용권을 크롬캐스트와 묶어 판매하며 가격 경쟁력을 앞세웠다. SK플래닛 호핀은 크롬캐스트 키즈팩·무비팩·CJ E&M 채널팩 등 맞춤형 결합상품을 내세운 것이 특징이다. 구글 플레이, 오픈마켓 등 기존 유통망에서 벗어나 20~40대 크롬캐스트 핵심 구매층이 주로 이용하는 전자상거래 플랫폼에 다양한 OTT 결합상품을 선보여 가입자를 늘리는 전략으로 풀이된다.

양 사가 잇따라 크롬캐스트 결합상품을 선보이는 것은 크롬캐스트를 구매한 자사 가입자를 중심으로 가입자 수와 유료 콘텐츠 결제 비율이 성장세를 타고 있기 때문이다. 기존 티빙 가입자가 크롬캐스트를 구매해 유료 콘텐츠를 결제한 비율은 36%로 집계됐다. 이는 크롬캐스트를 구매한 후 티빙에 신규 가입한 이용자가 기록한 수치(20%)보다 높다. 플랫폼 충성도가 높은 기존 가입자가 대형 화면에서 유료 콘텐츠를 감상하기 위해 크롬캐스트를 구매한 것으로 보인다.

SK플래닛 호핀 가입자는 크롬캐스트가 출시된 지난 5월 14일 이후 45%가량 증가한 것으로 알려졌다. 크롬캐스트를 보유한 티빙 가입자 가운데 30%가량은 실시간TV 서비스만 이용하는 것으로 나타났다. 크롬캐스트가 출시된 아시아 국가 N스크린 사업자 가운데 실시간TV 서비스를 제공하는 곳은 티빙이 유일하다. 크롬캐스트가 별도 케이블 없이 인터넷 프로토콜(IP) 방식으로 방송 콘텐츠를 전송하는 것을 감안하면 '코드커팅'의 전조다. 양사는 지속적으로 OTT 결합상품을 선보이며 시장 활성화에 나설 계획이다(윤희석, 2013. 7. 13).

2) 콘텐츠 기반 사업자

OTT 서비스의 확산을 가장 부담스러워하는 사업군은 방송 사업자들이다. 이들은 방송 콘텐츠를 제작하거나 제공하여 수익을 얻는 기존 비즈니스와 더불어 OTT 서비스 플랫폼 쪽으로 사업영역을 확대하고 있다. 방송 사업자들 입장에서는 기존에 비해 다양한 단말에서 이용이 가능한 인터넷이라는 강력한 스크린이 하나 늘어났다는 측면에서 추가 수익을 얻을 수 있다는 긍정적인 측면이 있다.

그럼에도 불구하고 지상파방송 사업자들은 광고를 수익기반으로 하고 있고, 유료방송 사업자들은 가입자들의 이용료를 수익기반으로 하고 있어, 저가로 프로그램을 골라 볼 수 있는 온라인 동영상 서비스의 확대는 유료방송 사업자들에게 직접적인 위협이 되고 있다. 방송 사업자들은 독자적이거나 주도적으로 유통플랫폼을 확보하려는 입장을 취하고 있다. 이러한 전략은 대형 유통플랫폼의 등장으로 콘텐츠가 플랫폼에 종속되는 산업구조를 만들지 않고 콘텐츠 소싱에 있어서 바게닝 파워를 확보하기 위한 것이며, 불법복제나 저작권, 전통적인 방송시장 축소 등 직접적인 피해가 예상되는 부분에 대해서 아직 명확한 솔루션을 갖고 있지 못하기 때문이기도 하다.

가. 자사 콘텐츠 유통 확대 전략

NBC, CNN, ABC, BBC, Comcast, TWC, Dish Network, Verizon 등 해외 방송 사업자들은 자체적으로 웹사이트와 웹앱을 통해 실시간 방송 및 VOD 서비스를 제공하고 있으며, 일부는 미국 지상파 사업자들이 합작하여 만든 Hulu.com을 통해 서비스를 제공하고 있다. 국내의 경우 지상파방송 사업자들은 공동으로 실시간 방송 및 VOD를 제공하는 푹 서비스(Pooq.com)를 제공하고 있으며, 대표적인 유료방송 사업자인 CJ도 Tving 서비스를 통해 자사 콘텐츠를 제공하고 있다(이은민, 2012. 8).

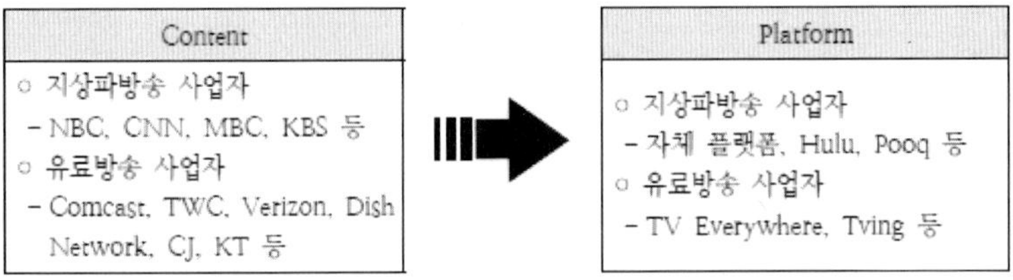

<그림 3-13> 콘텐츠 사업자들의 유통플랫폼으로 진출

현재 BBC를 포함한 방송 사업자들은 넷플릭스나 훌루 등 OTT 서비스 사업자들의 영향력이 확대되는 것을 원하지 않아, 자사의 콘텐츠를 그들의 플랫폼을 통해 유통함으로써 콘텐츠와 유통플랫폼을 주도적으로 확보하기 위해 노력하고 있다. 이러한 전략의 일환으로 BBC는 아이플레이어를 통해 최신 방송 콘텐츠를 편당 1.89달러에 판매하는 유료 다운로드 서비스인 '바르셀로나(Barcelona)'를 런칭한

다고 밝혔다. 기존 아이플레이어에서 제공하는 VOD 서비스는 방영한 지 한 달이 넘는 콘텐츠가 주를 이루고 있고, BBC 시청자들은 BBC 유료방송을 시청하기 위해 연 145.50파운드를 내고 있어, 바르셀로나 서비스의 수요도 적지 않을 전망이다(전자신문, 2012. 3. 9).

또한 BBC는 2012년 7월에 BBC를 포함한 방송사(BBC, Channel4, Channel5, iTV)와 브로드밴드 사업자(BT, Arqiva, TalkTalk)의 7개 사업자가 제휴하여 OTT 서비스 YouView(YV)를 런칭했는데, 셋톱박스를 구입하면 서비스는 무료로 이용할 수 있다. 이 서비스는 과거 추진했다 무산된 메이저 방송사 간의 연합 OTT 서비스인 '캉가루'가 다시 진행된 것으로 보인다.

YV 서비스는 해당 방송사의 VOD 서비스, 과거 7일 동안 방영된 프로그램을 다시 볼 수 있는 캐치업 TV 서비스를 볼 수 있으며, 조만간 영국 최대 유료위성방송 사업자 BskyB의 인터넷 서비스인 Now TV 및 스코틀랜드 상업방송 STV가 추가될 예정이다. 유뷰(YouView)는 국내 제조사인 휴맥스의 셋톱박스를 이용하여 서비스를 제공하는데, 소비자들은 299달러에 셋톱박스를 구입하거나 BT나 TalkTalk 등 ISP 사업자의 결합상품 형태로 서비스를 신청하여 99달러에 셋톱박스를 구입할 수 있다(bbc.co.uk, 2012. 7. 4).

나. 빅 이벤트 위주의 차별화된 콘텐츠 편성 전략

국내 지상파 방송 연합 콘텐츠 플랫폼인 'pooq(푹)'이 스포츠 중계로 콘텐츠 영역을 확장시키고 있을 뿐만 아니라 저작권자로서의 지위를 누리고 협상력까지 확보할 수 있는 스포츠 중계 등 빅 이벤트 콘텐츠 확보에 중점을 두고 있다. 모바일을 통한 유일한 지상파 콘텐츠 서비스 사업자 푹은 타 분야의 사업자들이 불가능한 콘텐츠 특화 서비스에 중점을 두며 새로운 사업을 확장하고 있다.

지난 2015년 11월 콘텐츠연합플랫폼(CAP)[32]은 푹이 'WBSC(세계야구소프트볼연맹) 프리미어12'를 온라인 단독 생중계하고 있다고 밝힌 바 있다(진달래, 2015.11.16). 네이버, 다음 등 포털과 DMB(디지털멀티미디어) 등에서는 해당 경기를 볼 수 없다. 지난 한일전 경기에 이어 한국과 쿠바의 8강전도 단독 중계한 것이다. 그리고 이에 대한 시청자들의 반응도 즉각적으로 나타나고 있다. CAP 관계자는 "평소보다 경기 시간 트래픽이 두 배 이상 높을 정도로 인기"라며 "이번 WBSC를 중계하기 시작하면서 일일 가입자 수 증가율도 높아졌다"고 설명한 바 있다.

특히 이와 같은 빅 이벤트 프로모션은 잠재적인 유료 고객 기반을 넓힐 수 있을 뿐만 아니라 기존 가입자들의 업 세일링도 가능하다는 면에서 마케팅에 대한 기여 요소가 높다고 판단할 수 있다. CAP은 가입 첫 달 무료 이벤트로, 진입 장벽이 낮기 때문에 스포츠를 좋아하는 고객층이 유입되고 있다고 판단했으며, 기술적으로 대규모 행사를 중계할 만한 역량을 갖췄다는 점을 업계에 보여 준 것도 또 다른 수확이라고 강조한 바 있다(진달래, 2015.11.16).

지상파 콘텐츠를 강점으로 운영하던 푹의 이와 같은 콘텐츠 전략은 지난 6월부터 시작됐다. 2.0 버전으로 서비스를 전면 개편하면서 해외 6대 메이저스튜디오와 국내 최신 영화를 VOD로 제공하는 영

---

32) CAP은 KBS, MBC, SBS 등 지상파 방송사가 출자한 회사로, OTT 서비스 'pooq'을 운영한다. pooq은 지상파 계열 PP(방송채널사용사업자) 등 30여 개 채널을 PC와 모바일을 통해 실시간 제공하고, VOD(주문형 비디오)도 판매한다.

화관을 만들었고, 지난달부터는 JTBC, MBN, YTN 등 종합편성채
널, 보도전문채널과도 제휴를 맺어 실시간TV와 VOD 모두 서비스
하고 있다.

다. 모바일 앱 분야 강화를 통한 해외 시청자 소구 전략

영국의 공영방송 사업자 BBC는 전 세계적으로 OTT 서비스가 확
산되고, 이용자의 방송 이용패턴이 변화함에 따라 2007년 12월에
자사 방송 프로그램을 온라인에서 다운로드 및 스트리밍 방식으로
이용하는 동영상 플랫폼인 'iPlayer'를 출시했다. 현재 iPlayer는 다양
한 스크린에서 이용이 가능하며, VOD뿐 아니라 실시간 방송도 일
부 이용할 수 있다. 2011년 7월 아이패드 기반 App 출시와 함께 오
스트리아, 벨기에, 프랑스, 독일, 이탈리아, 스페인 등 유럽 11개국과
미국, 캐나다까지로 서비스 범위를 확대하였다.

아이플레이어는 아이패드의 출시와 함께 유료 서비스로 전환되었
는데, 월 가입비 6.99유로 연 가입비 49.99유로를 내면 iPlayer 플랫
폼을 통해서 BBC 계열방송(공중파방송 BBC1, BBC2, 유료방송
BBC3, BBC4, CBBC, CBeebies, 10개 이상의 라디오 채널)에 대한
실시간 방송과 다시보기(VOD)가 가능하다. 최근에는 BBC 이외의
채널도 제한적으로 서비스되고 있다.

iPlayer는 이용자들에게 큰 호응을 얻으며 2009년 12월 한 달간 1
억 건이 넘는 프로그램 다운로드 수를 기록했고, 2011년에는 모바일
단말의 확산, 특히 아이패드용 앱의 출시에 힘입어 iPlayer 접속한
횟수가 19억 4천만 건을 돌파하였다. 특히 아이패드를 이용한 콘텐
츠 이용은 전년 대비 596% 증가한 것으로 알려졌다(아틀라스리서

치, 2012. 4. 18).

한편, iPlayer는 다양한 디바이스를 통해 서비스를 제공하고 있다. BBC는 2011년 6월에 삼성 Smart TV 플랫폼 전용 뉴스앱을 출시했고, 올 초 소니 브라비아 TV에서 이용 가능한 Sony Entertainment Network의 iPlayer에 뉴스앱을 등록했다. 또한 2009년에는 Wii, 2010년에는 PlayStation3과 제휴하더니 올해에는 Xbox 360과 제휴하여, Xbox 360용 키넥트를 보유한 이용자들은 아이플레이어를 음성인식과 손짓을 통해서 이용할 수 있게 되었다. 물론 애플, 안드로이드, 노키아, 블랙베리 등의 스마트폰과 미디어 태블릿에서는 App의 형태로 다운받아야 이용할 수 있다. 이 밖에도 유료 방송 사업자인 3view, Virgin Media, FetchTV, BT Vision, Freesat, Freeview 등과 제휴하여 해당 사업자의 디지털 TV 및 IPTV 서비스 가입자들도 셋톱박스를 통해 iPlayer 서비스를 이용할 수 있다.

<표 3-10> BBC iPlayer 플랫폼 서비스 이용대상

Television platforms	Game consoles	Mobile platforms
3view, Virgin Media FetchTV, BT Vision Freesat, Freeview Televisions and Blu-ray players Digital media receivers Sky	Wii PlayStation 3 Xbox 360	Android devices iOS devices Nokia N96 phone BlackBerry devices Additional mobile devices

참조: http://en.wikipedia.org/wiki/Iplayer 재구성

3) 개방형 인터넷 기반 사업자

인터넷 사업자들은 웹을 이용한 서비스 제공의 경험과 전문성을 갖고 OTT 서비스를 가장 잘 제공할 수 있는 요건을 갖춘 사업군으

로, 넷플릭스와 훌루를 포함하여 구글(유튜브), 야후, 아마존, 페이스북 등이 이 사업군에 포함된다.

인터넷 사업자들이 OTT 서비스 사업에서 수익을 얻기 위해서는 ① 높은 가입료를 받을 수 있거나, ② 많은 광고를 확보하거나, ③ 콘텐츠 소싱 비용을 줄일 수 있거나, ④ 플랫폼 관리 비용을 줄일 수 있어야 한다. OTT 서비스와 같은 신규 서비스가 높은 이용료를 받거나 한정된 광고시장에서 비중을 높이는 것은 매우 어려운 일이기 때문에, 이들은 매출비용을 줄이기 위한 전략을 추진하고 있다.

이를 위해 인터넷 사업자들은 콘텐츠 부문 및 터미널 부문과의 제휴를 확대하여 비용구조를 개선하려고 노력하고 있다. 즉, 수직적인 결합을 통해 서비스 효율을 높이고, 나아가 콘텐츠 소싱과 단말별 플랫폼 비용을 줄이려 하고 있는 것이다. 특히 단말 사업자들이 다양한 유통 플랫폼을 확보하기를 원하기 때문에 이들 간의 이해관계는 크게 다르지 않다. 반면, 콘텐츠 제공에 있어서는 계약기간, 불법 유통에 대한 관리, 저작권, 채널별·프로그램별·출시시점별 가격합의 문제 등이 있어 콘텐츠 사업자와의 협상은 ISP들에게 큰 부담이 되고 있다. 콘텐츠 사업자가 소싱비용을 높게 요구하면, ISP들로서는 제휴관계를 끊을 수밖에 없기 때문이다(이은민, 2012. 8).

<그림 3-14> 인터넷 사업자들의 가치사슬 내 영역 확대

가. 차별화된 콘텐츠 전략

국내 인터넷 기반 사업자 중 시장 지배력 1위의 저력을 보이고 있는 네이버는 OTT 수성 전략으로 네이버의 동영상 전략이 차별화된 콘텐츠와 동영상 서비스를 뒷받침하는 기술의 2가지 차원에서 이뤄지고 있음을 밝힌 바 있다(네이버, 2015).

네이버가 커넥트 2015 행사에서 공개한 지표에 따르면 월간 신규 클립은 2014년 14만 개에서 2015년 10월 29만 개의 수급을 달성했다. 이는 무려 2배가 넘는 수치로서 연간 재생 수도 대폭 상승했다. 2014년 연간 재생 수 13.3억 건에서 15년 10월 기준 37.6억 재생 수를 달성했고, 이는 3배 가까운 수치다.

같은 날 발표된 자료에 의하면, TV캐스트의 평균 체류시간은 19.1분으로 유튜브의 15.7분에 비해 높은 것으로 나타났다. 2014년 네이버 TV캐스트의 체류시간이 9.4분이었던 것에 비해 빠르게 성장했음을 알 수 있다. 네이버 VOD의 누적 재생 수, 네이버 생중계도 2014년도에 비해 모두 대폭 상승한 수치를 보인 바 있다.

이와 같은 성장에 가속도를 붙일 새로운 원동력으로 네이버는 오리지널 콘텐츠 전략을 내세우고 있다. 기존의 방송국이 제공하는 영상콘텐츠는 여타 영상콘텐츠에 비해 압도적인 차별성과 경쟁력을 가지고 있다. 인기 스타를 섭외해서 대규모로 드라마를 찍고, 예능을 촬영할 수 있는 것은 현재까지는 사실상 방송국뿐이다. '무한도전'이나 '그녀는 예뻤다', '쇼미더머니4' 같은 영상 클립은 독자성을 가지고 있다. 이 압도적인 콘텐츠가 전부 손을 잡고 유튜브를 떠나 네이버와 카카오로 이주했기 때문에 사용자들도 따라서 네이버로 이주한 상태다. 네이버는 방송사의 힘으로 유튜브가 장악했던 주도권을 어느 정도 가져왔지만, 언제까지나 방송사의 콘텐츠에만 기댈 수는 없는 상황이다. 따라서 네이버는 자사의 콘텐츠 경쟁력을 강화하는 방안으로 '웹 오리지널 콘텐츠' 전략을 내세우고 있다.

2016년을 맞이하는 네이버 동영상의 콘텐츠 전략은 3가지다. 첫째, 웹 오리지널 시리즈, 둘째, 1인 창작자를 위한 '플레이 리그', 세 번째, 콘텐츠 창작자와의 상생모델 구축이다. 웹 오리지널 시리즈는 방송사가 아닌 시작부터 웹을 통해 유통되는 콘텐츠를 말한다. 웹 드라마가 급부상하고 있고, 웹 예능도 시작됐다. 특히 '신서유기'는 5,200만의 재생 수를 발생시키기도 했다. 네이버 TV 캐스트를 메인으로 웹 오리지널 콘텐츠를 홍보하는 전략이다.

'플레이 리그' 역시 웹 오리지널 콘텐츠와 스타를 발굴하기 위한 시도다. 플레이리그는 누구나 영상을 올릴 수 있는 플랫폼이다. 현재 7,300여 명의 창작자가 활동하고 있는데, 네이버의 웹 오리지널 콘텐츠 강화 시도는 지원 부문에서도 도드라진다. 결국 창작자를 지원하는 제도가 뒷받침돼야 양질의 콘텐츠 공급도 가능하다는 의미다. 이에 네이버는 창작자들이 새로운 포맷을 실험할 수 있도록 3년간 100억 원의 제작지원사업을 시작할 것이라고 밝힌 바 있고, 우수 창작자를 위한 특별한 지원프로그램, 수준 높은 영상제작이 가능한 스튜디오 등을 지원할 예정이라고 밝혔다(네이버, 2015).

기술적인 차원에서의 지원도 이뤄진다. 액션캠, 드론 등 고성능 외부 카메라를 활용하게 만들어서 개인방송의 수준을 비약적으로 끌어올리겠다는 계획하에 기술적 지원방안을 도모하고 있다. '멀티트랙 크리에이터'라는 제작 도구를 제공해서 다양한 각도에서 볼 수 있는 멀티트랙 비디오도 쉽게 제작할 수 있게 도울 예정이다. 일회성 지원을 넘어 꾸준히 창작자와 상생하는 구조를 만들기 위해 동영상 쇼핑 PPL 등 다양한 특화상품을 개발하고 있다고 주장했다(네이버, 2015).

나. 트래픽 선점 전략

세계적으로 성공사례가 아직 드문 인터넷 라이브 스트리밍 분야에 있어 가장 중요한 관건은 임계치 이상의 트래픽 선점이다. 아프리카TV[33]는 아직 낮은 침투율에도 불구하고 이미 충분한 수준의 시장 선점 효과를 누리고 있다. 인터넷이 제공하는 양방향성은 영상 콘텐츠의 능동적 소비를 가능하게 하며 이러한 소비행태는 젊은 층에서 두드러지게 나타나고 있어 이는 향후 개인방송의 저변 확대로 이어질 가능성이 크다. 이로 인한 개인방송 트래픽의 확대는 고스란히 아프리카TV의 몫이 될 가능성이 높다. 또한 초고속인터넷 인프라 및 한류 콘텐츠 경쟁력이라는 두 가지 요소를 고려하여 해외 진출 순서를 정하고 있으며, 일본 비즈니스가 내년부터 본격화될 전망이다. 마니아층이 두텁고 문화 콘텐츠 소비 경향이 강한 일본 시장의 잠재력에 대한 기대가 큰 상황이다.

아프리카 TV의 가입자당 가치는 최근 아마존에 인수된 트위치TV 대비 여전히 절반 수준에 가깝다. 또한 대규모 영업적자를 기록하고 있는 트위치TV와 달리 동사는 이미 안정적인 영업이익을 창출하고 있음을 감안할 때, 아프리카TV의 발전 가능성은 높다고 평가할 수

---

33) 아프리카TV는 1996년 4월 설립되어 2000년 3월 사명을 윈스테크놀러지에서 윈스테크넷으로 변경하였고, 다시 2008년 1월 나우콤으로 변경하였다. 2011년 1월 네트워크보안 사업 부문을 인적 분할을 통해 분할신설법인인 윈스테크넷으로 분할하였다. 이어 2011년 7월 제타미디어를 물적 분할을 통해 웹스토리지, 개인용 클라우드 컴퓨팅 사업 부문 일체를 분할하였다.

있다.

아프리카TV가 수행하고 있는 핵심 사업 부문인 플랫폼 사업은 인터넷 라이브 스트리밍 서비스 혹은 인터넷 방송이다. 인터넷 사업의 특성상 롱테일 경제가 가능한 플랫폼이나, 인터넷 포털이나 쇼핑몰과는 차이가 있다. 기본적으로 초고속인터넷 인프라가 필요하며, 대규모 트래픽을 제어하여 높은 수준의 QoS(quality of service)를 구현해야 하므로 기술적 진입장벽 또한 만만치 않다. 시청자들이 점점 더 고화질에 익숙해질수록 트래픽의 부담이 급증하므로 이러한 기술적 진입장벽은 갈수록 높아질 것이다.

그러나 인터넷 방송의 가장 큰 진입장벽은 임계 수준 이상의 트래픽을 확보하는 것이다. 사실 기술적 진입장벽은 여기에 비하면 아무것도 아니라고 할 수 있다. 지난 8월 아마존이 적자 기업인 트위치TV(Twitch TV)를 9.7억 달러에 인수한 것은 트위치TV가 확보한 트래픽의 가치를 높이 인정했기 때문이다. 아프리카TV의 플랫폼은 개인방송에 특화되어 있다. 누구나 자유롭게 채널을 열어 방송을 할 수 있다. 그러나 돈을 벌기 위해서든 아니면 다른 어떤 특정한 홍보효과를 노린 것이거든 중요한 것은 소기의 목적을 달성하기 위해서는 '많은 수의 사람이 그 방송을 봐 줘야만' 한다는 것이다. 아무런 트래픽이 없는 곳에서 채널을 열어 방송을 한다는 것은 인적이 드문 길목에서 물건을 파는 것과 같다. 개인방송을 하고자 하는 사람들은 당연히 더 많은 트래픽이 존재하는 곳을 찾게 되어 있으므로, 개인방송 플랫폼비즈니스라는 것은 시장 선점의 어드밴티지가 압도적이다. 후발 주자로서 자리를 잡으려면 대단히 독특한 특정한 카테고리를 공략해야 할 것이나 쉽지 않은 게임이 될 것이다. 동사의 전체 인구 대비 침투율은 아직 상당히 낮은 수준이나 동사는 이미 충분한 시장 선점의 어드밴티지를 누리고 있는 것으로 판단된다. 개인방송 서비스를 제공하고 있는 다른 사업자들이 있음에도 불구하고 개인 방송을 하고자 하는 사람들은 이미 동사의 플랫폼 외의 다른 대안은 고려하지 않고 있고, 결과적으로 동사 외의 개인방송 서비스에 대한 인지도는 대단히 낮다. '아프리카TV'라는 이름은 이미 개인방송 플랫폼의 대명사가 되었다. 인터넷 보급으로 인해 방송 소비 행태에 있어 양방향성/자율성/다양성이 증가할수록 개인방송의 비중은 증가할 가능성이 높으며 그 트래픽은 고스란히 동사의 몫이 될 가능성이 크다.

아프리카TV는 트래픽 지표로 2011년 1월부터의 월간 최고 DUV(daily unique visitors: 해당 월 일일 순방문자 중 최고치)를 공개해 왔으나 지난 9월부터 최고 DUV 대신 MUV(monthly unique visitors: 월 순방문자)를 제공하고 있다. 코어 유저 중심의 트래픽이므로 최고 DUV도 유의성이 크게 떨어지지는 않으나 MUV가 실적 분석의 근거로는 유의성 측면에서 좀 더 유용하다. 최고 DUV 추이는 2011년 초 100만 대 초반 수준을 보이고 있었으나 꾸준히 증가하면서 2015년 초에는 300만을 돌파하였다. MUV 기준으로는 2013년 수치부터 공개하고 있는데 2013년 연간 600만 대 초중반을 유지하다가 금년 700만 대 수준으로 레벨업되었으며 최근 9월 MUV가 사상 최고치(762만)를 기록한 데 이어 10월 MUV가 786만을 기록하며 최고치를 다시 한번 갱신하였다. 4Q가 비수기임에도 트래픽 우상향이 기대된다. 동사는 국내 침투율 측면에서 아직 100%가량 상승여력이 있다고 보고 있다. 즉, 장기적으로 MUV 기준 1,400~

1,500만 수준에서 포화될 것으로 본다. 동사는 트래픽 확대의 열쇠를 유저층 다변화에서 찾을 예정이다.

현재 아프리카TV는 플랫폼의 지배력 확대 및 라이브스트리밍 트래픽의 선점을 최우선의 과제로 보고 있으며 그 과정이 비교적 순조롭게 차근차근 진행되고 있다. 라이브스트리밍은 멀티스크린화(N스크린화) 서비스의 최첨단으로 아직 전 세계에서도 성공사례가 드문데, 아프리카TV는 그중에서도 독특하면서도 완성도 높은 진화 형태를 보여 주고 있다. 트래픽을 일단 선점해 놓으면 이를 이용한 머니타이징 아이디어들은 시간이 지나면서 계속해서 추가될 것이며, 새로운 광고 슬롯들도 생겨날 것으로 본다(KDB, 2014).

다. 콘텐츠 다변화 전략

네이버는 'V' 앱 전략을 통해 뷰티, 음식, 게임 등으로 콘텐츠 영역을 확장하고, V에 참여하는 창작자에 대한 지원을 강화할 예정이다(네이버, 2015). 한류를 극대화하고 지역화를 시작하기 위해 V 앱 전략은 네이버의 특화된 상품이 될 것이다. 한류 콘텐츠의 확대는 지금처럼 스타에만 의존하지 않고, 우선 뷰티에 집중하고 차츰 음식과 게임으로 영역을 확장할 계획이다. 지난 2015년 11월 2일에는 V의 공식 뷰티 채널이 오픈됐다. 8명의 크리에이터가 라이브방송으로 시청자를 만나고 있다. 네이버는 V의 주제별 한류 콘텐츠를 강화하기 위해 창작자들에게도 공연, 방송제작, 편집 스튜디오를 지원할 예정이다.

V 앱에는 하루 2~6개의 생방송이 진행될 예정이다. 생방송이 끝나면 VOD로 다시 볼 수 있다. 네이버는 국내 시간 기준으로 매일

오후 10~12시를 'V-타임'으로 정해 생중계를 집중해 노출하고, 요일별로 스타를 지정하는 요일별 콘텐츠도 만든다. 앱 내부엔 생중계 일정을 확인할 수 있는 '업커밍'이라는 편성표 기능도 넣었다(http://www.bloter.net/archives/234795).

네이버가 서비스하고 있는 동영상 서비스인 'TV캐스트' 별도로 앱이 출시되지 않은 상태로 PC와 모바일 웹을 통해 이용 가능하지만 V 앱은 정반대로 서비스를 제공한다. 앱만 출시돼있기 때문에 다시보기는 TV캐스트에서 볼 수 있지만 생중계는 꼭 모바일 앱을 통해서만 볼 수 있다. 댓글도 모바일로 달 수 있으며 하트도 모바일로 보낼 수도 있다. 방송 출연자이자 프로듀서인 스타들 역시 별다른 장비 없이 각자의 스마트폰을 통해 생방송을 한다. 스타용 V 앱에는 필터 기능들이 들어가 있으며 세로나 가로 등 화면 비율은 자유롭게 선택할 수 있다.

한편, 아프리카TV는 게임방송이 전체 트래픽의 절반 이상을 담당하고 있어 트래픽도 20대 남성 중심인데, 최근 스포츠 콘텐츠 확대가 30대 이상 연령층 비중 확대에 기여하고 있다. 동사는 콘텐츠의 다변화를 통해 좀 더 다양한 연령층과 여성층 커뮤니티를 확보하고자 하며, 이를 위해 홈쇼핑채널 및 상당수의 지상파·종편·케이블 채널의 실시간 및 VOD 콘텐츠 확보를 진행 중에 있다. 최근 CJ오쇼핑과 연계하여 홈쇼핑 방송을 선보였으며 그 외 다양한 홈쇼핑업체들과의 협업을 통해 아프리카TV 유저들에게 특화된 상품을 지속적으로 선보일 예정이다. 종편·케이블·지상파는 조만간 MBC 채널 확보가 유력하며, MBC 확보 시 OTT 서비스인 Tving을 지원하는 CJ E&M 계열 채널들과 Pooq을 지원하는 SBS를 제외한 주요 지상파·종편·케이블 채널을 모두 확보하게 되는 셈이다.

 이와 같은 콘텐츠 다변화를 통한 트래픽 다변화, 즉 대중화 노력은 트래픽 개선에도 기여하겠으나 아프리카TV 플랫폼이 광고 플랫폼으로서의 가치 제고에 더 기여할 전망이다. 좀 더 다양한 연령과 성별층을 아우르게 되면 현재 게임사 위주의 광고주 범주를 벗어나 다양한 대형 광고주 확보가 용이해질 것이며 광고 슬롯당 가격의 상승폭이 좀 더 상승할 것으로 기대된다(http://www.bloter.net/archives/234795).

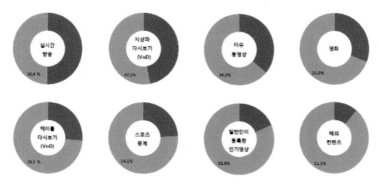

자료: 전자신문, ETRI, KDB대우증권 리서치센터

<그림 3-15> 스마트 단말기 및 PC 이용 시 콘텐츠 선호도

라. 해외 진출: 초고속인터넷 인프라+한류 콘텐츠

 초고속인터넷 인프라는 글로벌하게 개선이 되고 있으나 국가별 편차가 크며, 각국의 지배적 통신사업자들의 이해관계가 얽혀 있어 개선이 수월하게 이루어지지 않는 특성이 있다. 조만간 기가인터넷 환경에 들어서는 국내의 겨우는 라이브 스트리밍 사업에 있어 최고의 환경을 갖추고 있고, 이는 다른 나라의 인프라 환경과는 간극이

크다.

아프리카TV는 해외 진출을 준비하고 있는데 1) 초고속인터넷 인프라와 2) 게임/드라마 등 한류 콘텐츠의 현지 경쟁력을 가장 우선적인 고려사항으로 채택하고 있다. 이 두 가지 요소를 감안하여 아프리카TV가 계획하고 있는 해외 진출 대상 국가의 순서는 일본, 대만/홍콩, 태국 혹은 미국의 순서인 것으로 파악된다. 해외 사업은 유튜브와 같은 동영상 공유 서비스와 달리 현지인 BJ(broadcasting jockey)의 섭외 및 일정 규모 이상의 초기 트래픽 확보라는 과제를 해결해야 하므로 상당한 준비기간이 필요하다.

일본의 경우 지난 3월부터 모바일 버전, 9월부터 PC버전 베타서비스를 진행하고 있다. 아직 초기 단계이나 콘텐츠의 다양화가 진행되고 있는 것으로 파악된다. 일본 비즈니스는 내년부터 본격화될 것으로 보이며 동사는 일본을 대단히 유력한 시장으로 보고 있다. 초고속인터넷 인프라나 한류 콘텐츠의 로컬에서의 경쟁력이라는 두 가지 핵심 요소들을 훌륭하게 만족시킬 뿐 아니라 마니아층이 두터운 국민성이나 무형의 재화에 값을 지불하는 데 익숙한 선진적인 콘텐츠 소비문화 등을 감안하면 일본 서비스는 조기에 안정적인 트래픽을 확보할 가능성이 높으며, 이 경우 한국보다 높은 수준의 ARPU(average rate per user: 가입자당 지불액)를 기대할 수 있을 것이다.

이로 인해 아프리카TV는 일본 시장에 대해 상당히 낙관적으로 보고 있으며 궁극적으로 한국 영업수익 규모를 추월하는 것은 어렵지 않을 것으로 보고 있다. 그러나 아직 일본 진출 관련 구체적인 계획이 드러나고 있는 단계는 아니어서 수익추정에는 반영하지 않았다. 그러나 일본 관련 기대감은 주가 측면에서 긍정적으로 작용할 것이다.

한편, V 앱도 글로벌 진출을 꾀하고 있다. 해당 앱은 네이버가 내놓았지만 한글 서비스가 아니라 영어 버전으로 공개됐다. 그리고 네이버 앱스토어가 아닌 구글플레이에 공개됐다. 구글플레이에도 영어로 소개돼 있다. 네이버는 V 공개 전부터 글로벌을 공략하는 플랫폼이라고 강조한 바 있다. 초반 라인업을 아이돌 가수 위주로 구성한 것도 이 때문이다. 생방송에 자막 서비스도 지원할 예정이다. 정식 서비스 버전에는 영어뿐만 아니라 중국어와 일어도 제공되고 있다. 사람들이 직접 실시간으로 번역해 자막 작업을 한다. 또한 네이버는 그간 방송된 스타캐스트의 인기 영상 150여 편도 번역 작업을 거쳐 V에 채워 넣을 예정이다.

V 앱은 결국 한류스타와 음악에 특화된 모바일 방송국이 되겠다는 계획을 가지고 있다. 그러기 위해 모바일 공간에서의 새로운 실험보다는 검증된 콘텐츠와 포맷을 택했다. 케이블 방송이 시작된 1995년, CJ E&M의 20년 역사도 시작됐다. 이제 V 앱도 이들의 역사를 되풀이하게 될 것으로 예상되고 있다.

4) 단말 기반 사업자

단말 사업자 군에는 애플, 구글, 소니, 삼성, LG 등 모바일 및 가전 기기 제조 사업자들이 포함된다. 이들은 지금까지 OTT 서비스를 제공하는 다양한 단말들을 제공하여 소비자 접점을 확보하고, DLNA나 클라우드 기술을 통해 N스크린 서비스를 구체화시켜 왔으며, OTT 사업자들과의 제휴를 확대해 왔다. 초기에 N스크린이 가능한 단말의 생산에 주력했던 제조사들은 점차 TV 중심의 홈미디어 구축을 위해 UI 및 UX를 구현하는 것과, 가입자들을 많이 확보하고 있는 OTT 서비스 사업자들과 제휴하는 쪽으로 전략을 바꾸고 있다.

단말 사업자들에게 OTT 서비스의 확산은 다양한 단말들을 판매할 수 있는 좋은 기회이기 때문에, 이들은 가입고객이 많은 유통플랫폼을 자사 단말에서 서비스하도록 제휴하는 데에 큰 관심을 갖고 있다. 이미 소비자들은 PC, 스마트폰, 태블릿 등의 다양한 디바이스를 이용해서 동영상을 시청하는 이용패턴을 갖고 있으며, 이들은 이미 다수의 인터넷 커넥티드 디바이스를 보유하고 있다. 또한 가정 내에서 동영상을 볼 수 있는 홈미디어 기기는 PC 이외에도 게임콘솔, 블루레이 플레이어, 셋톱박스, 인터넷 TV 등 그 수가 점차 다양해지고 있다(이은민, 2012. 8).

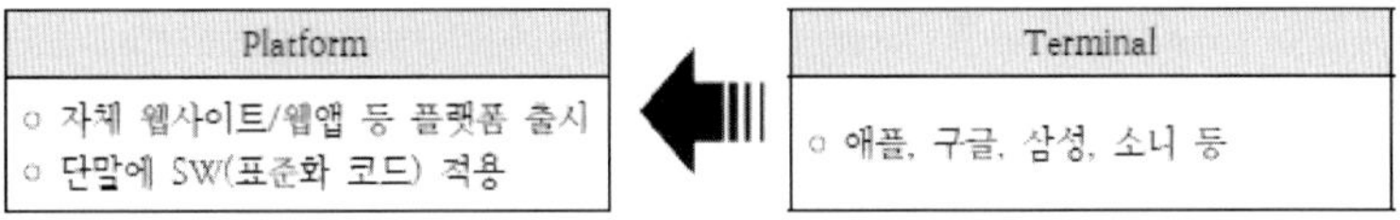

<그림 3-16> 단말기 사업자들의 유통플랫폼 진출

가. 단말 연동형 플랫폼 서비스의 개발

애플이 OTT 시장이나 스마트TV 시장에서 내세우고 있는 것은 다양한 애플 단말들을 통해 iTunes 플랫폼을 기반으로 구입한 콘텐츠들을 자유롭게 이용할 수 있는 N스크린 전략이다. iTunes 미디어 플랫폼을 통해 콘텐츠 확보에 경쟁력을 가지고 있고, 직접 디바이스를 제조하는 입장이기 때문에 클라우드 방식과 기기 간 연동 서비스 방식 두 가지 모두를 서비스에 이용할 수 있다.

애플은 이미 2007년과 2009년에 셋톱박스인 애플TV를 출시했으나, 비싼 단말가격(299달러)과 불편한 이용방법, 콘텐츠 부족 등을 이유로 성공하지 못한 경험이 있다. 이후 2010년 9월, 애플은 미국 지상파방송사 ABC, FOX 콘텐츠와 YouTune, Netflix, KMB tv, NBA.com 등과 제휴하여 애플TV를 다시 출시한 바 있으나 시장에서 별다른 호응을 얻지 못하고 있다.

기존 셋톱박스 형태의 애플TV 기반의 스마트TV 시장이 성공하지 못한 가장 큰 이유로 '볼만한 콘텐츠가 없다'는 점이 지적됨에 따라, 애플은 Lion Gate, SonyPictures, Walt Disney, Paramount, Warner Bros의 미국 5대 영화사와 콘텐츠 제공 계약을 추진하는 등 콘텐츠 제휴에 적극적으로 나섰다(아틀라스리서치, 2012. 3. 16.). 또한 iTunes Match는 유저가 iTunes를 통해 구입하지 않은 음원을 발견하면, 라이선스가 있는 고음질 음원으로 대체하는 서비스인데, 할리우드와의 공조를 통해 iTunes Match를 영화 등 동영상 콘텐츠로까지 적용하기로 했다. 이번 결정은 유저들이 추가 구입할 가능성이 낮은 파일에 대해서 CP들의 합법적인 음원으로 바꿔 주는 것이기 때문에, CP들 입장에서는 추가 수익의 기회로 작용할 것으로 보인다.

한편, 구글은 2010년 10월에 출시한 소니의 일체형 TV 및 셋톱박스와 로지텍의 셋톱박스 방식의 구글 TV가 기대 이하의 판매부진을 기록한 경험이 있다. 이후 구글은 인터페이스 단순화, 콘텐츠 검색기능 강화, 구글 TV 전용 YouTube 서비스 개시를 통해 플랫폼을 기능적으로 개선하고, 방송 및 영화의 프리미엄 콘텐츠 사업자들과의 제휴를 통해 현재 구글 2.0 서비스를 추진하고 있다. 구글은 모토로라의 인수를 통해 TV 셋톱박스 사업부와 IP를 확보하고, 삼성, LG, 소니 등 글로벌 TV제조사를 Google TV 진영에 합류시키는 등 다른 사업자들과의 제휴에 주력하고 있다. 이 밖에도 2011년 말 구글은 MTV ESPN, CNN 등과의 콘텐츠 계약으로 스포츠, 버라이어티, 음악 등의 채널 개설에 성공했다. 또한 Universal, Sony Pictures, Warner Bros, Disney 등 메이저 영화사들과 제휴를 맺었으며, 독립 영화사들과도 손을 잡아, 현재 구글이 제공하는 영화 타이틀은 1만여 편에 이르고 있다. 최근에는 메이저 영화사인 MGM과 콘텐츠 제휴를 맺고, 600개 영화 콘텐츠를 Google Play 마켓플레이스와 유튜브에 제공하기로 했으며, Paramount Pictures와도 수급계약을 맺은 것으로 알려졌다.

구글은 2012년 3월, 기존 안드로이드마켓, Google Music, Google Books, Google Movies를 통합적으로 제공하는 디지털 콘텐츠의 통합적 허브인 'Google Play' 서비스를 시작하였다. 구글은 통합 콘텐츠 플랫폼 Google Play의 런칭으로 콘텐츠 유통을 앱을 포함한 음악, 동영상 중심으로 콘텐츠 전략을 강화할 것으로 예상된다. IT 전문잡지 Wired는 이번 Google Play 출시가 구글의 웹 기반 서비스와 모바일 서비스를 클라우드를 이용해 하나로 통합하는 계기가 될 것으로 보았으며, 나아가 클라우드 서비스가 단말의 구애 없이 지원되는 특성상 개방형 비즈니스를 추구하는 구글에(애플에 비해) 더욱 유리할 것이라고 평가했다(스트라베이스, 2012. 3. 20).

한편, 구글은 Google I/O 개발자회의에서 최초의 소셜 스트리밍

홈 미디어 플레이어라며 Nexus Q(가격 300달러)를 발표하였다. Nexus Q는 원하는 미디어 콘텐츠를 거실에 있는 TV나 스피커를 통해 스트리밍 방식으로 이용 및 공유할 수 있게 해 주는 역할을 담당한다. Nexus Q를 통해 구글뮤직에 엑세스할 수 있고, Google Play에 등록되어 있는 수천 편의 영화와 TV 프로그램들, 유튜브의 영상과 채널도 이용이 가능하다. 반면, 경쟁 플랫폼들과 달리 써드파티 앱에 대해서는 지원하지 않아, 스포티파이, 판도라, Rdio 등의 음악을 들을 수 없고, MLB.TV나 NBA 게임타임 등 스포츠 경기의 스트리밍이 불가능하며, 훌루플러스나 넷플릭스의 이용에도 어려움이 있다(itworld.com 2012. 6. 29). 이번 출시는 구글이 애플과 마찬가지로 오픈 플랫폼 사업자로서 제휴 디바이스들과 interactive한 연계를 통해 홈 미디어 서비스를 구현하려는 시도로 보인다.

나. 단말형 스틱 시장의 발달

PWC에 따르면 OTT 서비스 시장의 성장은 2016년까지 연평균 성장률(CAGR) 30.1%로 30억 달러에 이를 것으로 전망되고 있다. 커넥티드TV 시장에서는 스마트TV의 점유율이 2016년까지 32억 달러 규모로 늘어나 2020년에 전체 시장의 63%를 차지할 것이라는 과거 예측과 달리, 비즈니스 인사이더 보고서에 따르면 스마트TV(47%)보다 미디어 스트리밍 기기(53%)가 더 높은 시장점유율을 나타내고 있다. 이 보고서에 따르면, 스틱형 동글인 크롬캐스트는 지난해 출시된 지 5개월 동안 미국의 미디어 스트리밍 기기 시장의 14%를 점유하면서 애플TV 800만 대, 로쿠 450만 대에 이어 270만 대의 매출성과를 올렸다(Business Insider, 2014).

국내에서는 소비자들이 지상파TV나 케이블TV의 방송콘텐츠 의존도가 높은 특수한 환경임에도 불구하고 크롬캐스트의 출시 이후 OTT 서비스 소비자들의 관심이 잇따르고 있으며 에브리온 TV, 다음, 헬로비전과 같은 기존 OTT 서비스 제공사들도 스틱형 미디어 스트리밍 기기를 잇따라 출시하는 등 스틱형 미디어 스트리밍 기기 시장의 활성화가 기대되고 있다.

<표 3-11> 크롬캐스트 시장 규모(단위: 억 달러, 억 원)

개요 \ 연도	시장 규모					
	2013년	2014년(E)	2015년(E)	2016년(E)	2017년(E)	2018년(E)
미국 시장	0.945	1.02	1.28	2.10	2.91	3.99
국내 시장 (잠재 시장 전망)	-	30	37	53	74	93

자료: BI(2014), Frost & Sullivan, TechNavio KISTI 재구성

구글은 스마트TV 플랫폼 '구글TV'와 스틱형 OTT 단말기인 '크롬캐스트' 외에도 자체 셋톱박스인 '안드로이드TV'를 지난 2014년 6월에 공개한 바 있다. 특히 2013년 스틱형 단말인 '크롬캐스트(Chromecast)'가 출시되면서 많은 관심을 받고 있다. 스틱형 OTT는 스틱형 OTT의 강점은 스마트폰 화면을 그대로 TV나 모니터를 통해 대형화면으로 보여 주는 '미러링' 기능으로 네이버나 유튜브 동영상까지도 크게 볼 수 있는 장점이 있다. 크롬캐스트는 35 USD(한화 약 4만 원)라는 파격적인 가격과 편리한 기능을 토대로 온오프라인 유통체인에서 품귀현상을 일으키기도 했다.

구글 이외에도 RoKu[34)]가 스틱형 단말 사업을 강화하고 있고, 국

내에서는 이미 2012년부터 스틱형 OTT 단말이 출시되기 시작했다. 벨류플러스와 세닉스가 2012년 7월 안드로이드 기반의 스틱형 셋톱박스인 '티즈버드 N1'과 '스마트스틱 ST-10'을 각각 9만 원과 5만 원의 가격으로 출시한 바 있지만 낮은 인지도와 부족한 콘텐츠 라이브러리로 인해 성공을 거두지 못하고 사라진 바 있다. 이후 2014년 2월 에브리온TV가 크롬캐스트처럼 스마트폰 화면을 TV로 그대로 옮기는 기능을 탑재한 '에브리온TV 캐스트'를 출시했고, CJ 헬로비전도 '티빙스틱'을 출시했다.

크롬캐스트를 시작으로 스틱형 미디어 스트리밍 기기의 세계 시장에서는 애플 TV, 로쿠, 구글 크롬캐스트, 파이어 TV를 중심으로, 국내 시장에서는 에브리온 TV의 에브리온 TV 캐스트, 다음 TV 등을 중심으로 가격, 설치 및 작동의 편리성, 그리고 제공 콘텐츠의 양과 질에 따른 시장경쟁이 시작되고 있다. 특히, 크롬캐스트는 앱을 통해서 스마트폰을 리모컨처럼 사용할 수 있으며 멀티태스킹이 가능하고, 구글 클라우드상에 있는 영상의 주소를 받아 와 모바일 기기에서 재생하는 방식으로 고화질의 동영상 재생이 가능하다. 거기에 더해 영상의 끊김 현상이 적다는 장점 때문에 다른 소형 미디어 스트리밍 기기들에 비해 경쟁력을 갖추고 있다.

'Fire TV'도 동영상 콘텐츠 사업을 강화하는 것이며, 동시에 프라임 멤버십 회원에게 혜택을 제공하는 e-Commerce 사업의 확대도 추진하고 있다. Fire TV는 타사의 인기 동영상 스트리밍 서비스(넷플릭스, Hulu Plus, 유튜브, Pandora, VEVO, HBO 등)를 비롯해, 게임

---

34) 크롬캐스트에 앞서 스틱형 단말기를 출시했으나, 크롬캐스트의 인기몰이 이후에 가격을 대폭 낮춘 신형 제품을 출시했다.

도 제공하며, 개인의 시청패턴을 기억하고 선택 가능성이 높은 콘텐
츠를 추천하는 ASAP(Advanced Streaming and Prediction) 기능을 도
입했다(김희경, 2015. 9).

자료: http://www.moknol.com/2014/04/tv.html

<그림 3-17> 단말아마존 Fire TV 화면 캡처

구글의 크롬캐스트와 경쟁하는 '로쿠 스트리밍 스틱(Roku
Streaming Stick)'과 에브리온 TV의 '에브리온 TV 캐스트'는 각각
세계시장과 국내시장에서 점유율을 높여 가고 있다. 크기는 크롬캐
스트와 유사한 동글형 스틱의 미디어 스트리밍 기기이며, 가격은 크

롬캐스트보다 약간 비싸다. TV의 HDMI 포트에 꽂아서 무선으로 다양한 인터넷 콘텐츠를 즐길 수 있다는 점에서 크롬캐스트의 주요 기능들은 유사하다. 이들은 모두 크롬캐스트가 가지고 있는 장점인 멀티태스킹 기능은 없으며, 크롬캐스트와 달리 미라캐스트(Miracast)와 같은 미러링 기능을 지원한다. 이들은 콘텐츠 서비스의 양적인 면에 있어서는 크롬캐스트보다 우월한 역량을 갖췄는데, '로쿠 스트리밍 스틱'은 넷플릭스, HBO GO, 훌루, 유튜브, 판도라 등 1,200여 개의 콘텐츠를 제공한다. '에브리온 TV 캐스트'는 국내 에브리온 TV에서 제공되는 250여 개의 채널을 시청할 수 있다.

스틱형 미디어 스트리밍 기기 시장에서 가격과 기능적인 면에서 핵심 경쟁력을 갖추고 높은 점유율을 보이고 있는 크롬캐스트가 지속적으로 경쟁우위를 지키기 위해서는 무엇보다 많은 콘텐츠 확보가 시급하다(이윤희, 2014, 8).

초기 시장 형성에 대한 여러 우려에도 불구하고, 현재 시장을 선점하고 있는 크롬캐스트는 당분간 N-스크린 서비스 환경을 저비용으로 손쉽게 제공하여 N-스크린 서비스 체험을 요구하는 소비자들의 관심을 충족시켜야만 시장을 주도할 수 있을 것으로 전망된다. 미국 시장에서는 기존의 지상파 TV와 케이블 TV 소비자들의 주도로 크롬캐스트 시장이 형성되어 연평균성장률 29.11%로 꾸준히 성장하여 2018년에는 시장 규모가 약 399백만 달러의 규모에 이를 전망이다. 반면, 지상파 TV나 IPTV의 다양한 콘텐츠 확보가 다소 어려운 국내 시장에서는 스마트 기기를 활용하는 OTT 서비스의 소비자들 중심으로 새로운 시장이 형성되고 확장될 것으로 기대된다. 크롬캐스트가 홈게이트웨이나 스마트워크 등의 기능을 탑재하여 시장을 확장할 경우, 국내 잠재시장은 연평균성장률 32.69%로, 2018년까지 93억 원의 연매출을 달성할 것으로 전망된다.

인터넷 연결을 통해 OTT 서비스를 즐길 수 있는 커넥티드 TV는 제조사별로 인터넷 접속 기능을 내장하고 있는 스마트 TV와 일반 TV에 스트리밍 기기를 장착해 인터넷 콘텐츠를 즐길 수 있는 미디어 스트리밍 기기로 분류된다. 그리고 미디어 스트리밍 기기는 스마트 셋톱박스(STB)와 스틱형 미디어 스트리밍 기기로 분류할 수 있다. 특히, 스틱형 미디어 스트리밍 기기는 고가인 스마트TV나 스마트 셋톱박스에 비해서 가격이 저렴하고 설치와 사용이 용이해 최근 들어 OTT 서비스 이용자들에게 높은 호응을 얻고 있다.

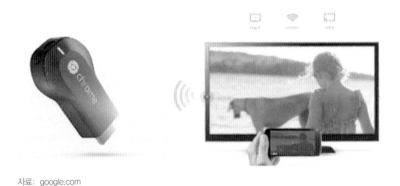

자료: google.com

<그림 3-18> 구글 크롬캐스트

최근 국내에 출시되어 관심을 주목받고 있는 크롬캐스트(Chromecast)는 길이 7.2cm, 무게 34g의 스틱형 동글(Dongle)로, 512MB의 메모리와 2GB의 저장 용량, 해상도 1,080p의 최대 출력 동영상 화질을

지원한다. 설치와 사용법이 플러그앤 플레이(Plug and Play) 방식으로 HD TV의 HDMI(High Definition Multimedia Interface)단자에 꽂기만 하면 일반 TV에서 오디오나 비디오 영상을 스마트 TV처럼 재생하여 감상할 수 있다. 크롬캐스트의 전원은 USB 포트나 별도로 제공되는 전원 어댑터를 이용해 공급받는다. 크롬캐스트는 구글 크롬 OS의 심플 버전을 탑재하고 있으며, 스마트 기기나 PC 운영체제의 제약 없이 안드로이드, 크롬OS, 크롬 웹브라우저는 물론, 구글 크롬을 통해서 애플 iOS, OS X(애플의 매킨토시용 OS)나 MS 윈도우, 윈도우폰 등 운영체제에서도 동작이 된다.

<표 3-12> 국내외 주요 스틱형 소형 스트리밍 기기 주요 제품 비교

구분	크롬캐스트	로쿠 스트리밍 스틱	에브리온 TV캐스트
가격	4~5만 원	5~6만 원	8~9만 원
OS	크롬OS	안드로이드, iOS	안드로이드, iOS
플랫폼 호환성	Window7, OSX, iOS, 안드로이드, 크롬OS(크롬북은 향후 지원 예정)	안드로이드, iOS	안드로이드, iOS, 갤럭시S3, 갤럭시S4, 구글, 팬택
최대 출력 해상도	1080p	1080p	1080p
스트리밍 콘텐츠	티빙, 호핑, 유튜브, 구글 플레이무비, 넷플릭스, 훌루	넷플릭스, HBO GO, 훌루, 유튜브, 판도라 등 1200여개	에브리온TV 제공 250여 개 채널
리모컨 기능	스마트폰&앱	리모컨 제공 스마트폰&앱	스마트폰&앱
멀티태스킹&세컨스크린 기능	지원	불가능	불가능
미러링 기능	제한적 지원 (현재 크롬부라우저에서만 기능)	지원	지원

크롬캐스트가 장착된 TV를 통해서 사용자는 PC나 스마트 기기에서 구글의 크롬브라우저를 이용하거나, 스마트 기기의 크롬캐스트를 지원하는 앱을 이용해서 OTT 서비스를 즐길 수 있다. 현재 미국에서 크롬캐스트를 지원하는 주요 콘텐츠 앱들은 유튜브, 넷플릭스, 구글 플레이 뮤직, 구글 플레이 무비와 TV다. 향후 판도라 음악 서비스 등도 추가로 지원할 예정으로, 국내에서는 CJ헬로비전의 '티빙'과 네이트 '호핀' 등의 OTT 서비스 제공사와 제휴해 미디어 콘텐츠를 제공하고 있다.

제3절 결론

미디어 패러다임의 변화는 각 사업자별로 위기(Challenge) 요인이자, 기회(Potential) 요인으로 작용하고 있다. 경쟁이 치열해지는 동시에 글로벌화가 가속화되고, 시청자의 수요가 다양한 플랫폼으로 인해 파편화되며, 기존 광고 및 가입 수익을 자기잠식(cannibalization) 할 수 있고, 온라인 콘텐츠 불법 유통의 문제에 대응해야 한다는 사실은 기존 사업자에게 위기 요인으로 작용할 수 있다. 하지만 교차미디어(Transmedia) 및 멀티스크린 이용이 늘어나고, 새로운 시청자를 끌어들일 수 있고, 콘텐츠를 다양화할 수 있으며, 새로운 (양방향) 광고 수익모델을 창출할 수 있다는 사실은 기존 사업자에게 기회 요인이 된다. 한편, 신규 사업자에게는 새로운 규제에 직면하고, 시청자를 끌어들일 수 있는 양질의 콘텐츠를 확보해야 한다는 사실은 위기요인이 되며, 본격적으로 거실 생태계에 진입함으로써 TV 시청자와 직접적인 관계를 형성할 수 있고, 넷플릭스의 가입자 수익이나 구글의 광고 수익처럼 자신들의 기존 사업 모델을 TV 스크린에서도 확장할 수 있다는 사실은 기회 요인이다.

방송사업자들이 갖고 있던 사업 영역의 벽도 사라졌다. 수익성 감소세로 눈을 돌린 차세대 사업이 비슷한 방향으로 흘러가는 모습이다. 가장 먼저 인터넷 기반 영상콘텐츠를 다루는 MCN(멀티채널네트워크)시장에 콘텐츠 사업자는 물론 플랫폼 사업자까지도 몰리고 있다. CJ E&M은 이미 아시아 1위 사업자로 떠올랐고, 지상파 방송사도 MCN 진출을 선언했다. 플랫폼 사업자들도 OTT 사업을 시작하면서 MCN 업체와 제휴, 투자 등을 진행하고 있다. 또 유료방송 시장과 함께 지상파 방송사도 UHD(초고화질) 사업을 본격화하기 시작했다. 지난 7월 황금주파수로 불린 700㎒ 대역의 30㎒ 폭을 지상파 방송사 UHD 사업을 위해 분배키로 결정하면서, 지상파의 움직임에도 탄력을 받았다.

<표 3-13> 미디어 패러다임 변화에 따른 개별 주체의 위기 및 기회 요인

	위기 요인	기회 요인
기존 사업자	- 치열한 경쟁 및 글로벌화 - 멀티플랫폼화에 따른 수요 파편화 - 기존 수익모델에 부정적 영향 - 온라인 콘텐츠 불법 유통	- 콘텐츠 시청방식 다양화 - 신규 고객 유치 - 새로운 광고 수익모델 창출 - 콘텐츠 확대
신규 사업자	- 새로운 규제 직면 - 콘텐츠 경쟁 강화	- 시청자와 직접적인 관계 형성 - 기존 수익 모델을 미디어 플랫폼으로 확산
규제자	- 온라인 불법 유통 근절 - 자국 미디어 산업의 가치 보호 - 신규 사업자에 대한 규제 적용 여부 판단	- 이용자에게 폭넓은 혜택을 줄 수 있는 방향으로의 규제 - 국경 간 콘텐츠 공급을 통한 확산

자료: Laura Sboarina(2012. 5. 3.). "Which content regulation for connected TV"

그러나 무엇보다 유료방송 시장에서의 결합서비스 제공도 눈에 띄는 변화를 가져올 것으로 예상되고 있다. OTT에서 OOT로 서비스가 진화하는 유료방송시장은 SK텔레콤의 CJ헬로비전 인수로 새로운 국면을 맞이할 것으로 예상된다. 특히 SKT의 CJ헬로비전 인수는 'IoT 플랫폼 선점'이라는 차원에서 플랫폼 내에서 네트워크의 가치를 향상시키는 데 총력을 기울일 것으로 예상되며, 이와 같은 과정에서 OTT 전략보다 OOT 전략으로 과도기적인 시기를 돌파할 것으로 예상되고 있다.

제3장
OTT 콘텐츠와 서비스

　예측보다 빠른 속도로 발전하는 미디어 기술과 이에 따른 미디어 시장의 확장 속에서 동일시장을 대상으로 다수의 사업자가 등장하며 미디어 상품, 기술, 기업네트워크 등 각자의 경쟁우위를 바탕으로 치열한 경쟁이 이루어지고 있다. 그중에서도 미디어 이용자들에게 가장 친숙하고 밀착되어 있는 서비스가 모바일 기반의 서비스다. 한때는 미디어 산업의 리더였고, 제국의 아성을 지켜 왔던 미디어 사업자들이지만, 새로이 등장한 작은 경쟁자들의 성장에 거대기업들이 한순간에 무너지는 현실이 모바일 미디어 산업의 현장에서 일어나고 있다. 실감미디어 또한 모바일 기반의 기술을 토양으로 모바일 서비스 속에서 새로운 앱들이 속속 런칭되고 있다. 따라서 모바일 OTT 기반의 영상 서비스를 이용하는 이용주체들을 고찰하고 이들이 이용하는 콘텐츠와 서비스 등 이용 행태와 이용 콘텐츠 전반에 대해 살펴보고자 한다.

　현재 세계 미디어 산업은 모바일 기기와 실감미디어의 응용기술인 가상현실, 증강현실, CG등과 접목되며, 기존의 3D TV, IPTV, Docsis 3.0의 디지털케이블 플랫폼, Tru2way 양방향 서비스, 네트워크 DVR, 위성TV, Web을 기반으로 하는 OTT 서비스 등 콘텐츠를 기반으로 하는 미디어 비즈니스 영역의 급진적 성장을 견인하고 있다. 또한 매체의 경계를 넘어선 무한경쟁, 신흥 경쟁자의 끊임없는 부상 등 모바일 OTT 기반의 콘텐츠 서비스는 국내 사업자들 간에 이루어지는 것이 아니라 세계시장을 무대로 이루어지고 있다. 그리고 이런 경쟁 속에서 미디어시장의 국경은 주요 사업단위 글로벌 핵을 중심으로 운용되는 미디어사업자들의 행위 속에 점차 사라지고 있다. 따라서 문화를 배경으로 하는 콘텐츠 상품을 무기로 이의 산업화가 수행되고 있는 현재 미디어 환경 속에서 기업들이 수행하는 콘텐츠 비즈니스를 이해하는 것은, 현재 우리가 직면하고 있는 미디어 산업구조의 변화를 이해하고 새로운 환경에 대응하는 데 주요한 발판이 된다.

제1절 모바일 OTT 개념과 현황

현재 OTT 이용자들은 TV, PC, 스마트 가전, 각종 모바일 기기 등 본인이 이용 가능한 단말기를 통해 영상 콘텐츠를 소비하고 있는데, "인터넷 기반의 영상 콘텐츠 유통 서비스"인 OTT(Over-the-top)는 통신 사업자의 통제 없이 인터넷 사용자들에게 영상 콘텐츠를 제공할 수 있다(Limbach, 2014; FCC, 2013). 유선망을 통해 영상을 제공하는 온라인 영상 서비스에서 영상을 제공할 수 있는 망이 확장되었고, OTT 서비스의 개발로 이용자는 모바일이나 TV, PC를 비롯한 다양한 단말기를 통해 스트리밍이나 다운로드 방식으로 콘텐츠 서비스를 즐길 수 있다. 그리고 OTT가 제공되는 단말기는 수백에

달할 정도로 양적·질적 측면에서 급속도로 다양화되고 있다. 이제 TV 수상기 위의 '셋톱박스'를 넘어 인터넷을 타고 전 세계의 각종 디바이스를 넘나드는 OTT의 개념은 하루가 다르게 확장되고 있다.

구분		종류	개념
OTT 인터넷 서비스	OTT 커뮤니케이션	음성/비디오, 메시징	인터넷을 전송수단으로 사용하는 커뮤니케이션 서비스
	OTT 미디어	사용자제작콘텐츠, 생산된 콘텐츠, 오디오/비디오, 게임	인터넷을 통해 오디오/비디오를 스트리밍 또는 다운로드 하는 서비스
비 OTT 인터넷 서비스	상거래	전자상거래, 금융서비스	인터넷 기반의 상거래 서비스
	인터넷 서비스	PaaS(Platform as a Service), AaaS(Application as a Service)	사용자의 단말기를 인터페이스로 사용해 클라우드 개념으로 제공되는 서비스
	소셜미디어	웹 기반, 모바일메신저 기반	페이스북, 라인 등의 사회관계망 서비스
	웹 콘텐츠	사용자제작콘텐츠, 편집된 콘텐츠, 기타	웹페이지에서 제공되는 콘텐츠

주) Baldry et al.(2014), 김성철(2015)에서 재인용

<그림 3-19> OTT 서비스 종류와 개념

온라인 기반의 서비스들을 살펴보면, 아마존, 이베이 등 인터넷을 기반으로 제공하는 쇼핑, 금융과 같은 상거래 서비스, 인터넷 서비스, 페이스북이나 카카오톡, 라인과 같은 소셜 미디어, 웹을 통해 제공되는 영상, 비영상 콘텐츠 등이 비OTT 분야의 서비스다. OTT 서비스로는 음성이나, 메시지들을 인터넷을 통해 전달하는 커뮤니케이션 서비스와 스트리밍과 다운로드 형태로 영상, 비영상 콘텐츠를 제공하는 서비스들이 있는데, 페이스북도 영상 서비스를 강화하고, 아마존도 고객 유지 강화를 위해 영상 콘텐츠를 제공하는 등 OTT 커뮤니케이션과 미디어 영역의 서비스들은 점차 통합 서비스로 발전하고 있다.

국내 최대 소셜 미디어 서비스를 제공하고 있는 카카오의 경우,

daum.net, tistory.com, kakao.com, brunch.co.kr, kakaocorp.com 등을 통해 총 64종의 서비스를 제공하고 있는데, 이제 서비스는 음악, 영상 등의 미디어 서비스, 특히 모바일을 기반으로 한 모바일 앱 서비스가 강화되고 있다. 예를 들어 카카오톡을 통해 커뮤니케이션 네트워크가 강화되고, 해당 서비스에 머무르는 이용자의 수와 이용시간이 증가하면, 다른 서비스를 제공할 수 있는 기반 또한 공고해지는 것이다. 그리고 음악이나 영상은 기존 사업자들이 유료로 제공하여 성공을 거둔 사업모델로, 이용자들도 해당 서비스를 유료로 이용하는 데 이미 학습경험이 존재하기에, 추가적 서비스로 개발하기에 적합하다.

<표 3-14> 카카오 모바일 app 서비스

no	서비스 현황		
1~3	카카오톡	비밀의 숲 - 카카오톡 테마	카카오택시 기사용
4~6	카카오스토리	숨바꼭질 - 카카오톡 테마	여름 이야기 - 카카오톡 테마
7~9	카카오페이지	ONE (원) for Kakao	스토리채널
10~12	카카오택시 KakaoTaxi	뱅크월렛 카카오	카카오드라이버 기사용 - 대리운전, 기사등록, 앱대리
13~15	카카오버스(서울버스 4.0)	옐로아이디 관리자	슬러시
16~18	카카오내비(김기사 3.0)	아이러브니키 공식 버즈런처 테마(홈팩)	에비츄 소풍와츄 버즈런처 테마(홈팩) - 코글플래닛
19~21	아이러브니키 for Kakao	카카오게임숍	내추럴 에치 - 카카오톡 테마
22~24	카카오뮤직	프렌즈 피크닉 버즈런처 테마(홈팩) - 카카오 프렌즈	Hello Bear - 카카오톡 테마
25~27	카카오지하철	트래블라인 Traveline -숨어 있던 진짜 핫한 제주	카카오프렌즈 여름 바캉스 - 카카오홈 테마

28~30	카카오그룹	라이언 버즈런처 테마(홈팩) - 카카오 프렌즈	고대비 - 카카오톡 테마
31~33	카카오드라이버 KakaoDriver	프렌즈사천성	카카오프렌즈 캠퍼스라이프 II - 카카오홈 테마
34~36	카카오홈-런처, 폰꾸미기, 카카오톡, 무료테마, 폰테마	카카오 플레이스	오케이티나 해피투게더 - 카카오톡 테마
37~39	카카오스타일-KakaoStyle-패션,쇼핑, 스타일!	카카오앨범	심플 OS - 카카오홈 테마
40~42	카카오플레이스 KakaoPlace	겨울 이야기 - 카카오독 테나	숲속의 아침 for KakaoHome 2.0
43~45	다음 메일	카카오헬로	Cherry Blossoms - 카카오홈 테마
46~48	다음 웹툰	다음 사전-Daum Dictionary	다음
49~51	다음 tv팟	다음 클라우드	다음 카페
52~54	쏠캘린더 - 캘린더, 할 일, 디데이, 시간표 위젯	쏠메일	다음지도, 길찾기, 지하철, 버스 - Daum Maps
55~57	마이피플	마이원 모바일 월렛	브런치, 작가를 위한 글쓰기 플랫폼
58~60	안개꽃 버즈런처 테마 (홈팩)	신데렐라일레븐	티스토리 - TISTORY
61~63	방금그곡	마이스티커	플레인 PLAIN - 샵(#) 블로그
64~66	다음 웹툰(Full Ver.) -Daum Webtoon		

주) 카카오가 제공하는 모바일 플랫폼 어플리케이션 서비스 현황(모바일 클릭 조사데이터, 2016)

유무선 인터넷망을 통해 TV방송프로그램이나 영화 등 멀티미디어 콘텐츠를 제공하는 OTT 서비스는 지상파 방송, 케이블 TV, 그리고 위성방송과 같은 기존의 방송사업자가 아닌 신규 사업자, 또는 개인들도 진출할 수 있는 기회의 영역이기도 하다. 왜냐하면 OTT 서비스는 콘텐츠의 저작권을 보유하거나 사업권한을 지닌 사업자들은 인터넷이 연결된 곳이라면 어디든 콘텐츠를 제공할 수 있기 때문이다. 특히 모바일을 통한 콘텐츠 이용 성장이 눈에 띄게 나타나며, 모바일을 통한 영상 콘텐츠 서비스 시장이 더욱 확대될 것으로 예측된다.

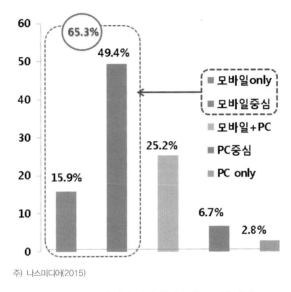

주) 나스미디어(2015)

<그림 3-20> 온라인 기반 영상 콘텐츠 이용 유형

모바일 미디어는 '개인화(Personalization)'와 '양방향성(Interactivity)' 등과 더불어 어디든 이동 가능한 편재성(Ubiquity)과 도달성(Reachability), 편의성(Convenience), 지역기반(Localization), 즉각적인 연결성(Instant Connectivity)의 특성을 지니고 있어, 각각의 개인이 자신만의 콘텐츠를 소비할 수 있는 매력적인 매체로 평가받고 있다(박주연·전범수, 2010; 이재현, 2004). 현재 '72초', '모모콘' 등 스낵(snack) 콘텐츠 서비스들이 증가하고 있는데, 모바일을 통해 소

비하기 편리한 콘텐츠 서비스가 증가할수록 모바일 OTT시장 또한 확대될 것으로 기대된다. 지금까지 영상콘텐츠 서비스는 전통적으로 글로벌 미디어기업을 비롯하여 가입자 기반의 비즈니스모델을 구사하는 사업자들이 지속적인 성장을 위해 선택하고 있는 매력적인 사업영역이었지만, OTT와 확대로 영상콘텐츠 서비스를 제공하는 사업자와 시장의 범위, 사업모델은 급속히 다양화되고, 시장의 크기 또한 확장되고 있으며, 이는 비단 국내에 국한되지 않는다.

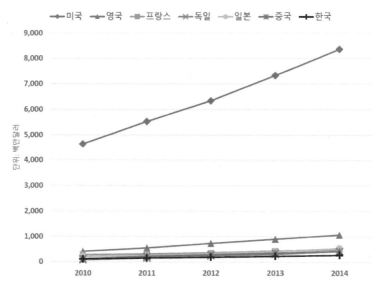

자료: 김성철(2015)에서 재인용

<그림 3-21> 7개국 OTT 매출액

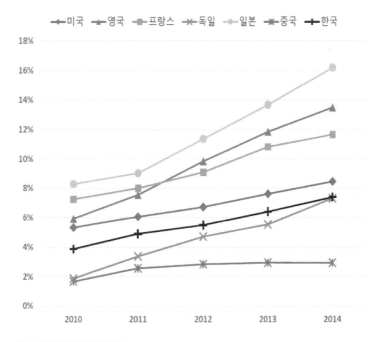

자료: 김성철(2015)에서 재인용

<그림 3-22> 7개국 유료방송 대비 OTT 비율

미국을 비롯한 영국, 프랑스, 독일, 일본, 중국 등 해외 7개국의 OTT 매출액과 유료방송 대비 OTT 비율을 살펴보면 미국의 경우 지난 5년간(2010~2014) 매출액이 두 배 가까이 성장했으며, 일본은 유료방송 대비 OTT 비율이 두 배 이상 성장한 것을 알 수 있다. 또한 이 외 국가들도 지속적인 성장곡선을 나타내고 있다. OTT 서비스 사용률에 대한 방송통신위원회의 조사결과를 살펴보면(2015), 유튜브나 네이버캐스트 다음TV팟 등의 서비스를 통해 OTT의 이용이 증가하고 있는 것을 알 수 있다.

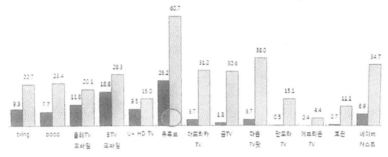

자료: 방송통신위원회(2015)

<그림 3-23> 유료방송 OTT 서비스 현황

　2015년 12월, 2016년 11월 2차례에 걸친 대학생 대상 시장조사 결과에 따르면, 네이버 캐스트, 다음 TV팟, 네이트 동영상, 푹(pooq), 티빙(tving,) 네이버 V앱, 유튜브, 페이스북, 트위터, 인스타그램 웨이브, 판도라 TV, 아마존 TV 아프리카 TV, 레진 코믹스, 카카오톡, 라인, 피키캐스트, 메디방, 페인트 등 스마트폰을 통한 OTT의 이용의 대중화 현황을 알 수 있다.[35] 대학생들이 자주 이용하는 앱의 개수는 5개 정도로 친구의 추천이나(58%), 앱 순위(43%)를 통해서 자신에게 유용한 앱의 정보를 찾으며, 앱이 일반 모바일 웹을 통해 이용하는 것보다 신속하게 필요한 정보와 기능을 활용(37%)할 수 있기 때문인 것으로 나타났다.

　가장 많이 이용하는 영상콘텐츠 앱은 유튜브로서 관심 있는 영상을 보면 관련영상이 자동으로 검색되고 추가되어 편리하고, 영상의 양이 다른 앱에 비해 압도적으로 많으며, 국내뿐 아니라 글로벌 콘

---

35) 2015년 12월 1~15일, 강원지역 대학생 5개 그룹(25명), 2016년 11월 14~28일 수도권 지역 대학생 40명 대상으로 심층인터뷰조사와 갱스 서베이를 실시한 결과를 참조하여 기술하였다.

텐츠를 쉽게 접할 수 있다는 장점이 있어 유튜브는 영상 분야서는 "앱 중의 앱"으로 평가받고 있는 것을 알 수 있었다. 국내 앱으로서 실시간 방송을 쉽게 이용할 수 있는 아프리카TV나 옥수수 등을 자주 이용하는데, 이들을 설치하고 이용하게 된 동기로 불법경로를 통한 영상 이용에 대한 계몽효과가 대학생들의 인식에 자리하고 있음을 발견할 수 있었다.[36] 그러나 대학생들이 이용하는 앱은 90% 이상이 무료 앱으로 이용자들의 이용량이 증가하고 있지만 여전히 영상콘텐츠 앱의 수익모델이 광고 중심으로 제한적이라는 한계가 존재하고 있음을 알 수 있었다.

N스크린과 멀티 플랫폼, 멀티 네트워크의 스마트 미디어 환경이 이런 현상을 급속히 앞당기고 있다. OTT의 확장은 스마트 미디어 환경이 도래하며 영상 콘텐츠를 이용할 수 있는 경로가 활성화된 데 기인하는데, 특히 이동이 가능한 스마트폰을 통해 영상 콘텐츠 소비가 확장되며, 인터넷 기반의 영상 콘텐츠 서비스가 기하급수적으로 확장되고 있다. 현재 세계가 OTT에 열광하는 이유는 이처럼 서비스의 융합, 유통의 확장, 단말기 확대 등 이 서비스의 미래 성장모습을 예측해 내기 쉽지 않기 때문일 것이다.

---

36) "기존 토렌트를 통해 영상을 이용했지만 정당한 경로를 통해 영상을 이용하는 것이 올바르다는 인식을 갖게 되었다(2016년 11월, 대학생 대상 조사결과 응답내용)."

제2절 OTT 이용자와 이용행태

모바일 기반으로 확대되는 OTT 서비스는 게임, 요리, 유머, 스포
츠, 생활, 뷰티, 제품리뷰, 학습, 쇼, 드라마, 영화 등과 같은 다양한
콘텐츠와 저렴한 요금, 탄력적인 패키징 그리고 N스크린의 단말 편
의성을 통해 전 세계적으로 차세대 미디어로 부각되고 있다.[37] 기존
유료방송 서비스가 프리미엄망을 기반으로 셋톱박스를 통해 고가의
요금을 부과하고 콘텐츠를 제공하는 폐쇄형 미디어 플랫폼이라면,
온라인 기반의 모바일 OTT는 오픈 시스템을 기반으로 서비스를 제
공한다. 1980년에서 2000년 사이 출생한 밀레니얼(Millennials) 세대
의 미디어 소비환경에 대한 기존 분석을 살펴보면, 이들은 모바일
기반의 UGC 플랫폼을 통해 Short Form의 콘텐츠 소비에 익숙하

주) 미국 Active Consulting Firm, KT경제경영연구소(2016)를 기반으로 재구성

<그림 3-24> 밀레니얼(Millennials) 세대의 미디어 소비행태 분석

---

37) 나스미디어 2015년 온라인 동영상이용행태 조사결과, 1인 방송 시청주제 조사항목 결과에 기
인하여 서술하였다.

다.38) KT경제경영연구소의 발표에 따르면, 20대의 일 평균 모바일 이용시간은 4시간이며, 모바일을 통해 이용하는 콘텐츠는 동영상이 대세로 일주일 내 동영상 이용비율이 25.4%에 달한다.

이들의 미디어 이용행태를 분석해 보면 일평균 11시간 5분을 미디어와 개인정보기를 통해 영상, 오디오, 소셜 미디어, 게임, 독서 활동을 하고 있으며, 이는 일과 교육, 기타 여가 활동시간을 제외한 시간으로 실제 이용자들이 멀티태스킹을 통해 복수의 미디어를 동시에 이용하는 것을 알 수 있다. 미디어 조사기관인 닐슨 코리안 클릭의 소비자들의 온라인 이용행태에 대한 조사결과에 따르면 2013년 기준 구글 플레이스토어에 등록된 앱 수가 70만 개였으며, 한 해 후인 2014년에는 140만 개 이상으로 2배 이상 증가하였고, 1인당 설치된 앱 수 또한 2015년 1분기에 122개, 1인당 이용한 앱 수는 약 55개에 달하는 것을 알 수 있다(닐슨, 2015. 6).39)

2013~2015년간 전자상거래가 도달률 62%, 성장률 296%로 가장 높았고 이어 영상 콘텐츠 서비스가 93%의 도달률, 87% 성장률을 기록했다. 이는 소셜 미디어(도달률 89%, 성장률 60%), 모바일 기기에서 가장 인기 있는 서비스 중 하나인 포털(도달률 73%, 성장률 54%), 게임(도달률 67%, 성장률 44%)을 능가하고 있다. 2015년도 방송시장 경쟁상황 평가보고서에 따르면,40) OTT 이용 시 서비스 이용 기기는 스마트폰/태블릿 PC(90.8%), 데스크톱 PC(22.2%),

---

38) 2015년 12월, 전문가자문 인터뷰(디즈니 코리아 김문연 대표) 내용에 기반을 두어 설명하였다.

39) 닐슨 코리안 클릭, 모바일 행태조사결과(2015년 5월 발표, 조사기간은 2013.7.~2015.3.).

40) 응답자 분석결과 PC 주 이용률의 경우 남성이 높고, 20~40대는 모바일을 주로 이용하며 50대는 PC를 주로 이용하는 것으로 나타났다. 향후에도 남성의 PC 주 이용률이 상대적으로 더 높아져, 여성과의 차이가 더 커질 것으로 전망된다(DMC미디어, 2016).

노트북(14.3%) 등으로 모바일을 통한 이용이 압도적이다. 이런 다양한 이용행태 조사 결과들을 종합해 볼 때 향후 모바일을 통한 영상 콘텐츠의 성장은 낙관적이라 할 수 있다.[41]

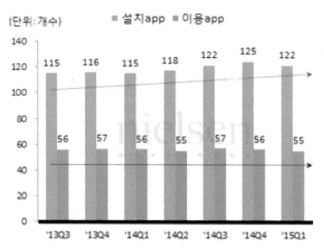

자료: 닐슨(2015. 6.)

<그림 3-25> 모바일 앱 설치 및 이용 개수 변화

한국콘텐츠진흥원의 분석 결과에 따르면(ICT 융합시대의 영상 콘텐츠 전략, 2016. 11), 국내 이용자들은 모바일 앱을 통해 약 4개의 온라인 영상 서비스를 분기당 약 28시간 정도 이용하는 것으로 나타났다. 이는 PC와 비교 시 약 24배에 달하는 시간으로 모바일 앱을 통한 영상 콘텐츠 이용이 집중적으로 이루어지고 있음을 알 수 있다.[42]

---

41) 동영상과 전자상거래 앱의 높은 성장은 네트워크 품질의 향상과 스크린 사이즈 확대, 고화질 스트리밍 및 결제 시스템 등 기술적 안정성 개선에 기인한다고 분석된다.

42) 한국콘텐츠진흥원(2016) 연구결과는 온라인 영상 서비스를 한 번이라도 이용한 경험이 있는 패널들은 총 9,291명을 대상으로 2014~2016년 3년간 매 2/4분기(3개월) 이용을 조사한 분석 결과이다.

<표 3-15> 온라인 영상서비스 이용 개수 및 시간(2014~2016, 2/4분기 3개월)

(N=9,291)		전체 (2014-2016)	2014년 2/4분기	2015년 2/4분기	2016년 2/4분기
전체 (PC+모바일)	총 이용개수	8.95	8.51	9.13	9.22
	총 이용시간(시간)	29.73	23.05	31.04	35.10
PC	총 이용개수	3.25	3.46	3.35	2.93
	총 이용시간(시간)	1.18	0.96	1.20	1.39
모바일 웹	총 이용개수	1.76	1.62	1.74	1.90
	총 이용시간(시간)	0.55	0.48	0.62	0.55
모바일 앱	총 이용개수	3.95	3.42	4.04	4.39
	총 이용시간(시간)	28.00	21.61	29.22	33.16

주) 한국콘텐츠진흥원(2016)에서 재인용

위의 결과에 따르면, 이용자들의 PC와 모바일에서 영상 콘텐츠 이용행태는 해마다 더 크게 벌어지고 있는데, 온라인 서비스의 총 이용시간은 2014년 331시간, 2015년 367시간, 2016년 359시간이며, 2014년부터 2016년까지 영상 서비스의 연도별 변화의 경우 이용한 총 시간은 2014년에 23시간, 2015년에 31시간, 2016년에 35시간으로 나타났다. 이 가운데 모바일 앱의 이용이 가장 많이 증가하여 지난 3년간 이용시간이 12시간 정도 증가한 데 반해, PC는 12분에 지나지 않는다. 이처럼 모바일 OTT를 통한 영상콘텐츠의 이용행태를 살펴보면, 해당 시장의 성장 가능성이 매우 높은 것을 알 수 있다.

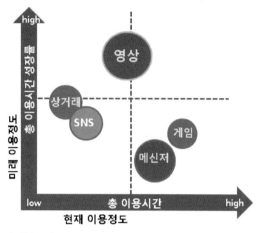

주) 닐슨(2015)

<그림 3-26> 모바일 서비스 이용시간과 이용 성장률 예측

모바일로만 영상 서비스를 이용하는 모바일 only 이용자는 PC로
는 온라인 영상 서비스를 이용하지 않고 모바일 웹과 모바일 앱을
통해서만 온라인 영상 서비스를 이용하는 이용자들로 모바일 OTT
이용행태를 분석할 수 있는 유효한 분석집단이다. 모바일 only 이용
자들은 PC only 이용자와 달리 매년 이용자 비율이 증가하고 있었
다. 2014년에는 전체 패널 중 16.8%, 2015년 20.6%, 2016년에는
27.7%로 모바일 only 이용자는 점차 증가하고 있는데, 현재 30대의
이용자 비율이 가장 높게 나타나며, 지금까지 모바일 시장에서 소
외되었던 50대, 60대의 경우 2014년 50대 15.4%, 60대 13.7%에
서 2016년 50대 30.7%, 60대 30.0%로 높은 이용증가율을 보이고
있다.

<표 3-16> 연도별 모바일 only 이용자의 인구통계학적 특성(2014~2016, 2/4분기)

구분		2014년		2015년		2016년	
		빈도(명)	전체 패널 대비 비율	빈도(명)	전체 패널 대비 비율	빈도(명)	전체 패널 대비 비율
성별	남성	718	14.9%	860	17.9%	1,145	23.8%
	여성	846	18.9%	1,055	23.5%	1,429	31.9%
	전체 평균	1,564	16.8%	1,915	20.6%	2,574	27.7%
연령	10대 이하	93	10.3%	151	16.7%	210	23.3%
	20대	196	15.7%	227	18.1%	355	28.4%
	30대	484	20.5%	527	22.3%	719	30.5%
	40대	468	18.0%	537	20.6%	628	24.1%
	50대	221	15.4%	306	21.4%	439	30.7%
	60대	102	13.7%	167	22.4%	223	30.0%
	전체 평균	1,564	16.8%	1,915	20.6%	2,574	27.7%

주) 한국콘텐츠진흥원(2016)에서 재인용

모바일 OTT 이용자들이 가장 많이 이용하는 영상 콘텐츠 서비스
는 무료 서비스인 유튜브(YouTube)지만, 이 같은 무료 서비스 외에
도 방송 프로그램을 유료로 이용하는 푹(pooq)과 같은 서비스들의
이용시간 또한 증가하고 있어, 향후 모바일 OTT 유료 서비스 시장
의 성장도 기대되고 있다.[43] 더불어 모바일 서비스 중 큰 비중을 차
지하고 있는 소셜 미디어들 또한 다른 콘텐츠 대비 '영상 콘텐츠 이
용 시 이용자들의 체류 시간이 세 배 이상 증가한다'는 경험적 자료
를 토대로 이용자 수와 이용시간 증가를 위해 자사 서비스에 라이브
동영상을 제공하는 등 모바일 영상 콘텐츠 이용은 급속히 확장되고

---

[43] 방송 프로그램을 무료로 시청할 수 있는 오늘의 TV와 같이 합법적으로 저작권료 지급을 하지
않고 불법적으로 방송 프로그램을 녹화하여 제공하는 서비스도 여전히 존재하고 있다. 2016년
10월 현재, 구글 플레이 앱스토어 등에서 공식적으로 해당 앱을 이용할 수는 없지만 기존 유
저가 앱을 삭제하지 않고 사용하거나, apk 파일 형태로는 설치할 수 있기 때문에 여전히 일부
이용자들에게서 이용이 되고 있다.

있다(연합뉴스, 2016. 11. 11.).[44)

제3절 OTT 콘텐츠의 세계

현재 콘텐츠 산업은 스마트 ICT와 차세대 인프라 융합으로 디지털 콘텐츠 3.0 시대가 창출되고 있는데, 디바이스의 스마트화, 네트워크 업그레이드, 플랫폼 다양화로 콘텐츠의 생산 환경이 급변하고 있고, 기가급 네트워크, 빅데이터 및 AI 솔루션 기반의 고화질, 실감형 콘텐츠 시대로 진입하고 있다.

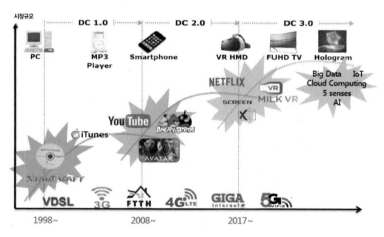

주) 미래부, 디지털 콘텐츠 육성계획(2015. 10.)

<그림 3-27> 디지털 콘텐츠 산업의 변화

---

44) 출처: 연합뉴스(2016.11.11.). "인스타그램도 '동영상 라이브 스트리밍' 경쟁에 동참."
http://www.yonhapnews.co.kr/bulletin/2016/11/11/0200000000AKR20161111105800009.HTML?
input=1195m

디지털 콘텐츠 3.0 시대는 5G와 가상현실 기기, 홀로그램 장치확산으로 콘텐츠의 고화질 및 실감화가 이루어지는 시대로, 종이와 테이프 등에 저장되어 있던 아날로그 콘텐츠를 디지털화하던 디지털 콘텐츠 1.0 시대와 차별화된다. 물론 네트워크 고도화로 플랫폼 간 연결이 확산되며 서비스가 집중화되고 대형화되며, 동시에 콘텐츠에 대한 소비가 개인화되는 디지털 콘텐츠 2.0 시대와도 차별화된다. 모바일 OTT는 디지털 콘텐츠 2.0 시대에서 3.0 시대로 진입하는 단계에서 성장하고 있는데, OTT 콘텐츠의 전달경로는 웹사이트, 애플리케이션, SNS, 기존 플랫폼 서비스 내의 다른 플랫폼(Platform in Platform), 팟캐스트 등으로 점차 다양화되며 성장하고 있다. OTT 서비스의 주 시청 장르는 오락/연예(68.7%)가 가장 높고, 드라마(32.9%), 뉴스(16.7%), 스포츠(15.7%), 영화(13.2%), 시사/교양(8.3%) 등으로 분석된다(2015년도 방송시장 경쟁상황 평가보고서).

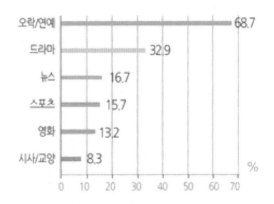

자료: 2015년도 방송시장 경쟁상황 평가보고서

<그림 3-28> OTT 서비스 이용 장르(중복 응답)

현재 국내에 서비스되고 있는 OTT 서비스의 이용률은 유튜브 (60.7%)였으며, 다음tv팟(38.0%), 네이버캐스트(34.7%), 아프리카 TV(31.0%), 곰TV(30.6%), BTV 모바일(28.3%), 푹(pooq, 23.4%), 티빙(22.7%) 등이며(2015년 방송 매체 이용행태 조사), 유료 OTT 서비스의 경우 주 사용 비율이 상대적으로 높게 나타났다.

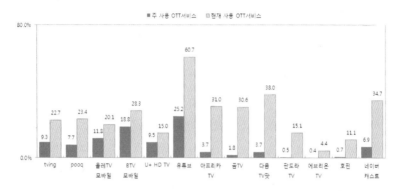

자료: 2015년도 방송시장 경쟁상황 평가보고서

<그림 3-29> OTT 서비스 사용률

서비스별로 주로 이용되는 콘텐츠를 구분해 보면, 유튜브는 뮤직, 네이버 TV 캐스트와 다음 TV팟은 스포츠 장르의 이용 비중이 높게 나타나며, 장르를 종합해 보면 음악장르의 경우 다른 기기 대비 모바일의 이용 비중이 가장 높다(DMC미디어, 2016).

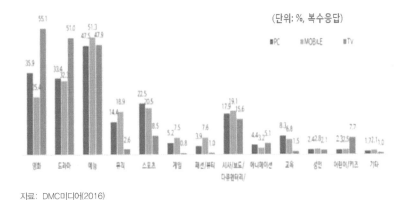

(단위: %, 복수응답)

■PC   ■MOBILE   ■TV

자료: DMC미디어(2016)

<그림 3-30> 온라인 영상 주 시청 장르

　모바일을 통해 동영상을 시청하는 이유를 분석해 보면, 콘텐츠의 다양성과 이용 편리성, 이용가격 등이 주요한 동기로 작용하고 있는 것을 알 수 있다. 공통적으로 콘텐츠의 다양성은 유·무료 서비스의 공통적인 선택이유이며, 무료 서비스의 경우 콘텐츠에 대한 검색방식의 편리성이 유료 서비스의 경우 업데이트 속도가 중요한 것으로 나타난다. 그리고 방송 프로그램이 주가 되는 서비스의 경우 선호하는 프로그램이나 채널의 유무가 콘텐츠를 선택하는 주요 이유가 된다. 따라서 소비자의 선호 프로그램을 적극적으로 수급하거나, 자체적인 콘텐츠를 보유하는 것이 주요한 콘텐츠 전략이 될 것이다.

<표 3-17> 모바일을 통한 서비스별 영상 콘텐츠 선택 이유

매체	선택 순위	선택 이유
유튜브	선택이유 1	무료 콘텐츠가 많아서
	선택이유 2	제공하는 콘텐츠의 종류가 다양해서
	선택이유 3	동영상 콘텐츠 검색이 편리해서
네이버 TV캐스트	선택이유 1	선호하는 프로그램/채널 또는 장르를 제공하고 있어서
	선택이유 2	무료 콘텐츠가 많아서
	선택이유 3	제공하는 콘텐츠의 종류가 다양해서
페이스북	선택이유 1	제공하는 콘텐츠의 종류가 다양해서
	선택이유 2	모바일 이용에 최적화되어 있어서
	선택이유 3	무료 콘텐츠가 많아서
다음 TV팟	선택이유 1	선호하는 프로그램/채널 또는 장르를 제공하고 있어서
	선택이유 2	무료 콘텐츠가 많아서
	선택이유 3	동영상 콘텐츠 검색이 편리해서
푹	선택이유 1	선호하는 프로그램/채널 또는 장르를 제공하고 있어서
	선택이유 2	콘텐츠의 업데이트 속도가 빨라서
	선택이유 3	동영상 콘텐츠 검색이 편리해서

자료: DMC미디어(2016)

모바일 OTT의 화두는 향후 어떤 콘텐츠가 주 이용 콘텐츠가 될 것인가에 있는데, 모바일 콘텐츠의 과금 체계가 각 서비스별, 장르별로 상이하기 때문에 각 서비스에 대한 구체적인 이해가 필요하다. 모바일 영상 콘텐츠의 수익창출 방법을 살펴보면 먼저, 이용자들이 동영상을 시청하며 각 동영상에 제공되는 광고를 볼 때마다 수익의 일부를 얻게 되는 방식으로 유튜브나 네이버캐스트 등 대부분의 동영상제공 사업자들이 제공하는 서비스의 수익창출 방식과 동일하다. 이때 조회 수가 증가하면 수익도 올라가게 되고, 해당 동영상 제공 사업자의 서비스를 정기적으로 구독하는 이용자들이 많아지면 수익 기반 또한 안정화될 수 있다는 장점이 있다.

두 번째 수익창출의 방식은 주문형 비디오 또는 월별 구독료 기반으로 동영상을 대여하는 모델이다. 이용자들이 콘텐츠를 이용할 때, 동영상콘텐츠 제작자는 자신이 제작한 동영상이나 채널에 대해 월별로 구독료를 받거나 또는 VOD방식으로 수익을 올릴 수 있다. 이 모델은 기존 유료방송 사업자들이 사용하는 가장 기본적인 수익창출 모델로서 PC나 모바일 영역의 동영상콘텐츠 사업에서도 널리 사용되고 있다.

세 번째 수익창출 방식은 웹사이트를 통해 수익을 창출하는 것으로 웹사이트에 동영상을 삽입하는 방식과 위젯을 삽입하여 이용자들이 광고를 시청하고 이때 발생하는 수익을 배분하는 방법이 있다.[45)]

향후 디지털 콘텐츠의 성장전략을 통해 모바일 OTT 콘텐츠의 미래 모습을 예측해 보면, 방송이나 광고, 정보 콘텐츠가 약 60%를 차

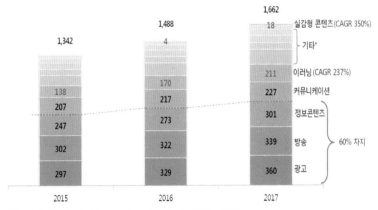

자료: PwC Global entertainment & media outlook, 2015~2019

<그림 3-31> 글로벌 디지털 콘텐츠 시장별 규모 및 전망(단위: 십억 달러)

---

45) 김종하(2016), 모바일 콘텐츠 수익창출 방식은 글로벌 시장에 콘텐츠 서비스를 운영 중인 데일리모션의 수익창출 방식과 동일함(한국콘텐츠진흥원, 2016. ICT 융합시대의 영상 콘텐츠 전략, p.148에서 재인용).

지하고, 이 외 이러닝이나 커뮤니케이션, 실감형 콘텐츠 등이 점차적으로 성장할 것으로 예측된다.

시장규모 상위를 차지하는 콘텐츠는 광고, 방송 정보 등이며, 이는 전체 시장규모인 1.800조 원 중 1,100조 원에 달한다. 이 외 영화, 콘텐츠솔루션, 실감형 콘텐츠, 게임, e-book, 신문 등이 포함된다. 향후 성장이 예측되는 디지털 콘텐츠의 변화를 분석해 보면, 인공지능(AI)이 디지털 콘텐츠 창조 영역까지 진출하고 있는데, 인공지능을 통해 기사를 쓰거나(아시아경제 한국언론학회, 2016), 저장된 음악소스를 이용해 악보의 기본음계 조합을 분석하고 데이터를 결합하여 새로이 음계를 창조하는 방식, 실시간 스트리밍 플랫폼과 혁신 기기를 결합한 콘텐츠 등을 들 수 있다. 그리고 모바일은 이용자들이 혁신 콘텐츠를 사용하는 주요한 기기로 자리 잡을 것이다.

그러나 기존 온라인 시장에서 아마존 등에 의해 자리 잡았던 롱테일(Long-tail) 법칙보다는 강한 콘텐츠가 시장을 지배하는 블록버스터 법칙의 우세가 예측된다. 롱테일 법칙은 온라인 기반의 서비스에서 검색 기능과 소셜 네트워크의 발달로 출시가 오래된 상품이나, 비인기 상품, 비주류 상품들이 새롭게 평가받고 새로운 수익원이 돈 현상을 의미한다. 실제 넷플릭스에서 추천 알고리즘을 통해 B급 영화나 클래식 영화들이 다시 소비된 사례, 아마존에서 검색과 추천 기능을 통해 신간 서적이 아닌 구 서적이 소비된 사례들이 많이 소개되었다. 그러나 현재 모바일 콘텐츠들에 대한 보고를 살펴보면, 소수 인기 콘텐츠, 특히 소셜 네트워크를 통해 바이럴(viral)된 소수의 인기 콘텐츠들에 소비가 집중되는 현상이 보고되고 있다.

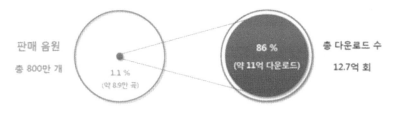

<그림 3-32> 아이튠스 음원 판매 분석

아이튠스에서 분석한 음원 다운로드의 사례를 살펴보면(2011년도 기준), 음원의 경우 총 800만 개의 음원 중 1%에 속하는 소수의 곡들이 86%에 달하는 다운로드를 기록하고 있는 것을 볼 수 있는데, 이는 소수의 인기 콘텐츠가 시장을 독점하는 블록버스터 법칙으로 볼 수 있다. 블록버스터 법칙은 상위의 소수 인기 콘텐츠가 시장을 지배하는 '승자독식'의 법칙으로서, 현재 디지털 콘텐츠 시장에서 소수의 인기 크리에이터가 시장의 수익을 점유하고, 소수의 인기 콘텐츠가 국내 시장을 넘어 글로벌 시장을 점유하는 현상을 설명하는 데 적합하다.

모바일 콘텐츠의 또 하나의 주요한 특성은 개인화 성향에 적합한 콘텐츠와 부가 서비스를 개발해야 한다는 것이다. 시청대상이 가족단위인 TV와는 달리 개인별 이용이 이루어지기 때문에 높은 수준의 하이퍼 타깃팅(Hyper-targeting) 콘텐츠 전략이 요구된다. 이용자의 관심, 이동경로의 관찰과 라이프스타일 분석, 글로벌 단위의 서비스를 위한 문화적 할인46)의 극복, 소셜 서비스와 연계, 광고홍보 분야의 섬세한 적용 등 향후 모바일 OTT 콘텐츠의 성장 가능성에 대한 기대가 크다.

---

46) 문화적 할인은 한 문화권의 상품이 이질적인 문화권에 소개되었을 때 가치가 절하되는 현상으로, 동질적 문화권과 이질적 문화권 사이에 존재하는 문화적인 가치의 비중을 의미한다.

제4절 미디어기업의 OTT 서비스 경영전략

OTT 서비스를 제공하는 기업들은 각 기업들의 고유 사업을 기준으로 콘텐츠, 플랫폼, 네트워크, 기기제조업 등 크게 네 분야로 구분된다. 사업자 또한 자체적 콘텐츠 파워를 중심으로 전통적 미디어 기업에서 OTT 사업에 진출한 강한 콘텐츠 파워를 지닌 사업자, 서비스 플랫폼 구축을 통해 가입자를 모집하고 구매 콘텐츠 기반으로 사업을 확장해 나가는 플랫폼 사업자, 네트워크를 기반으로 콘텐츠 사업에 진입한 네트워크 사업자, 하드웨어 유통을 기반으로 서비스 플랫폼을 구축한 기기제조업체 사업자 등으로 구분된다.

<표 3-18> OTT 생태계를 구성하는 사업자 구분

구분	콘텐츠사업자(C)	플랫폼사업자(P)	네트워크사업자(N)	기기제조업체(D)
주요 사업자	BBC(iPlayer)	넷플릭스 (Netflix)	컴캐스트(Xfinity)	애플(Apple TV)
특징	보유한 방송콘텐츠의 경쟁력을 바탕으로 N-스크린 연계를 강화	인터넷 환경에서 맞춤형 서비스를 제공	기존 가입자에 대한 보완적인 서비스	하드웨어 중심에서 서비스 플랫폼 비즈니스 모델을 확장
주요 서비스	다시보기 (Catch-up TV)	VOD서비스	N-스크린 서비스 (TV Everywhere)	VOD, 음악, 스마트홈
주요 콘텐츠	TV방송	TV 쇼, 영화	TV방송, TV쇼, 영화	영화, 음악
비즈니스 모델	광고+가입	가입	유료방송 가입자에게 무료로 제공	셋톱박스 판매

주) 김성철(2015)에서 재인용

#		도메인	순방문자 (만 명)	도달률 (%)		#	도메인	순방문자 (만 명)	도달률 (%)
포털 동영상	1	naver.com [Video]	459	15		1	youtube.com	457	14.9
	2	daum.net [Video]	164	5.3		2	dailymotion.com	133	4.4
방 송 사	1	sbs.co.kr	197	6.4	동 영 상	3	snackk.tv	93	3.1
	2	ytn.co.kr	156	5.1		4	oksusu.com	87	2.8
	3	imbc.com	117	3.8		5	pandora.tv	63	2.1
	4	kbs.co.kr	89	2.9		6	gomtv.com	45	1.5
	5	interest.me	86	2.8		7	videomega.tv	43	1.4
	6	greenpostkorea.co.kr	39	1.3		8	vimeo.com	33	1.1
	7	mtn.co.kr	38	1.2		9	tudou.com	30	1
	8	wowtv.co.kr	26	0.8		10	tving.com	24	0.8
	9	lifestyler.co.kr	25	0.8		11	linktv9.com	22	0.7
	10	ichannela.com	24	0.8		12	popcoming.com	20	0.7
	11	ebs.co.kr	16	0.5		13	vid.me	15	0.5
	12	obs.co.kr	15	0.5		14	mgoon.com	14	0.5
	13	jtbcgolf.com	14	0.5					

자료: 한국콘텐츠진흥원(2016), 닐슨 코리안클릭 온라인 조사자료 분석 재인용

모바일을 통해 콘텐츠를 제공하는 주요 기업들을 살펴보면, 국내의 경우 지상파 사업자, 통신 사업자, 포털 사업자, 유료방송 사업자, 일반 콘텐츠 사업자 등으로 구성된다. 온라인을 통해 제공되는 영상 콘텐츠 서비스는 약 1,200여 개에 달하는데 높은 도달률을 보인 서비스들을 살펴보면, 유튜브(YouTube), 네이버와 카카오, SBS, 옥수수 등이 있다.

모바일을 비롯한 온라인 콘텐츠 영역에서 가장 두드러진 성과를 창출하고 있는 기업은 단연 유튜브다. 개인에서, 그룹, 기업까지 다양한 제작자들이 게임, 장난감, 정보, 요리, 메이크업, 패션 등 이용자들이 관심을 보일 만한 다양한 주제를 기반으로 자체 제작한 동영상을 유튜브에 업로드하면 전 세계 이용자들이 온라인을 기반으로

무료로 이용할 수 있는 모델이 유튜브의 콘텐츠 제공방식이다. 유튜브는 주로 18~49세 이용자들을 중심으로 높은 이용률을 보이며 온라인 영상 콘텐츠 분야의 글로벌 강자로 자리매김하고 있다. 이처럼 국내외에서 모바일 OTT를 제공하고 있는 주요 기업들의 경영자원과 이용률을 살펴보면 다음과 같다.[47)]

<표 3-20> 주요 모바일 OTT 기업들의 경영자원

	naver	kakao	KT	LG	SKT	SBS	CJE&M	Afreeca
설립 (년)	1999	1995	1981	1980	1984	1990	1993	1996
직원수 (명)	2,371	2,599	23,516	7,794	4,401	1,146	1,908	298
매출액 (억원)	27,739	5,473	228,011.7	110,817.7	169,675.3	7,808	12,560.3	500.3
영업이익 (억원)	6,815	1,103	5,752.0	5,835.7	18,480	152	107.3	58.3
당기순이익 (억원)	9,547	966.7	1,317.3	2,861.3	16,415	164.3	957.3	23.7
자산총계 (억원)	23,927	20,579	326,544.0	119,129.0	276,997	8,457	23,114.0	626.3
부채총계 (억원)	16,452	3,159	203,808.3	76,966.0	127,701	2,862	,8,645.7	200.0
자본총계 (억원)	18,474.3	17,420.0	122,735.7	42,162.7	149,296.7	5,595.0	14,468.7	426.7
자본금 (억원)	165.0	267.3	15,645.0	25,740.0	446.0	913.0	1,937.0	51.0
순방문자 (천명)	23,997	28,406	8,315	6,357	13,498	979	1,911	2,974
도달률 (%)	80.8	95.7	27.9	21.5	45.4	3.3	6.5	10.1
총체류시간 (천시간)	19,179,480	35,728,187	709,157	475,544	2,422,640	103,600	980,874	1,758,092

주) 김종하(한국콘텐츠진흥원, 2016)

47) 2014년부터 2016년까지 조사한 3년간의 조사 중 각 6월에 해당하는 3년간의 평균 도달률 및 각 사의 모바일 서비스 현황을 통해 상품자원을 분석하고, 각 기업이 발표하는 기업이 공개한 3년간의 연차보고서의 각 해당 지표들의 3년 평균(2013년 12월 31일, 2014년 12월 31일, 2015년 12월 31일 기준) 자료를 통해 재무자원을 분석하였다. 또한 기업에 대한 명확한 분석을 위해 3년 자료를 집계하고자 모든 데이터는 각 기업에서 발표한 연차보고서(Annual Report)를 기준으로 하였으며, 연차보고서와 자료제공사의 데이터베이스 사이에 차이가 있을 경우, 연차보고서의 데이터를 우선으로 하였다.

모바일에서 많은 이용자들이 사용하고 있는 카카오의 경우, 카카오가 제공하는 서비스는 총 64종에 달한다. 카카오는 커뮤니케이션 서비스인 카카오톡을 통해 사람들이 머무를 수 있는 기반이 조성되어 다른 기업에 비해 체류시간 측면에서 좋은 성과를 내고 있다.

통신 기업인 SKT가 모바일에서 제공하는 서비스의 수는 100여 개에 달한다. SKT는 국내 모바일 통신 분야에서 최대 가입자를 보유하고 있는데 방송 분야를 담당하는 SKB의 IPTV 및 OTT 서비스와 모바일 사업을 연계하여 그룹 서비스 간 시너지를 창출하고 있다.

<표 3-21> 카카오 모바일 APP 서비스

no	서비스 현황		
1~3	카카오톡	비밀의 숲 - 카카오톡 테마	카카오택시 기사용
4~6	카카오스토리	숨바꼭질 - 카카오톡 테마	여름 이야기 - 카카오톡 테마
7~9	카카오페이지	ONE(원) for Kakao	스토리채널
10~12	카카오택시 KakaoTaxi	뱅크월렛 카카오	카카오드라이버 기사용 - 대리운전, 기사등록, 앱대리
13~15	카카오버스 (서울버스 4.0)	옐로아이디 관리자	슬러시
16~18	카카오내비 (김기사 3.0)	아이러브니키 공식 버즈런처 테마(홈팩)	에비츄 소풍와츄 버즈런처 테마(홈팩) - 코글플래닛
19~21	아이러브니키 for Kakao	카카오게임숍	내추럴 에치 - 카카오톡 테마
22~24	카카오뮤직	프렌즈 피크닉 버즈런처 테마(홈팩) - 카카오프렌즈	Hello Bear - 카카오톡 테마
25~27	카카오지하철	트래블라인 Traveline -숨어 있던 진짜 핫한 제주	카카오프렌즈 여름 바캉스 - 카카오홈 테마
28~30	카카오그룹	라이언 버즈런처 테마(홈팩) - 카카오프렌즈	고대비 - 카카오톡 테마

31~33	카카오드라이버 KakaoDriver	프렌즈사천성	카카오프렌즈 캠퍼스라이프 II - 카카오홈 테마
34~36	카카오홈-런처, 폰꾸미기, 카카오톡, 무료테마,폰테마	카카오 플레이스	오케이티나 해피투게더 - 카카오톡 테마
37~39	카카오스타일-KakaoStyl e-패션, 쇼핑, 스타일	카카오앨범	심플 OS - 카카오홈 테마
40~42	카카오플레이스 KakaoPlace	겨울 이야기 - 카카오톡 테마	숲속의 아침 for KakaoHome 2.0
43~45	다음 메일	카카오헬로	Cherry Blossoms - 카카오홈 테마
46~48	다음 웹툰	다음 사전-Daum Dictionary	다음
49~51	다음 tv팟	다음 클라우드	다음 카페
52~54	쏠캘린더 - 캘린더, 할 일, 디데이, 시간표 위젯	쏠메일	다음지도, 길찾기, 지하철, 버스 - Daum Maps
55~57	마이피플	마이원 모바일 월렛	브런치, 작가를 위한 글쓰기 플랫폼
58~60	안개꽃 버즈런처 테마(홈팩)	신데렐라일레븐	티스토리 - TISTORY
61~63	방금그곡	마이스티커	플레인 PLAIN-샵(#)블로그
64~66	다음 웹툰 (Full Ver.) -Daum Webtoon		

주) 카카오가 제공하는 모바일 플랫폼 어플리케이션 서비스 현황(모바일 클릭 조사데이터, 2016)으로, 김종하
(2016)에서 재인용

<표 3-22> SKT 모바일 APP 서비스

no.	서비스			
1~4	SKT 모바일 T world	SKT 원격상담	SEIO Agent	T map
5~8	SKT T 전화	T share	T청소년 유해차단	T map 대중교통 2.0
9~12	SKT T 전화 통화	SKT joyn.T	SKT OTP	T멤버십
13~16	SKT 스마트청 구서	오키토키; 전문가 수준의 무료 무전기 워키토키	WiFiAuthService	T전화 - 스팸 차단, 녹음, 114
17~20	SKT T 연락처	데이터 Free Zone(데이 터프리존)	SKT 스마트밴드	T전화(스팸 차단, 전화번호 검색) 바로가기
21~24	new T 서비스	쿠키즈(COOKIZ)-부모용 (자녀안심, 스마트폰관리)	T데이터 프리 매니저	SK와이번스 PLAY With
25~28	SKT T 프리미엄	SKT T sports(T 스포츠) - 야구, 축구, 농구, 골프	T Golf - 티골프	포인트캠H
29~32	안심클리너	SKT T 런처 꾸러미	Cover & 커버앤 - 똑똑하고 안전 한 잠금화면	SKT T 보이는 음성안내
33~36	T가드(T백신)	someday - 썸데이, 일정, 캘린더,	T안심콜	T map
37~40	cake(케이크, SKT케이크, 가족채팅, 가족나눔데이터)	T통화 & 실시간 공유 for T전화	T wifi zone prover	T map 대중교통 New
41~44	T life-쿠폰, 혜택, 할인, 공유, 생활	핫질 HOTZIL - 뮤직/ 라이프/엔터테인먼트	W-Zone	T map (티맵, T맵, 내비게이션)
45~48	T smart pay (T스마트페이)	T데이터쿠폰	행복을 들려주는 도서관	T map 택시 (티맵택시)
49~52	여름 - 간편한 문자 메시지 정리	넘버플러스Ⅱ	SKT 놀면된다?	T map 교통정보
53~56	T통화도우미	보안박스(베타)	T효자손	T map 안심보행
57~60	T청소년안심팩	T스팸필터링	돈버는 가계부	도난방지
61~64	SKT T간편모드	쿠키즈	T벨링	스마트빔
65~68	SKT Smart Wi-Fi CM	SKT 스마트홈	T action	T그룹on

주) SK가 제공하는 모바일 플랫폼 어플리케이션 서비스 현황(모바일 클릭 조사데이터, 2016), 김종해(2016)
에서 재인용

해외 기업들의 경우, 기기제조 사업자로 독보적 입지를 구축하고
있던 애플(Apple), 이커머스 서비스의 강자인 아마존, 인터넷 검색의
세계 최강 기업인 구글(Google), 전 세계적으로 커뮤니케이션 기반
의 이용자를 보유한 페이스북(Facebook) 및 트위터(Twitter) 등이 온
라인 기반의 콘텐츠 서비스를 제공하며 이용자들이 모바일 OTT을
통해 콘텐츠를 소비할 수 있도록 하고 있다.

사업자	제공서비스	콘텐츠	주요전략	이미지
애플	AppleTV	자체 계약한 영화 외 HBO NOW, 넷플릭스, 훌루 등과 제휴 -미국 주요지상파 (ABC,CBS,NBC,폭스),,디즈니, 폭스 등과 협상 진행중	아이폰 및 맥과 TV를 연계하여 애플 라이프스타일에 동영상 콘텐츠가 추가됨 애플매니아의 만족도 업그레이드 콘텐츠 주력 전략 가동중	
아마존	Fire TV	-자체 OTT 동영상 서비스인 Amazon Instant Video 및 넷플릭스, Hulu Plus, 유튜브, Pandora, VEVO 등 제휴 - HBO 라이브러리 제공 - 스트리밍 서비스 제공 - 게임콘텐츠 강화	기존 연회비를 납부하는 고객에게 무료 배송, eBook, 음악,동영상 등을 무료로 제공(프라임 회원은 무제한 이용)	
구글	GoogleTV, 크롬캐스트	-Hulu, 넷플릭스, 판도라, Vevo, 게임업체 등의 제휴 콘텐츠 - 영화 유통채널인 Play Movies, YouTube, Hangouts 등의 자체 앱제공	동영상과 음악, 게임 등 콘텐츠 라이브러리 제공 - 개인의 시청패턴을 분석해콘텐츠를 사전에 추천하는 ASAP(Advanced Streaming and Prediction) 기능 - 음성검색 및 미러링과 세컨드스크린 기능을 제공	
페이스북, 트위터 등	SocialTV	지상파를 비롯한 방송사업자들이 콘텐츠를 재가공하여 제공 방송에서는 볼 수 없는 촬영 현장, 제작발표회 뒷이야기 등 차별화된 콘텐츠 제공	공유되는 콘텐츠에 주력(감동, 유머, 진실 등 커뮤니케이션이 활성화될 수 있는 주제의 영상발굴 소셜TV 데이터를 확보하여 광고 효과증진 개인 맞춤형 추천으로 VoD 등 방송 콘텐츠 판매	

출처: 각사 홈페이지 정보에 기반을 둔 연구자 분석으로 김종하(2015)에서 재인용

<그림 3-33> 비동영상 콘텐츠사업자들의 OTT 사업현황 및 전략

이종 사업자로서 동영상 영역에 진출한 가장 대표적 사업자인 애
플은 2006년 아이튠즈(iTunes)를 통해 동영상콘텐츠사업을 시작했
다. 2006년 9월 첫째 주에 디즈니(Disney)사의 영화 75편을 제공했

는데, 당시 75편의 영화가 125,000건이나 팔리며 총 1백만 달러의 매출을 창출했다(DownloadSquad, 21 Sept, 2006). 세계는 동영상콘텐츠 서비스의 새로운 경로인 아이튠즈에 열광하며, 동시에 콘텐츠를 제공한 디즈니사의 주가도 20% 상승했다. 동영상콘텐츠가 수익을 창출하는 빛나는 스타로 자리매김하는 성공적인 신호였다.[48] 실리콘 앨리(Silicon Alley)의 경영분석가인 카프카(Peter Kafka)는 디즈니가 애플에서 받은 전체 수익분배금이 1억 2천만 달러($122.8million)에 이를 것으로 예측했는데,[49] 이는 마케팅비용을 전혀 들이지 않고 부가적으로 거두어들인 수익이라는 점에서 지속성장의 성과에 시달리는 메이저 스튜디오의 관심을 자극했다.

기존 사업영역에서 새롭게 창출된 윈도우라는 혁신적인 사업모델 외에, 애플이 가져온 가장 큰 성과는 콘텐츠 무료 다운로드의 해적 시장을 유료 시장으로 전환시킬 수 있는 가능성을 제공했다는 데 있다. 디즈니는 아이튠즈라는 새로운 시장의 첫 진입자(First Mover)로서, 콘텐츠를 소유한 저작권자들이 가장 고심하고 있었던 무료다운로드 시장에서 새로운 유료 고객들을 창출할 수 있다는 신규 사업기회를 선사했다.[50]

---

48) 2006년 이후 디즈니의 CEO인 밥 아이거(Bob Iger) 회장은 2008년 3월 12일 Digital Hollywood Media Summit에서 디즈니가 2006년 아이튠즈를 통해 영화서비스를 시작한 이래 총 4백만 편을 판매하여 총 4~5천만 불의 수익을 올렸다고 발표했다.

49) 계약내용은 기업 간의 비밀로 이루어지기에, 명확히 거래된 금액은 공식적으로 발표되지 않는다.

50) Apple, Inc. (NASDAQ: AAPL)는 2008년 10월 17일, Ubiquitous iTunes service를 통해 2억 개의 1V episodes가 다운로드 되었음을 발표하였으며, 이는 Disney사와 콘텐츠제공 협력의 성공을 의미하였다. 또한 Disney CEO인 Bob Iger는 iTunes을 통해 Disney사가 4~5천만 쇼를 계약했으며, 이는 TV시청의 패러다임의 변화에 대응하는 전략임을 지적하였다. Silicon Alley 내부 관계자는 TV쇼에 대해 지난 3년간 수익이 6.45억 달러이며 2.8억 달러의 수익이 배분되었을 것으로 예측한다(김종하, 2010).

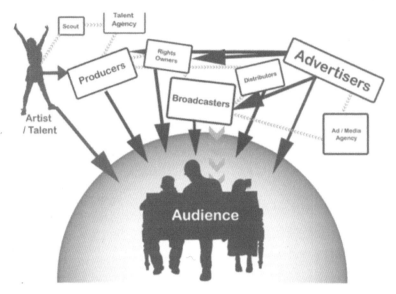

<그림 3-34> 모바일 OTT 콘텐츠 공급원의 다양화

그러나 성과를 평가하기에 아직 이들의 사업모델은 진행형이다. 구글의 '구글TV', 애플의 '애플TV', 마이크로소프트(MS)의 'X박스', 아마존의 '파이어TV' 등 우리가 알 만한 규모 있는 IT 분야에서 거대 기업들이 동영상콘텐츠를 제공하고 있다. '스마트폰에서 TV에 있는 앱을 찾아 활성화시킬 수 있는 프로토콜'인 'DIAL(Discovery and Launch)' 기술, 동일한 와이파이에 연결돼 있으면 iOS 기반 기기의 콘텐츠를 애플TV라는 소형 박스를 거쳐 TV 스크린으로 이용할 수 있는 '에어플레이' 기술 등 거대 IT사업자답게 새로운 첨단 기술들이 쏟아져 나오고 있다.

MCN	Amount (stake)	Date	Investors
Maker Studio	$36m	Dec 12	Time Warner, Greycroft Partners, GRP Partners, Downey Ventures, Elisabeth Murdoch, producer Jon Landau, others
	$2.5m	June 11	Greycroft Partners, GRP Partners
Stylehaul	$6.0m	May 13	RTL Group
	$6.5m	Feb 13	Bertelsmann Digital Media Investment
	$4.4m	Feb 12	RezVen Partners others
BroadbandTV	$36m/€27m (51%)	June 13	RTL Group
Machinima	$35m	May 12	Google, MK Capital, Red Point Ventures
	$9m	June 10	Red Point Ventures, others
	$1.7m	Nov 09	MK Capital
	$3.85m	08	MK Capital, private investors
Base 79	Multi-million	Jul 13	Evolution Media Capital
	$10m	Nov 12	Chernin Group, MMC Ventures
	$4.35m	Sept 11	MMC Ventures, angels
ChannelFlip	Acquired, multi-million	Jan 12	Shine
Zefr	$18.5m	Aug 12	U.S. Venture Partners, MK Capital, Shasta Ventures, SoftTech
	$7m	July 11	VC, First Round Capital, Richmond Park Partners, others
	$3m	Nov 10	MK Capital, Shasta Ventures, First Round Capital, Richmond Park Partners, Allen DeBevoise (Machinima), angels
Fullscreen	$30m	June 13	The Chernin Group, Comcast Ventures, WPP Digital
	Seed funding	Nov 11	
Vevo[1]	$40-50m (7-10%)	June 13	Google
Revision 3	Acquired, $40-50m	May 12	Discovery Communications
	$8m	Jun 07	Greylock Partners, others
	$1m	Sep 06	Greylock Partners, Marc Andreessen, Ron Conway, others
Big Frame	$3.4m	June 12	Anthem Venture Partners, Daher Capital, DFJ Frontier, others
AwesomenessTV	Acquired, $33m [$117]	May 13	Dreamworks Animation [if earnings/performance targets met]
	$3.5m	Aug 12	MK Capital, Greycroft Partners, New World Ventures, angels
Alloy Digital	$30m	Mar 13	ABS Capital Partner, Zelnick Media
	($126.5m	June 10	Zelnick Media and others acquired parent company Alloy)
Tastemade	$10m	Aug 13	Raine Venture Partners, Redpoint Ventures
	$5.3m	Mar 13	Redpoint Ventures

주) Company Report, Enders Analysis

<그림 3-35> MCN 주주 분석

모바일에서 성장하고 있는 콘텐츠로 360도 동영상과 가상현실 (VR) 스토리텔링이 부상하고 있는데, VR은 콘텐츠의 몰입도 제고에 적합하기 때문에 이미 유튜브와 페이스북과 같은 기업들이 360도 동영상과 가상현실(VR) 스토리텔링 콘텐츠를 제공하기 시작했고, 해당 콘텐츠를 이용 가능한 플랫폼 기반으로 구축하고 있다. 모바일 OTT 영역에서 MCN이 제작한 콘텐츠들의 이용이 강화되고 있어, 주요 미디어 기업들의 MCN 투자 또한 적극적으로 이루어지고 있다.

글로벌 시대 미디어 기업들의 MCN 투자는 향후 모바일 OTT 콘텐츠의 방향을 예측하는 데 유효하다. Disney는 멀티채널네트워크

(MCN)의 대표기업인 메이커 스튜디오(Maker Studio)를 5억 달러에 인수하였고, 이어 RTL그룹이나 컴캐스트, 디스커버리, 드림웍스 등이 MCN 기업에 투자를 하는 등 향후 온라인 기반의 콘텐츠에 개인 제작자들의 영향이 점차 커질 것으로 예측된다.

참고문헌

국내 문헌

강원발전연구원(2012), 『평창은 미래다』, 정기포럼 자료집.

강장묵(2007), "1인 1방송과 알 권리에 관한 시론: 웹 2.0의 참여, 공유, 개방을 중심으로", 『방송과 미디어』, 12(3), 53-62.

강희종(2015.11.21.), "OTT에 기세 꺾인 유료방송, '우린 OOT로 간다'", 『아시아경제』.

교보증권(2016), VR, 핵심은 소프트웨어 콘텐츠.

교보증권(2016), 증강현실, 가상현실(AR, VR) 열풍의 시작: '포켓몬 고'의 흥행.

구모니카(2012), "셀프 퍼블리싱(self-publishing) 플랫폼 현황 연구: 디지털 읽기/쓰기의 일상성, '디지텔링(digitelling)'을 중심으로", 『전자출판연구』, 제1호, 49-63.

구철모(2016), "4차 산업혁명과 스마트 관광도시", 『한국관광정책』, 65권, 65-72.

궁독혜·김세화(2016), "인터넷 1인 방송 재미진화 과정의 이해", 『한국디자인학회 학술발표대회 논문집』, 206-207.

권호영·김종하 외(2016), 『ICT 융합시대의 영상 콘텐츠 전략』, 한국콘텐츠진흥원.

기획재정부·미래창조과학부·문화체육관광부·산업통상자원부(2016.7.5.), "관계부처 합동 가상현실 산업 본격 육성", 보도자료.

김광호(2015), "700MHz 주파수의 대역과 UHD 방송의 과제", 『한림 정책저널』, 창간호.

김국진·최정일(2013), 『지상파 UHD 방송 도입방안 연구』, 방통융합미래전략 체계 연구 보고서, 서울 방송통신위원회.

김대호·김성철·신동희·최선규·이상우·심용운·전경란·이재신(2015),

『인간, 초연결 사회를 살다』, 커뮤니케이션북스.

김슬기·석혜정(2015), "가상현실 기술을 이용한 공포증 치료의 국내외 동향 분석", 『만화애니메이션연구』, 2015.12, 307-336.

김시소(2016.5.9.), "해외는 이미 대형 VR파크 붐 ··· 국산기술 확보 대중화 한 축", 『전자신문』, 5면.

김용학(2013), "공감 문명과 나눔 문화의 확산", 『한국비영리연구』, 12(2), 29-56.

김원걸·유성민·김영상(2016), "인공지능과 핀테크", 『한국정보기술학회지』, 14(1), 23-28.

김유정·김용찬(2015), "한국 거주 중국동포들의 미디어 이용과 대화가 집합적 자기 인식에 미치는 영향", 『한국방송학보』, 29(4), 149-186.

김유정·김용찬·김지현·우지희·정혜선·손해영(2012), "중국동포 커뮤니티 형성과 에스닉 미디어의 역할: 커뮤니케이션 하부구조의 관점에서", 『한국언론학보』, 56(3), 347-375.

김윤정·유병은(2016), "인공지능 기술 발전이 가져올 미래 사회 변화", 『KISTEP R&D Inl』, 2016년 2월, 52-65.

김재한·엄기문·정원식·허남호(2012), "평창올림픽에서의 실감방송서비스", 『TTA Journal』, 141권, 68-73.

김종민·박봉원·추용욱(2011), "평창동계올림픽과 콘텐츠 기술(CT)", 『정책메모』, 86호, 강원발전연구원.

김종민·조명호(2012), "스마트 올림픽으로 참여와 소통을", 『정책메모』, 177호, 강원발전연구원.

김찬호·김승희(2012), "일본 나가노 동계올림픽 개최의 효과와 시사점", 『강원논총』, 3(1), 131-146.

김태우(2016), "KT의 실감 미디어 어디까지 왔나? 코믹 메이플스토리 홀로그램 뮤지컬 상영", 『IT 동아』, Available to, http://it.donga.com/24799/

김혁(2015.1.20.), 『대한민국 미디어 시장, 그 현황과 전망』, SBS 미디어홀딩스.

김형석(2016), "제4차 산업혁명 시대의 공간정보정책 방향", 『국토』, 420, 6-10.

김형우(2015), "1인 가구와 방송 트렌드 변화: 먹방, 쿡방을 중심으로", 『미디어와 교육』, 5(1), 152-171.

김형원(2016.5.10.), "'이런 것도 있었네' … VR기기 시초는?", 『IT 조선』.
available to, http://it.chosun.com/news/article.html?no=2819154

김호원·박현제·김도현(2015), "스마트ICT올림픽을 위한 사물 인터넷 기술과 서비스", 『정보와 통신』, 2월호.

김희경(2015.9.), 『모바일 콘텐츠 산업 활성화의 정책적 이슈와 쟁점』, 제2회 한림ICT정책연구센터 세미나 발제문.

나스미디어(2016), 『2016 NPR 요약 보고서』.

네이버(2015), 네이버커넥트 2015.

닐슨(2015), "Mobile First 확산과 매체 이용 변화," 『월간토픽』, 240(2).

닐슨(2015), "PC VOD형 동영상 광고분석", 『월간토픽』, 242(2).

닐슨(2015), "서비스별 모바일 App Usage Dynamics 비교분석", 『월간토픽』, 245(2).

닐슨(2016), "모바일 영상 전성시대", 『월간토픽』, 252(2).

동아일보(2015.1.21.), "강남스타일 즐기는… 멋 좀 아는 유커들", 『동아일보』.

디엠씨미디어(2016), 『2016 인터넷 동영상 시청 행태 및 동영상 광고 접촉태도와 효과 분석 보고서』.

딜로이트 컨설팅(2014), 『실감미디어 시장조사 분석』.

머니투데이(2016.9.21.), "지진 난 후에 지진 났다고 재난문자, 그 다음은요?"

머니투데이(2016), http://news.mt.co.kr/mtview.php?no=2016092009072978898&type=1

메리츠종금증권(2016), 레디플레이어원 Grand illusion (VR).

모자이크 파트너스(2015), "가상현실(VR), 거대한 시장이 열린다: 중국 VR 관련주 뭐가 있을까."

문지영·박천일(2015), "국내 OTT사업자들의 시장 초기 가입자 확보에 미치는 영향요인 및 사업전략 분석 연구", 『방송과 커뮤니케이션』, 16(2), 5-36.

문형철(2016), "가상현실(VR)의 경험 가치에 기반한 미래 유망분야 전망", 『디지에코 보고서』, 디지에코.

미래창조과학부 토론자료집(2015), 『평창올림픽 성공, ICT로 열다』.

미래창조과학부·방송통신위원회(2015), 『지상파 UHD 방송 도입을 위한 정책방안』.

민경식(2013), "사물인터넷", 『인터넷 & 시큐리티 이슈』, 2013년 9월호, 32-36. www.kisa.or.kr/uploadfile/201306/201306101740531675.pdf

박병종(2014.12.9.), "영화·웹툰 '입맛대로' 알고리즘 추천 서비스 인기", 『한국경제』, 17면.

박상일(2012), "실감(4G) 방송 로드맵", 『TTA Journal』, 140권, 71-76.

박영배·박현지(2016), "인터넷을 통해 나타난 한국과 일본의 민족주의 특성 및 해소방안", 『일본근대하연구』, 제53집, 271-294.

박종현·방효찬·김세한·김말희·이인화·최병철·이강복·강성수·김호원(2014), 『사물인터넷의 미래』, 전자신문사.

박진아(2016.1.8.), "2020년까지 가장 성장할 분야는 '사물인터넷'", 『뉴스토마토』, http://www.newstomato.com/ReadNews.aspx?no=722535

방송통신위원회(2009), 『전파진흥기본계획』.

방송통신위원회(2015), 『2015 방송 매체 이용행태 조사』.

방송통신위원회(2015), 『2015 방송시장 경쟁상황 평가 보고서』.

배병환(2012), "OTT(Over the Top)서비스", 『인터넷 & 시큐리티 이슈』.

버추얼스미스(2015), 가상현실 교육콘텐츠.

부산일보(2016), "무심코 올린 글이 선거법 위반이라니", 2016.4.3.

서기만·김정현·이주행·최정환·이석원·양병석(2016), 『가상현실 세상이 온다』, 서울: 한스미디어.

성혜정(2016), "제4차 산업혁명", 『국토』, 420, 39-39.

손유진·배은석(2016), "멕시코의 K-Pop 한류에 관한 연구", 글로벌문화콘텐츠학회 학술대회, 199-202.

손현진(2015), "5G시대에 주목 받는 실감형 콘텐츠", 디지에코.

송민정(2016), "VR 콘텐츠가 힘이다", 『한림ICT정책연구센터 저널』, 가을호.

송정은·장원호(2013), "유튜브(YouTube) 이용자들의 참여에 따른 한류의 확산: 홍콩의 10-20대 유튜브(YouTube) 이용자조사를 중심으로", 『한국콘텐츠학회논문지』, 13(4), 155-169.

스트라베이스(2010.11.30.), "유료 TV와 OTT 간 경쟁구도를 바라보는 두 가지 관점."

아프리카 TV, http://corp.afreecatv.com/company/info.html "오버워치에 주목해야 하는 3가지 이유", 김준완 기자, 2016.2.17., GAMEPLE, http://www.gameple.co.kr/news/articleView.html?idxno=127274

안상희·이민화(2016), "제4차 산업혁명이 일자리에 미치는 영향", 『한국경영학회 통합학술발표논문집』, 2016.8, 2344-2363.

염돈민(2012), 『동계올림픽 개최와 사회자본 축적 연계를 위한 시론적 연구』, 강원발전연구원.

와이티엔(2016), "집 흔들리자 컨테이너로… 태반이 대피소 위치 몰라." Available to, http://radio.ytn.co.kr/program/?f=2&id=45257&s_mcd=0201&s_hcd=09

왕춘연·손한기 역, "사이버공간: 문화를 공유하는 방식", 『언론과 법』, 7(2).

위키트리(2016), "학습 가상현실 교육 VR을 이용한 체험", Available to, http://www.wikitree.co.kr/main/news_view.php?id=282781

유성민(2016), "4차 산업혁명과 유전자 알고리즘", 『한국정보기술학회지』, 14(2), 13-19.

유진투자증권(2016), VR, 변화는 이미 시작되었다.

윤성원(2014), "디자인, 경험경제의 중심에 서다", 서울연구원.

윤희석(2013.7.13.), "N스크린, 크롬캐스트로 날개 달았다… OTT 시장 공략 박차", 『전자신문』.

이강봉(2017.1.17.), "가상현실이 바꾸는 교실 풍경: 학생들을 미지의 놀라운 세계로 안내", 『사이언스타임즈』, Available to, http://www.sciencetimes.co.kr/?news=%EA%B0%80%EC%83%81%ED%98%84%EC%8B%A4%EC%9D%B4-%EB%B0%94%EA%BE%B8%EB%8A%94-%EA%B5%90%EC%8B%A4-%ED%92%8D%EA%B2%BD

이데일리(2015.9.26.), "한반도 땅속이 불안하다, 지진위험·활성단층 수백 개… 땅속지도 서둘러야", 『이데일리』.

이상운(2015), "700MHz 주파수 배분 확정-성공적인 지상파 UHD 방송 활성화 방안", 『방송문화』, 2017년 7월호.

이승재(2013), "한국드라마 전달매체로서 시청자 자막에 대한 고찰", 『커뮤니케이션학 연구』, 21(1), 27-48.

이은민(2012), "OTT 서비스 확산과 비즈니스 사례 분석", 『KISDI 이슈리포트』, 24(15).

이은민(2016), "4차 산업혁명과 산업구조의 변화", 『정보통신방송정책』, 28(15), 1-22.

이재섭(2015), "2020년을 향한 표준화 주요 주제", 『TTA Journal』, 158권, 4-5.

이재영 외(2014), 『스마트미디어 산업 발전전략 연구』, 정보통신정책연구원.

이호기(2016.6.14.), "구글·페북·MS도 출사표… 후끈 달아오른 'VR 플랫폼' 경쟁", 『한국경제』, B3면.

임영모(2014), "평창올림픽과 실감형 스포츠 장비", 『정책메모』, 353호, 강원발전연구원.

임일(2016), 『4차 산업혁명 인사이트』, 서울: 더메이커.

임재해(2014), "민속문화의 공유 가치와 민중의 문화주권", 『한국민속학』, 40, 109-178.

임재해(2007), "공동체 문화로서 마을 민속문화의 공유 가치", 『건축역사연구』, 16(5), 85-117.

임희경·안주아·신명희(2012), "외국인 이주민의 소셜미디어 이용과 인식: 이용자와 비이용자의 비교를 중심으로", 『한국방송학보』, 26(3), 575-617.

전자신문(2012.3.9.), "英BBC, 방송콘텐츠 유료다운로드 서비스 나섰다."

전자신문(2016), http://www.nextdaily.co.kr/news/article.html?id=201609208 00002

전자신문(2016.9.28.), "이슈분석-긴급재난문자도 골든타임 놓쳐."

전해영(2017), "국내외 AR·VR 산업 현황 및 시사점", 『현대경제연구원 VIP 리포트』, 17(14), 1-16.

정기웅(2014), "러시아 메가 이벤트와 소치 동계올림픽의 정치경제: 성공과 실패의 변곡점", 『현대정치연구』, 7(2), 121-158.

정보통신산업진흥원(2015), 일본 총무성, '2020년을 향한 사회 전체 ICT화'

실행계획 발표, 정보통신방송해외정보.

정보통신정책연구원(2013), 『2013 정보통신산업동향』.

정보통신정책연구원(2015), 『2015년 방송시장 경쟁상황 평가분석을 위한 설문조사』.

정보화진흥원(2014), 『2014년도 빅데이터 활용 스마트서비스 시범사업 사례집』.

정보화진흥원(2015), 『2015년 빅데이터 시장현황조사』.

정보화진흥원(2016), 『2016년 글로벌 빅데이터 융합 사례집』.

정완규(2015), "디지털 사이니지-공간의 디지털화", 『한림ICT정책연구센터저널』, 창간호.

정용찬(2015.4.), "스마트폰 보급 확산과 세대 간 미디어 이용 특징 변화", 『KISDISTAT REPORT』.

정채희(2016.10.21.), "아프리카TV 갑질! 유명BJ 밴쯔·대도서관 등 이탈", 『디지털타임스』. Available to, http://v.media.daum.net/v/201610201630 05126

제레미 리프킨(2012), 『3차 산업혁명』(안진환 역), 민음사.

조명호(2011), 『스마트올림픽시티 구현을 위한 최적서비스 발굴』, 강원발전연구원.

조영기(2014), 『통계로 보는 콘텐츠산업』, 한국콘텐츠진흥원.

중앙선거관리위원회(2016), "SNS 선거법 위반 행위 단속 실적", 『한국일보』(2016.4.11.) 재인용.

진달래(2015.11.16.), "'프리미어12' 중계까지 나선 지상파OTT 'pooq' 다음은?", 『머니투데이』.

채봄이(2016), "소통을 통한 문화 공유, 아이디어팩토리", 『국토』, 67-71.

채송화(2012), "디지털 사이니지(Digital Signage) 기반 콘텐츠 산업의 현황과 전망", 『포카포커스』, 통권54호(2012-6), 2-22.

최효민(2012), "시공간의 '켜'와 '결'을 찾는 유희(자)들: '관계미학'의 맥락으로 본 예술축제와 현대예술의 상생적 모델에 대하여", 『철학과 문화』, 제25집, 53-97.

통계청(2017), 『e-나라지표 2017: 지진발생 빈도』.

특허청 보고서(2011), 『차세대방송 분야: 오감미디어 방송시스템 기술 개발 및 표준화』.

하원규·황성현(2011), 『Super IT Korea 2030: 만물지능혁명국가』, 전자신문사.

하호진·서현곤(2014), "강원도 동계 스포츠 IT 융합 서비스 방안연구", 『경영과학』, 32권(4), 107-116.

한국경제TV 산업팀(2016), 『세상을 바꾸는 14가지 미래 기술』, 서울: 지식노마드.

한국정보통신기술협회(2012), 『ICT standardization strategy map 2012, 종합보고서1 실감융합미디어』.

한국정보통신기술협회(2015.7.), 『해외 ICT 표준화 동향』.

한국정보통신진흥협회(2014), 『2014 ICT 실태조사』.

한국정보화진흥원(2016), "지능화시대, 새로운 대한민국으로 빅디자인하라", 『IT&Future Strategy』, 1호.

한림ICT정책연구센터(2015), 『ICT 올림픽의 성공적 개최를 위한 UHD 활성화 전략』, 방송통신정책연구센터 연구보고서.

한림대ICT정책연구센터(2015), 방송통신정책연구센터(CPRC) 지원사업 사업계획서.

허준(2016.10.6.), "최성준 방통위원장 '선정적인 1인 방송, 규제 강화하겠다'", 『파이낸셜뉴스』, Available to, http://v.media.daum.net/v/20161006164015941

현대경제연구원(2016), "4차 산업혁명의 등장과 시사점", 『경제주평』, 16-32호.

호요성·윤승욱·김성열(2011), "실감방송과 차세대 실감형 미디어", 『TTA Journal』, 100권, 107-114.

홍석경(2014), "프랑스의 한국 드라마 수용", 『한국프랑스학회 학술발표회』, 23-44.

홍종배(2014), "UHD 방송 최근 동향 및 향후 발전 방안", 『동향과 전망: 방송·통신·전파』, 통권 제75호.

황정옥(2013), "거주지 문화 공유를 위한 커뮤니티댄스 기능 연구", 『한국무용교육학회지』, 24(2), 85-99.

황희정·윤현호(2016), "관광객의 진정성 경험을 통한 관광지로의 장소 구성: 인천 송월동 동화마을을 중심으로", 『관광연구저널』, 30.(1).

해외 문헌

Abdi. H. & Valentin. D.(2007), Multiple Correspondence Analysis. In N. Salkind(Ed). Encyclopedia of measurement and statistics.(pp.652-658). Thousand Oaks. CA:SAGE Publications.

Aguirre, Alwin C., Davies, Sharyn Graham., "Imperfect strangers : Picturingplace, family, and migrant identity on Facebook", *Discourse, Context and Media,* 2015, 7, pp.3-17.

Alvin Toffler(1980), "The Third Wave", Bantam Books.

Barney(1991), Firm Resources and Sustained Competitive Advantage, Journal of management. vol 17, no. 1, 1991, p.112.

Benzecri. J. P.(1992), Correspondence Analysis Handbook:New York:Marcel Dekker.

Berned H. Schmitt(1999), "Experiential Marketing", Free Press.

Beyer, Mark(2011), *Gartner Says Solving 'Big Data' Challenge Involves More Than Just Managing Volumes of Data.* Gartner.

BI(2014), Frost&Sullivan, TechNavio KISTI.

Boston Consulting Group(2015), *The Robotics Revolution: The Next Great Leap in Manufacturing.* Boston Consulting Group. available to https:// www.bcgperspectives.com/Images/BCG_The_Robotics_Revolution_Sep_2015_tcm80-197133.pdf

Business Insider(2014), "Here's How Smart TVs And Streaming Devices Are Overtaking The Living Room."

Chang, B., & Ki, E.(2004, August), Devising a practical model predicting theatrical movie success: Focusing on the experience good property. Paper presented at the Association for Education in Journalism & Mass Communication, Tronto, Canada.

David Tuffley(Jan., 5, 2015), "In 10 years, your job might not exist. Here's how to make sure you're still employable." The Washington Post, available to https://www.washingtonpost.com/posteverything/wp/2015/01/05/in-10-years-the-job-market-will-look-totally-different-heres-how to-make-sure-youre-ready/?utm_term=.2fcbb9fe5d69

Dierickx, I., & Cool, K.(1989), Asset Stock Accumulation and Sustain Ability of Competitive. Management Science 35, 1504-1511.

Economist(2010), "Changing the channel", Economist Special Report, 2010.5.1.

Frey, Carl Benedik · Osborne, Michael A.(2013), *The Future of Employment: How Susceptible are Jobs to Computerisation?*. London : Oxford University.

Gartner(2013, 11), "Forecast Overview: Communications Service Provider Operational Technology, Worldwide, 2014."

Jeremy Ginsberg, Matthew H. Mohebbi, Rajan S. Patel, Lynnette Brammer, Mark S. Smolinski & Larry Brilliant(2009), Detecting influenza epidemics using search engine query data, Nature 457, pp.1012-1014.

Jeremy, Rifkin(2011), *The third industrial revolution : how lateral power is transforming energy, the economy, and the world(안진혁 역, 2012),* New York : Palgrave Macmillan.

Kalra, Virinder S., Kaur, Raminder., Hutnyk, John., *Diaspora & Hybridity,* Sage, 2005.

KDB(2014), 인터넷 Initiation Report.

Keller, K. L.(2008), Strategic brand management: Building, measuring, and managing brand equity, Upper Saddle River, NJ: Prentice Hall.

Kirmani, A., Sood, S., & Bridges, S.(1999), The ownership effect in consumer responses to brand line stretches, Journal of Marketing, 63(1), 88-101.

Laguerre, Michel, S., *Diaspora, politics, and globalization,* Palgrave Macmillan, 2006.

Lawrence Lessig(2008), "Remix: Making Art and Commerce Thrive in the Hybrid Economy", Penguin Press.

Mark Beyer(2011), Gartner Says Solving 'Big Data' Challenge Involves More Than Just Managing Volumes of Data, Gartner.

McKinsey&Co(2015), "Connecting talent with opportunity in the digital age."

Mechikoff, Robert A.(2009), *A history and philosophy of sport and physical education : from ancient civilizations to the modern*(김방출 역), McGraw-Hill Education.

Ofcom(2015), International Communications Market Report 2015.

OVUM(2013. 12), "Telco-OTT Partnerships Tracker: 4Q13."

OVUM(2014. 7), "Telco-OTT Partnerships Tracker: 1Q14."

PEPPTV(2016), "YouTube, online video and television: Insightful facts and figures."

Porter, M. E.(2008), The five competitive forces that shape strategy. Harvard Business Review, Noc-Dec. 24-41.

Saker, Michael., Evans, Leighton., "Everyday life and locative play : an exploration of Foursquare and playful engagements with space and place", *Media, Culture, & Society*, 2016, Vol.38(8), pp.1169-1183.

The Huffington Post(by Anthony Duignan-Cabrera)(2016), Pokémon Go Brought Virtual Reality Into The Mainstream—And It Didn't Need The Goofy Goggles To Do It.

Todreas, T. M.(1999), Value creation and branding in television's digital age. London: Quorum books.

Tractica(2015), *Artificial Intelligence for Enterprise Applications : Deep Learning, Predictive Computing, Image Recognition, Speech Recognition, and Other AI Technologies for Enterprise Markets-Global Market Analysis and Forecasts.*

U, A. A. P.(2012), "The 2010 FiFa World Cup as sustainable tourism: Acommunity perspective." *J Tourism & Hospitality*, vol.1, issue5.

UBS(2016), "Extreme automation and connectivity: The global, regional, and investment mplications of the Fourth Industrial Revolution."

WEF(2016), The Future of Jobs. World Economy Forum, January 18. Davos: Switzerland.

Wernerfelt, B.(1984), A Resource-based view of the firm. Strategic Management Journal, 5, 171-180.

Wernerfelt, B., & Montgomery, C.A.(1988), Tobin's q and the important of focus in firm performance. The American Economic Review, 78(1), 246-250.

World Economic Forum(2016), "Future of Jobs" years-the-job-market-will-look-totallydifferent-heres-how-to-make-sureyoure-ready/

인터넷

http://blog.skenergy.com/
http://hi.nhis.or.kr/
http://m.ciobiz.co.kr
http://www.amazon.com
http://www.bloter.net/archives/234795
http://www.ibmbigdatahub.com/infographic/four-vs-big-data
http://www.index.go.kr/potal/main/EachDtlPageDetail.do?idx_cd=1396
http://www.kthdaisy.com/recommendation_system_kthdaisy/
http://www.npr.org
https://github.com/hadley/ggplot2/wiki/Crime-in-Downtown-Houston,-Texas-:-Combining-ggplot2-and-Google-Maps
http://blog.naver.com/PostView.nhn?blogId=dainlux&logNo=30130549988

노기영

고려대학교 신문방송학과 졸업
텍사스대학교 방송영상학 석사
미시간주립대학교 텔레커뮤니케이션 박사
현) 한림대학교 미디어커뮤니케이션학부 특훈교수

이준복

고려대학교 신문방송학과 졸업
고려대학교 문학 석사
고려대학교 언론학 박사
현) 고려대학교 미디어학부, 언론대학원 강사

정완규

고려대학교 신문방송학과 졸업
고려대학교 신문방송학 석사
고려대학교 언론학 박사
현) 고려대학교 언론대학원 강사

황현석

포항공과대학교 산업경영공학과 졸업
포항공과대학교 경영정보시스템 공학 석사
포항공과대학교 경영정보시스템 공학 박사
현) 한림대학교 경영학과 교수

김선미

숙명여자대학교 문헌정보학과 졸업
고려대학교 언론학 석사
고려대학교 언론학 박사
현) 고려대학교 정보문화연구소 연구원

강명현

고려대학교 신문방송학과 졸업
고려대학교 신문방송학 석사
미시간주립대학교 매스미디어 박사
현) 한림대학교 미디어커뮤니케이션학부 교수

김희경

제주대학교 사회학과 졸업
성균관대학교 신문방송학 석사
성균관대학교 신문방송학 박사
현) 성균관대학교 언론정보대학원 강사

김종하

이화여자대학교 정치외교학과 졸업
고려대학교 문학 석사
이화여자대학교 언론홍보학 박사
현) 한라대학교 미디어콘텐츠학과 교수

4차
산업혁명과
실감미디어

초판인쇄 2017년 10월 31일
초판발행 2017년 10월 31일

지은이 노기영 외
펴낸이 채종준
펴낸곳 한국학술정보㈜
주소 경기도 파주시 회동길 230(문발동)
전화 031) 908-3181(대표)
팩스 031) 908-3189
홈페이지 http://ebook.kstudy.com
전자우편 출판사업부 publish@kstudy.com
등록 제일산-115호(2000. 6. 19)

ISBN 978-89-268-8163-7 93070